Christiane Brockerhoff
Interne Kommunikation in der Bibliothek

Praxiswissen

—

Christiane Brockerhoff

Interne Kommunikation in der Bibliothek

—

DE GRUYTER
SAUR

ISBN 978-3-11-030900-3
e-ISBN (PDF) 978-3-11-031023-8
e-ISBN (EPUB) 978-3-11-039588-4
ISSN 2193-0198

Library of Congress Cataloging-in-Publication Data
A CIP catalog record for this book has been applied for at the Library of Congress.

Bibliografische Information der Deutschen Nationalbibliothek
Die Deutsche Nationalbibliothek verzeichnet diese Publikation in der
Deutschen Nationalbibliografie; detaillierte bibliografische Daten
sind im Internet über http://dnb.dnb.de abrufbar.

© 2016 Walter de Gruyter GmbH, Berlin/Boston
Zeichnungen: Oliver Köjer, Duisburg; Angela Holzmann, aha Design, München
Coverabbildung: Anthony Brown/iStock/Thinkstock
Satz: Medien Profis GmbH, Leipzig
Druck und Bindung: Strauss GmbH, Mörlenbach
♾ Gedruckt auf säurefreiem Papier
Printed in Germany

www.degruyter.com

Inhalt

Verwendete Marginalien

Zum besseren Verständnis der Inhalte werden im Buch unterschiedliche Bildsymbole (Marginalien) am Seitenrand des Textes verwendet. Diese haben folgende Bedeutung:

Fallbeispiel:
Aufschlussreiche Fallbeispiele aus Bibliotheken bieten den Einstieg in jedes Kapitel.

Zitat:
Interessante Zitate zur internen Kommunikation finden Sie hier.

Tipp:
Tipps, weiterführende Fragen und Lesehinweise vertiefen das Thema.

Übung:
Mit diesem Symbol sind Übungen gekennzeichnet, die dem Transfer der Inhalte aus dem Buch in die Praxis dienen.

Handwerkszeug:
Direkt in der Praxis einsetzbares Handwerkszeug ist mit diesem Symbol gekennzeichnet.

1 Einleitung

Wenn die interne Kommunikation erfolgreich funktioniert, dann ist die Wahrscheinlichkeit recht hoch, dass die Kommunikation auch nach außen hin funktioniert. Der Informationsfluss im Inneren einer Bibliothek ist auch ein Gradmesser für den Umgang mit Kunden und die gesamte Außenwirkung. Schnell erkennt der Kunde, ob die Stimmung in einer Organisation gut oder schlecht ist. Wie redet man hier miteinander und sind alle gut informiert?

Für den Unternehmenserfolg ist die Kommunikation mit und zwischen den Mitarbeitern genauso wichtig wie die Kommunikation mit den Kunden. Dabei tragen alle Beteiligten die Gesprächs- und Informationskultur nach außen und prägen so die öffentliche Wahrnehmung.

Mit dem Stoßseufzer „Hätte ich das nur gewusst!" will keiner aus einem Kundengespräch gehen oder uninformiert in die nächste Besprechung.

Dieses Buch richtet sich an alle, die in Bibliotheken oder vergleichbaren Einrichtungen beschäftigt sind. Ob Sie als Vorgesetzte mit Mitarbeitern, Kollegen oder der Direktion kommunizieren oder als Mitarbeiter mit Vorgesetzten und Kollegen. Sie bewegen sich dabei in der sogenannten „Regelkommunikation", also Kommunikationssituationen, die geregelt oder angeordnet sind oder in der alltäglichen Kommunikation wie dem Small Talk, Zwischenabsprachen oder informellen Besprechungen und Gesprächen. Sie holen sich Informationen aus dem Intranet oder chatten mit der Kollegin nebenan. Sie schauen auf das schwarze Brett oder telefonieren mit dem Kollegen in der Zweigstelle.

Wir kommunizieren ständig und Kommunikation ist Teil der Arbeit. In vielen Seminaren haben mir Kolleginnen berichtet, dass ein Teamgespräch oder eine Besprechung immer mal wieder mit dem Satz „Das ist ja keine Arbeit!" kommentiert wurde. Dass es eben doch manchmal sehr harte Arbeit ist und hohe Aufmerksamkeit erfordert, muss manchmal noch verständlich gemacht werden

Sie finden in diesem Buch eine Vielzahl von Hinweisen, wie sie sowohl die Regelkommunikation als auch die informelle Kommunikation untereinander verbessern können.

Jedes Kapitel beginnt mit einem konkreten Beispiel, an dem die Problematik der Situation genauer analysiert wird. Im Folgenden finden Sie Arbeitshilfen, Übungsaufgaben oder Schritt-für-Schritt-Anleitungen, die Sie auf Ihren Arbeitsbereich übertragen können.

Ziel dieses Buches ist es, Sie dabei zu unterstützen, die vielen Reibungsverluste durch mangelnde Kommunikation zu verhindern. Es will Sie ermutigen, allen Beteiligten viel zuzutrauen und auch etwas zuzumuten. Bei jedem Prozess, den ich als Moderatorin begleiten durfte, konnte ich immer wieder feststellen, wie ideenreich die Kollegen sind, und wie lebhaft kommuniziert wurde. Dabei geht es immer um das Maß zwischen Überinformation und Uninformiertheit.

Da der Ansatz der „Internen Kommunikation" für Unternehmen und Institutionen jeder Art gilt, sind hier sowohl die Öffentlichen Bibliotheken als auch die Wissenschaftlichen Bibliotheken, kleinere wie auch größere Einheiten gemeint. Der Bedarf an einen organisatorischen Rahmen ist hier unterschiedlich und wird in den verschiedenen Kapiteln deutlich gemacht.

Wenn das Buch Sie ermutigt, ein Gesamtkonzept „Interne Kommunikation" zu entwickeln, dann ist das eine Möglichkeit. Eine andere ist es, einen Themenbereich wie Teamarbeit, Führungskommunikation oder Veränderungsprozesse herauszugreifen und dieses Thema in Ihrem Arbeitsumfeld umzusetzen.

Mein herzlicher Dank gilt allen Beteiligten in meinen Seminaren für die vielen Anregungen und Ideen und den mutigen Führungskräften, die ich bei der Umsetzung experimenteller Beteiligungsformen unterstützen durfte.

2 Interne Kommunikation mit System

2.1 Ein Beispiel

Die Mitarbeiterin Frau Schneider arbeitet halbtags in der Bibliothek. Mittags holt sie ihre Tochter aus dem Kindergarten ab. Heute sitzt sie am Auskunftsarbeitsplatz, als eine Studentin auf sie zukommt.

Kundin: Können Sie mir helfen? Ich habe da ein Buch im OPAC gefunden, das ich dringend für den Abschluss meiner Bachelorarbeit brauche. Aber es ist wohl zurzeit ausgeliehen. Da steht noch was von E-Book.

Mitarbeiterin Frau Schneider: Ja, wenn es ausgeliehen ist, dann können Sie es vormerken, oder ich kann für Sie schauen, ob es in einer Bibliothek in der Nähe vorhanden ist.

Kundin: Wenn Sie das aber doch als E-Book haben, dann kann ich das doch auch ausleihen? Oder?

Mitarbeiterin Frau Schneider: Da bin ich überfragt. Augenblick. Ich sehe gerade meine Kollegin, die frag ich mal.

Kundin: Und kann ich das dann auf meinem E-Book-Reader lesen? Oder wie geht das? Ist das unbegrenzt möglich?

Frau Schneider fragt ihre Kollegin Frau Klein. Diese antwortet für sie an die Kundin gewandt.
Frau Klein: Ja, das weiß meine Kollegin offenbar nicht. Natürlich können Sie das Buch auch als E-Book ausleihen. Diesen Service haben wir jetzt seit zwei Monaten. Sie können….

Dann wendet sich Frau Klein an Frau Schneider…
Frau Klein: Ja, da musst du dich wohl mal besser informieren. Es reicht eben nicht, mal eben für ein paar Stunden hier reinzuschneien.
Frau Peters, die Leiterin der Benutzungsabteilung kommt dazu, als die Kundin gegangen ist. Die Mitarbeiterin Frau Klein sagt zu ihr, dass sich in Zukunft ja sowieso alles wieder ändern werde. Das habe ihr die Verwaltungsleiterin im Vertrauen gesagt. Demnächst würden E-Books eines anderen Anbieters bestellt.

Frau Schneider bleibt etwas beschämt und wütend zurück. Nicht nur, dass sie sich vor der Kundin blamiert hat, die Kollegin hat sie auch noch vor der Kundin zurechtgewiesen. Sie weiß ja selber, dass sie sich besser informieren sollte. Besprechungen in der Abteilung finden aber immer dann statt, wenn sie zum Kindergarten muss. Und natürlich weiß sie auch, dass sie die notwendigen Informationen im Intranet finden würde. Aber dazu kommt sie während der Auskunftszeit einfach nicht. Die Kolleginnen könnten ihr die wichtigsten Informationen ja auch mal mündlich mitteilen.

Die Kundin ist ebenfalls etwas ratlos. Sie wurde Zeugin einer unangenehmen Situation zwischen den Mitarbeiterinnen. Sie nimmt sich auf jeden Fall vor, in Zukunft direkt die Kollegin anzusprechen, deren Informationen offenbar stichhaltiger sind.

Die Leiterin der Benutzungsabteilung, Frau Peters, hatte die Szene aus der Distanz miterlebt und ihr wird klar, welche Wirkung die Situation auf die Kundin gehabt haben muss, und wie die interne Kommunikation und der Informationsfluss untereinander mit der Außenwirkung verknüpft sind. Zudem ist sie geschockt, dass ihre Mitarbeiterin offenbar über Informationen verfügt, die sie selbst noch nicht hat.

Sie identifiziert mindestens fünf Themenfelder, mit denen sie sich auseinandersetzen muss:

1. Sie hält es für ihre Aufgabe, zu garantieren, dass die Kundin mit der aktuellsten und vor allem mit einheitlicher Information versorgt wird.
2. Sie ist sicher, dass sie dafür Sorge tragen muss, dass alle Mitarbeiter auf dem gleichen Informationsstand sind. Und sie fragt sich kritisch, ob sie für ausreichende Informationen auf den richtigen Informationswegen gesorgt hat.
3. Ihr ist es ebenfalls wichtig, die Motivation der Mitarbeiter im Blick zu behalten. Sie glaubt, dass beide Kolleginnen aus der Situation frustriert herausgegangen sind. Die eine, weil sie nicht genügend Informationen hatte und sich vor der Kundin blamiert hat. Die andere, weil sie sich darüber ärgert, dass sie Fehlinformationen „ausbügeln" muss.
4. Sie hat den Eindruck, dass sie schnell mit Ihrer Kollegin, der Verwaltungsleiterin sprechen sollte. Wenn wichtige Informationen zwischen Abteilungsleitern nicht ausgetauscht werden, dann findet sie das bedenklich.
5. Das fünfte Themenfeld, das sie ausfindig macht, ist die Kommunikation zwischen der Leitung, also ihrer direkten Vorgesetzten und den Abteilungsleitern. Sie hatte eigentlich erwartet, dass Kaufentscheidungen direkt mit ihr abgesprochen werden. Sie hat zu den E-Book-Readern eine eigene, ganz andere Meinung und hätte diese gerne vor dem Ankauf mitgeteilt.

Damit hat sie die wesentlichen Merkmale der internen Kommunikation erfasst. Denn unter interner Kommunikation versteht man alle Kommunikationsformate innerhalb einer Organisation.

„**Interne Kommunikation bezeichnet den organisierten Informationsaustausch zwischen den Angehörigen eines Unternehmens (einer Organisation), um dessen (deren) Ziele zu erreichen.**"
(Hein in: Dörfel: Instrumente und Techniken, Bd. 1, 2008, S. 14)

Sie beinhaltet Informationen zu
- den Unternehmenszielen
- der Unternehmensstrategie
- aktuellen Ereignissen, Projekten und Entwicklungen
- aktuellen Personalveränderungen
- betrieblichen Regelungen
- Feedback seitens der Mitarbeiter
- Feedback seitens der Führungskräfte

In den folgenden Kapiteln werden wir Frau Peters auf dem Weg der verschiedenen Stationen der internen Kommunikation begleiten, ihre Beobachtungen aufgreifen und mit Hintergrundinformationen und den nötigen Hinweisen zur Verbesserung der Situation ergänzen.

2.2 Die Problemstellung in Bibliotheken

Bibliotheken sind in erster Linie dazu da, ihren Kunden den Zugang zu publizierten Informationen zu ermöglichen. Damit sind die Funktionen innerhalb einer Bibliothek wie Sammeln, Erschließen, Bereitstellen gemeint, die sich auch in der Bibliotheksorganisation von Erwerbung, Katalogisierung und Benutzung abbilden. Bibliotheken wandeln sich zudem in den letzten Jahren auch zu Orten der Begegnung. Daher ist es vielen Bibliotheksleitungen ein Hauptanliegen, sich auf die Kommunikation mit den Kunden zu konzentrieren.

Neben dem Blick auf die Kundenorientierung mussten sich die Bibliotheken, zunächst die öffentlichen, dann die wissenschaftlichen in den letzten Jahren verstärkt mit betriebswirtschaftlichem Denken befassen, um die drängenden Fragen zu beantworten: Wie positioniert sich ein Stadtbibliothek in ihrer Stadt oder Gemeinde? Wie kann sich eine wissenschaftliche Bibliothek in der sich verändernden Hochschullandschaft und den Bedingungen der Hochschulautonomie platzieren und ihre Daseinsberechtigung festigen? Die Idee der Bibliothek als Marke lässt in manchen Bibliotheken ein neues Selbstverständnis auch als gesellschaftspolitische Größe entstehen.

Mit Kundenbefragungen blickt man stärker auf die Außenwirkung. Der Wettbewerb zwischen Bibliotheken lässt die Kreativität steigen, und es entsteht eine stark kundenorientierte Ausrichtung der Bibliothek. Mitarbeiter werden geschult, sich kundenfreundlich zu verhalten, und der Zugang zu Informationen wird erleichtert. Bibliotheken passen ihre Abläufe dem wachsenden Informationswunsch und der wachsenden Medienkompetenz der Kunden an. Das hat bereits dazu geführt, dass sich viele Bibliotheken schnell in diese Richtung entwickeln. Ob Web 2.0. mit Gaming-Projekten in der Bibliothek Einzug hält, oder ob sich eine wissenschaftliche Bibliothek durch innovative Projekte wie Softwareentwicklung oder Digitalisierungsprojekte heraushebt. Organisationen sind darauf angewiesen, dass Mitarbeiter bei diesen Entwicklungen mitziehen. Das große Schiff Bibliothek lässt sich langfristig nicht durch einige wenige innovative Mitarbeiter oder Teams voranbringen.

Der Weg, sich als moderner, serviceorientierter Dienstleister zu positionieren und zu verstehen hat für viele gerade erst begonnen.

– Die Hochschulbibliotheken stehen angesichts der Hochschulautonomie in Konkurrenz zu anderen Institutionen in der Hochschule, wie zum Beispiel den Rechenzentren. Das bedeutet auch, dass Bibliotheken immer stärker wie Unternehmen handeln müssen mit allen notwendigen Instrumenten der Wirtschaftsführung. Zudem stehen sie in Konkurrenz zu anderen Informationsdienstleistern wie Google.

– Öffentliche Bibliotheken müssen angesichts der angespannten Finanzlage mancher Städte und Gemeinden ihre Existenzberechtigung immer wieder neu beweisen und durch Aktivität und gesellschaftliche Teilnahme untermauern.

– Der rasante technische Wandel mit seinen schnellen Möglichkeiten zur Informationsbeschaffung stellt ebenfalls hohe Anforderungen an die Entwicklungsfähigkeit aller Bibliothekstypen. Derzeit stellt die Einführung von RFID-Technik zur Automatisierung von Ausleihe und Rückgabe die Bibliotheken vor organisatorische Herausforderungen und Möglichkeiten.

– Und schließlich muss die Bibliothek auf die veränderten Kundenbedürfnisse sofort reagieren. Der Bedarf nach schneller Information über die Chatauskunft ist nur ein Beispiel dafür.

„Mit zeitlicher Verzögerung erkannte man die Notwendigkeit marktorientierten Denkens und Handelns auch für wissenschaftliche Bibliotheken."
(Bernsee, Bibliothek als Marke, S.10)

Das System Bibliothek existiert im Netzwerk anderer Systeme, wie allen Kunden, allen externen Auftraggebern und den gesetzlichen Anforderungen im Rahmen der Hochschulen oder der Gemeinden.

Die Zertifizierung im Rahmen von Qualitätsmanagementprozessen erfordert zum Beispiel die Dokumentation der Kommunikationsprozesse. Hochschulinterne Veränderungsprozesse, wie die flächendeckende Einführung von Mitarbeitergesprächen, fordern ebenfalls eine Anpassung der Prozesse in der Hochschulbibliothek.

Bei all diesen notwendigen Veränderungen im Bibliothekswesen wird klar, dass hohe Flexibilität von Leitung und Personal zur Bewältigung dieser Aufgaben gefragt ist. Es wird immer deutlicher, dass bei so anspruchsvollen Aufgaben und der Anpassung an neue Aufgabenstellungen, auch neue Organisationsformen notwendig sind.

Etwas auf der Strecke geblieben sind dabei die Prozesse der internen Kommunikation mit dem Blick auf die Mitarbeiterinnen und Mitarbeiter. Das war nicht nur in Bibliotheken so, sondern auch in Wirtschaftsunternehmen. Erst in den späten 90er Jahren wurde der Blick in den Unternehmen auf die Prozesse interner Kommunikation gerichtet. Das Hauptaugenmerk lag viele Jahre auf der Analyse des Kundenverhaltens, der Entwicklung neuere Marketinginstrumente, der Entwicklung von Verkaufsargumenten für die eigenen Produkte und dem Erstellen aufwendiger Kampagnen. Auch hier gibt es für viele Bibliotheken sicher Nachholbedarf.

Zudem hat man es in vielen Bibliotheken noch mit starren Strukturen der Dienste und der Aufgaben zu tun. Auch die Mitarbeiterschaft ist im Ganzen traditionell und hat ein eher hohes Beharrungsvermögen.

Dennoch gibt es viele Veränderungen auch in der Mitarbeiterschaft. In gleichem Maße wie die Kunden gut informiert sind, sind es auch die Mitarbeiterinnen und Mitarbeiter.

Viele Mitarbeiterinnen und Mitarbeiter
- sind heute gut ausgebildet,
- sind medienaffin,
- wollen beteiligt werden,
- wollen wissen, was die Bibliothek für sie tut,
- wollen über die Unternehmensstrategie informiert sein.

Auch wenn in Bibliotheken die gesellschaftlichen und wirtschaftlichen Entwicklungsprozesse vielleicht etwas später ankommen, so ist doch vielen Mitarbeitern mittlerweile klar, dass bisherige Sicherheiten wie eine lebenslange Beschäftigung oder eine dauerhaft gleiche, feste Arbeitsstruktur nicht mehr zu garantieren sind. Auch Bibliotheken sind nicht mehr „Inseln der Glückseligen".

Daher stellen sich viele Mitarbeiterinnen die Sinnfrage. Wozu tue ich diese Arbeit? Und wohin entwickelt sich meine Bibliothek?

Von den Leitungen wird auch die Beantwortung dieser Fragen gefordert. Sie müssen Sinn stiften, indem Sie die Unternehmensziele darstellen und dem Bedarf nach Hintergrundwissen befriedigen.

Im Gegensatz zu diesen sich verändernden Bedürfnissen der Mitarbeiter führt indes die systematische interne Kommunikation oft noch ein Schattendasein in den Bibliotheken. Manche Bibliotheken beschäftigen sich überhaupt nicht mit der Verbesserung der internen Kommunikation. Andere starten erst einmal mit einem einzelnen Projekt, indem sie zum Beispiel mit der Nutzung von Social Media beginnen, ein internes Wiki anlegen oder ihre Besprechungskultur überarbeiten. Was meist fehlt ist ein strukturiertes Konzept, das Werkzeuge interner Kommunikation bedarfsgerecht und auf die Zielgruppen zugeschnitten entwickelt und umsetzt.

2.2.1 Mögliche Ursachen für mangelnde interne Kommunikation

Als ich in meinen letzten Seminaren angekündigt habe, dass ich mich zurzeit mehr mit der internen Kommunikation beschäftige, hörte ich immer wieder einen Stoßseufzer und die Aussage: „Das ist aber wirklich bitter nötig."

Beobachtet wurden unter anderem folgende Mängel:
- Die Führungsebene versteht sich nicht, deshalb werden Informationen nicht weitergegeben.
- Die Leitung spricht nur mit der Dezernentenebene.
- Es gibt keine Strukturen für Abteilungs- oder Teambesprechungen.
- Es gibt keine Strukturen für abteilungsübergreifende Besprechungen.
- Es gibt keine aussagekräftigen Protokolle.
- Teilzeitmitarbeiter werden nicht informiert.
- Informationen werden unter der Hand weitergegeben.
- Nur eine kleine Anzahl von Mitarbeitern nutzt das Intranet, die Wikis oder Blogs, um sich zu informieren oder auszutauschen.
- Zwischen den Abteilungen gibt es insgesamt zu wenig Austausch.

„Obwohl die Mitarbeiter meistens mit der Masse der Information überfordert sind, fordern sie gleichzeitig, immer direkt und unmittelbar über die Vorgänge in ihrem Unternehmen informiert zu werden." (Dörfel, Instrumente und Techniken, Bd. 1, S. 12)

Natürlich kann man es nicht immer allen recht machen. Manchmal wird auch sehr widersprüchlich geklagt. Führt man Besprechungen ein, sind es zu viele, nimmt man sie wieder zurück, sind es zu wenige. Zum Teil wird gewünscht, dass jeder mehr Selbstverantwortung tragen sollte und sich seiner „Holschuld" bewusst sein muss, dann möchten alle wieder mehr mit Informationen versorgt werden. Das nennt man auch „Rezipienten-Paradox".

Wenn die interne Kommunikation nicht transparent strukturiert ist, gibt es auf jeden Fall Klagen.

Ursachen für unsystematische interne Kommunikation gibt es zahlreiche. Da hat jede Bibliothek ihre eigene Geschichte. Um nur einige Beispiele zu nennen:

Beispiel A: Verkündigen

Gibt es in einer Bibliothek seit Jahrzehnten einen patriarchalen Stil, dann wird ausschließlich „Top down" informiert, bzw. verkündet. Die Ansprache durch die Leitung wird hier zum wichtigsten Bestandteil der internen Kommunikation.

In vielen Bibliotheken wurde eine streng hierarchische Struktur mit einer starren Trennung der Laufbahngruppen von gehobenem, mittlerem und höherem Dienst gelebt. Diese erschwert zum Teil die Kommunikation zwischen den Gruppen.

Auch die gewachsene feste Abteilungsstruktur in Erwerbung, Katalogisierung, Verwaltung und Benutzung hat zum großen Teil dazu geführt, dass zwischen den Abteilungen zu wenig kommuniziert wurde. Erst in gemischten Projektteams oder durch vermehrt entstandene Mischarbeitsplätze wird diese Spezifizierung etwas aufgebrochen. Dann ist es eher Zufall, ob die Information dann etwas besser fließt. Es hängt vom Goodwill der einzelnen Mitarbeiterin ab.

Beispiel B: Masse statt Klasse

Auch ein Zuviel an Kommunikation kann stören. Wenn zum Beispiel eine Bibliothek ihre interne Information über alle verfügbaren Wege verbreitet, besonders über die neuen Medien, da man ja auf der Höhe der Zeit sein will. Das nennt man „Information overload" und kein Mitarbeiter weiß mehr, wo er die wirklich für ihn wichtigen Informationen findet.

Beispiel C: Angst der Führungskräfte vor der Transparenz

Es gibt Führungskräfte, die fürchten, dass ihre Einflussmöglichkeiten sinken, wenn sie zu viele Informationen weitergeben. Sie befürchten einen Machtverlust durch die Aufgabe der Informationshoheit. Oder sie sind grundsätzlich misstrauisch und glauben nicht, dass Mitarbeiter in der Lage sind, Informationen einzuschätzen. Oder sie glauben grundsätzlich nicht an die Loyalität von Mitarbeitern.

Beispiel D: Angst der Mitarbeiter vor der Transparenz

Genauso gibt es Mitarbeiter, die glauben, dass ihnen Nachteile entstehen, wenn sie zu viele Informationen preisgeben. Das kann ebenso mit der Flucht vor Machtverlust einhergehen, da sie sich in bestimmten Bereichen, eine Wissensinsel geschaffen haben, die für sie ein Privileg bedeutet. Oder es gibt Arbeitsweisen und Nischen, die man lieber nicht transparent machen möchte.

Viel aussagekräftiger ist es sicher, wenn jede Bibliothek selbst untersucht, ob die interne Kommunikation gut organisiert ist, ob sich alle Mitarbeiter gut informiert fühlen, und wie sich die interne Kommunikation auf die Arbeitsatmosphäre, auf die Außenwirkung und besonders auf den Kundendialog auswirkt.

Meist ist es eine völlig unterschätzte Aufgabe, die interne Kommunikation zu systematisieren. Diese Aufgabe wird eher nebenbei erledigt.

- Entweder ist die IT-Abteilung zuständig, da sie die Hoheit über die elektronische Informationsweitergabe besitzt und sich um Wikis, Intranet oder Blogs oder Ähnliches kümmert,
- oder es wird in kleinen Einheiten gleich von der Leiterin der Bibliothek übernommen,
- oder es wird an die Personalabteilung angehängt, die sich zudem noch um die Personalentwicklung kümmert.

Damit kein Missverständnis entsteht, interne Kommunikation richtet sich nach Größe und Bedarf der Organisation. Handelt es sich um eine kleine Bibliothek, dann wird die interne Kommunikation eher informell und auf kurzem Weg stattfinden. Große Organisationen, wie Instituts- oder Universitätsbibliotheken oder große Stadtbibliotheken benötigen einen höheren Aufwand an organisierter Information.

Auch zu einer Leitbildentwicklung, die eine wichtige Voraussetzung für die Implementierung eines funktionierenden Systems der internen Kommunikation ist, sind viele Bibliotheken noch nicht gekommen. Sie haben sich vorrangig darauf konzentriert, sich auf die veränderten Kundenbedürfnisse einzustellen und eine „Überlebensstrategie" zu entwickeln.

Mittlerweile werden die Abhängigkeiten zwischen den beiden Systemen der internen und der externen Kommunikation aber sichtbarer. Und es wird offensichtlich: Je besser die interne Kommunikation funktioniert, desto klarer und einheitlicher ist auch die Kommunikation mit Kunden und anderen Partnern, und umso erfolgreicher kann die Arbeit einer Bibliothek sein. Das ist sicher eine gute Motivation, sich mit der Verbesserung interner Kommunikationsprozesse zu befassen.

2.2.2 Die Auswirkungen mangelnder interner Kommunikation

Die Folgen mangelnden Informationsflusses haben wir schon beim Eingangsbeispiel erlebt. Wenn gerade in den Benutzungsabteilungen die Information nicht für alle erreichbar und verlässlich gleich ist, entstehen Missverständnisse mit den Kunden. Insgesamt leidet die Außenwirkung durch Zweifel an der Professionalität. Dabei lassen sich verschiedene Symptome für nicht geregelte interne Kommunikation beobachten.

Auswirkungen nach außen:
- Kunden erhalten voneinander abweichende Informationen.
- Kunden werden häufig mehrfach im Haus verbunden.
- Hohes Beschwerdeaufkommen.
- Lieferanten, Kooperationspartner und andere äußern ihre Irritation und tauschen sich über interne Querelen mit Mitarbeitern aus.
- Kunden nutzen andere Anbieter.
- Verlust an Glaubwürdigkeit bei den Kunden.
- Verlust an Glaubwürdigkeit auch bei Projekten mit Externen, Projekte werden an andere Anbieter vergeben.
- Übergeordnete Stellen greifen in die interne Führung ein.

Auswirkungen nach innen:
- die Gerüchteküche brodelt.
- das Besprechungswesen liegt brach oder ist ausufernd.
- das Betriebsklima ist schlecht, Streitigkeiten legen die Arbeit lahm.
- Doppelarbeit: es wird nicht kommuniziert wer woran arbeitet.

– Mitarbeiter fragen bei Unklarheiten nicht nach.
– Informationen werden gehortet, es entstehen Wissensinseln.
– die Fehlerquote ist hoch, da Informationen nicht festgehalten werden.
– interne Informationen werden über Soziale Netzwerke weitergegeben.
– es werden zu viele Informationen an zu viele Mitarbeiter weitergegeben, da Sinn und Ziel der Kommunikation nicht gesteuert wird.
– Informationen kommen zu spät, da Mitarbeiter nicht unterscheiden können, welche Informationen wichtig und dringend sind.

Folgen für die interne Arbeitsgestaltung:
Die gravierendste Folge mangelnder Kommunikation ist, dass die Mitarbeiter nicht wissen, was der Zweck und was die Ziele der Bibliothek sind. Der individuelle Blickwinkel verengt sich nur noch auf die eigene Arbeit. Es wird nicht das Ganze gesehen, sondern ausschließlich der kleine Abschnitt der eigenen Arbeit. Die Identifikation mit der Bibliothek und damit die Arbeitsmotivation sinken. Im besten Fall konzentrieren sich Einzelne auf die Qualität der eigenen Arbeitsergebnisse. Im schlechtesten Fall kann man dann von innerer Kündigung sprechen. Dann geht es eher darum, unauffällig durch den Arbeitsalltag zu kommen. Das Arbeitsergebnis hat nur noch geringe Bedeutung für den Einzelnen.

Folgen für die Kundenbindung:
Mitarbeiter, die im engen Kundenkontakt stehen, vermitteln gegenüber den Kunden die Qualität der besonderen Dienstleistungen Bibliothek. Wenn sie die Werte der typischen Dienstleistung der Bibliothek nicht verstanden und verinnerlicht haben, werden sie sie auch nicht angemessen an die Kunden weitergeben können.

Schlecht informierte Mitarbeiter wirken auf die Kunden unsicher und wenig professionell und lassen Rückschlüsse auf die Gesamtqualität der Dienstleistung zu.

2.3 Ziele der internen Kommunikation

2.3.1 Koordination und Austausch

Die Kundin in unserem Beispiel vom Beginn des Kapitels verlässt die Bibliothek irritiert und macht sich Gedanken darüber, ob sie wirklich verlässliche Informationen von allen Mitarbeitern bekommt. Sie hat die Auswirkungen unkoordinierter Kommunikation zu spüren bekommen. Wenn sich die Benutzungsleiterin nun Gedanken über die Ansätze einer besseren Kommunikation macht, so hat sie im Blick, dass sich über effektiveren Austausch die Arbeitsergebnisse verbessern sollen.

Es ist ein vorrangiges Ziel der Optimierung der internen Kommunikation, den Informationsfluss zwischen allen Beteiligten so zu organisieren, dass es im Arbeitsablauf nicht zu Missverständnissen und Fehlentscheidungen kommt. Ziel ist es, dass zum Beispiel in einer Abteilung:
– alle Mitarbeiter über die gleichen Informationen verfügen.
– die Informationen eindeutig sind.
– die Informationskanäle festgelegt sind.
– jeder weiß, wo er sich welche Informationen beschaffen kann und muss.
– Hol- und Bringschuld geregelt sind.

Die Folgen: Die Arbeitsabläufe sind reibungslos, Missverständnisse, Arbeitsverzögerungen oder Fehlentscheidungen werden vermieden.

Der Effekt einer verbesserten internen Kommunikation ist es, die Arbeit besser zu koordinieren, so dass sich über einen geregelten Austausch die Qualität der Dienstleistung erhöht.

2.3.2 Information und Motivation

In Veränderungsprozessen, wie sie in vielen Bibliotheken anstehen und umgesetzt werden, spielen die Mitarbeiter die zentrale Rolle. Sie tragen die Veränderung mit, setzen Neuerungen um und tragen das Image der Bibliothek nach außen. Was bewegt Mitarbeiter dazu, sich für die Ziele der Bibliothek zu engagieren und hilft ihnen, den Zielen verbunden zu bleiben?

Zwischen der Motivation der Mitarbeiter und dem Grad ihrer Informiertheit gibt es einen deutlichen Zusammenhang.

a) Motivation und Beschäftigungshistorie

Wie entwickelt sich die Motivation von Mitarbeitern vom Zeitpunkt der Einstellung an? In dem Moment, in dem die Bibliothek den Mitarbeiter einstellt, ist die Frage der Haltung gegenüber der Bibliothek meist noch kein Problem. Zu Beginn der beruflichen Laufbahn identifizieren sich Mitarbeiter durchaus mit dem Unternehmen, in dem sie anfangen. Die Motivationslage lässt dann mit jedem Jahr der Betriebszugehörigkeit nach. Es stellt sich die Frage, wie sich die Motivation dauerhaft halten lässt. Wichtige Erkenntnisse kommen aus der Erforschung des „customer relationship managements", wie organisiert das Unternehmen seine Beziehung zu den Kunden, und wie entsteht Kundenbindung. Angelehnt daran entstand das „employee relationsship management", die Frage danach, wie Mitarbeiterbindung entsteht.

In fünf Stufen entwickelt sich die Bindung des Mitarbeiters an sein Unternehmen.

Stufe 1: Monetäre Anreize
Stufe 2: Sicherheit des Arbeitsplatzes
Stufe 3: Unterstützung für die persönliche und fachliche Entwicklung
Stufe 4: Information und Interaktion mit Vorgesetzten und Kollegen
Stufe 5: Emotionen, sich wohlfühlen

Dabei wird die fünfte Stufe als die bedeutsamste beschrieben. Spielt die Bezahlung bei der Einstellung noch eine größere Rolle, so verliert sich dieser Motivationsfaktor im Laufe der Jahre und wird ersetzt durch den Wohlfühlfaktor. Wichtiger werden kommunikative Aspekte und die Zufriedenheit mit der Aufgabe.

b) Motivation und das „gute" Unternehmen

Besonders wichtig scheint es vielen Mitarbeitern zu sein, dass sie in einem „guten Unternehmen" arbeiten. Das lässt sich auch als Metagefühl beschreiben, ein Gefühl, das unabhängig vom Verhalten der direkten Vorgesetzten den Mitarbeiter mit dem Unternehmen verbindet. Vielen ist wichtig, dass das Unternehmen ein gutes Produkt herstellt, dass es angesehen und gesellschaftlich akzeptiert ist.

Interessant ist es immer zu hören, wie Mitarbeiter in lockerer Runde über ihre Bibliothek reden. Stehen Sie insgesamt zu den Dienstleistungen, zum Stil und zu der Gesamtheit des Unternehmens? Bleiben sie bei aller Kritik solidarisch zu ihrem Unternehmen und verteidigen es vor anderen?

„Auch wenn ich meinen Chef nicht ausstehen kann, der Laden ist ziemlich ok."
(Dörfel, Instrumente und Techniken, Bd. 1, S. 39)

Ein Beispiel:

In einer kleinen Stadtbibliothek, in der man fast jeden Kunden mit Namen kennt, dürfen die Mitarbeiterinnen jetzt auf Anweisung der Leitung keine Ausnahme mehr machen, wenn ein Kunde den Ausweis vergessen hat. Bisher ließ man sich den Personalausweis zeigen, kannte den Kunden persönlich und hat die Ausleihe von Medien möglich gemacht.

Das geht jetzt nicht mehr, und es ist den Mitarbeiterinnen nicht erklärt worden. Sie wurden dazu auch nicht befragt.

Bei jeder sich bietenden Gelegenheit machen die Mitarbeiterinnen ihrem Ärger Luft, so dass auch die Kunden das mitbekommen.

Das Problem ist nun weniger die neue Vorgehensweise. Die Mitarbeiterinnen beklagen vielmehr, dass man sie nur mit einer kurzen E-Mail informiert hat. Fragen zu stellen war nicht möglich. Einwände dagegen wurden als „Gejammer" abgetan.

Wenn sich solche Situationen häufen und sich zu einem System von Mangelinformation entwickeln, dann verlieren die Mitarbeiter die Bindung an das Haus. Eigentlich schade, denn die Veränderungen sind dabei nur das geringste Problem. Selbst wenn Mitarbeiter verschiedene Veränderungen nicht gut heißen, so wiegt die Tatsache, erst gar nicht informiert oder befragt zu werden, schwerer als die Veränderung, an die man sich gewöhnen würde. Aus Furcht vor Widerstand wird die Umsetzung einfach eingefordert in der Hoffnung, dass sich keiner äußern werde.

Das Problem dabei ist, dass der Widerstand in den „Untergrund" geht und Einwände nicht mehr offen, sondern allenfalls verdeckt geäußert werden. Die Stimmung wird schlechter.

Nehmen Sie an, auf der Homepage der Bibliothek wird ein Image von Offenheit und Servicebereitschaft nach dem Motto „Sie können uns jederzeit fragen." vermittelt. Nehmen Sie dann weiter an, dass Mitarbeiter sich uninformiert fühlen oder einen Kontrast zwischen den nach außen vermittelten Werten und der nach innen gelebten Kommunikation erleben. Dann werden sie diesen erlebten Gegensatz im Verhalten gegenüber Kunden weitergeben. Der Kunde wiederum erlebt einen Kontrast zwischen dem angebotenen Service und der Servicewirklichkeit.

Wenn es darum geht, eine Corporate Identity der Bibliothek zu schaffen, dann braucht es dazu eine möglichst hohe Übereinstimmung zwischen den Faktoren:
– Verhalten
– Erscheinungsbild
– Kommunikation

Wenn diese Aspekte sich widersprechen oder auseinanderklaffen, haben Mitarbeiter Schwierigkeiten, sich mit der Bibliothek zu identifizieren.

Viele Vorgesetzte vergessen, dass die Mitarbeiter die Botschafter für die Marke Bibliothek darstellen. Diese Rolle können sie nur erfüllen, wenn sie ausreichend über die Dienstleistung informiert werden.

c) Motivation und Beteiligung

Wenn Mitarbeiter gut informiert sind und sich aktiv an Entscheidungsprozessen beteiligen können, dann interessieren sie sich meist nicht nur für ihren Arbeitsplatz, sondern sind auch an den Perspektiven des Unternehmens interessiert.

Wenn sie eigene Ideen einbringen und Ziele mitentwickeln können, dann übernehmen sie auch Verantwortung und sind motiviert, sich für die Organisation weiterhin zu engagieren.

Machen Sie Ihre Mitarbeiter zu Botschaftern der Marke Bibliothek.

2.3.3 Identifikation: Womit Mitarbeiter in Bibliotheken sich immer identifiziert haben

Ab und zu frage ich die Teilnehmerinnen in meinen Seminaren danach, was ihnen so besonders gefällt an der Arbeit in ihrer Bibliothek. Die Antworten sind erwartungsgemäß extrem unterschiedlich je nach persönlichen Interessen und nach Bibliothekstyp. Es lassen sich aber auch wiederkehrende Motivationsfelder beobachten unabhängig von der Position in der Bibliothek.

In kleineren Einheiten freuen sich Mitarbeiter über die Vielschichtigkeit ihrer Aufgabe. Sie können sich mit den unterschiedlichen bibliothekarischen Aufgaben befassen.

In größeren Einheiten freuen sich viele, an diesem Gesamtwerk teilhaben zu können und gleichzeitig einen klar abgesteckten Aufgabenrahmen zu haben.

Insgesamt wurde die höchste Zufriedenheit aber benannt, wenn sie sich gut geleitet fühlten.

Im Gespräch über Zufriedenheit bestätigten viele, dass sie sich mit dem Produkt identifizieren könnten. Die Tatsache, Hilfestellung für verschiedene Ratsuchende bieten zu können, fanden viele sehr befriedigend. Zudem beschreiben sie, dass sie eine Dienstleistung „verkaufen", die sie als seriös und sicher empfinden. Die Bibliothek als Non-Profit-Unternehmen hat auch Mitarbeiter, die genau das schätzen.

Das Produkt „bibliothekarische Dienstleistung" in seinen zahlreichen Varianten von der einfachen Recherchehilfe bis zur komplexen Dienstleistung wie einer Citavi-Schulung, einer Datenbankschulung oder einer Beratung zur Facharbeit erleben viele Mitarbeiter als eine richtige und gute Serviceleistung.

Wenn man von dieser positiven Voraussetzung ausgeht, dann gilt es nun zu verhindern, dass die Motivation und die Identifikation der Mitarbeiter mit der Bibliothek verloren gehen.

> „Man erkannte, dass informierte Mitarbeiter sich mit ihrem Unternehmen eher identifizieren, schneller motiviert sind, Leistungen zu erbringen, und als Multiplikatoren nach außen wirken zu können."
> (Buchholz, Interne Unternehmenskommunikation, S. 6)

2.3.4 Produktivität durch Loyalität

Loyalität zeigt sich besonders in Krisensituationen. Wenn die Bibliothek vor einer schwierigen Umstrukturierung steht, wenn zum wiederholten Mal die Existenz bedroht scheint, wenn schon die zweite Leitung nach kurzer Zeit wieder geht, wenn Kritik von außen an der Dienstleistung geübt wird. Dann zeigt sich, ob sich Mitarbeiter auch in schlechten Zeit loyal verhalten.

Ist es bisher zu einer Bindung des Mitarbeiters der Bibliothek gekommen? Identifiziert sich der Mitarbeiter mit der „Marke" Bibliothek und fühlt sich der Organisation verbunden?

Wenn ja, dann hat die bisherige interne Kommunikation mit ihrer transparenten Information, einem fortlaufendem Dialog, mit Beteiligungsformen und klarer Leitung Loyalität erzeugt.

2.4 Das Konzept einer systematischen internen Kommunikation

Um zwei Zielrichtungen geht es, wenn man sich mit der Verbesserung und Steuerung der internen Kommunikation befasst. Zum einen sucht man, durch gut informierte Mitarbeiter die Bindung an das Haus zu festigen, zum anderen durch ein gut aufgestelltes Informationssystem die Bibliothek fit zu machen für anstehende Aufgaben und Veränderungen, die unweigerlich auf sie zukommen werden.

Wie umfangreich die Planung eines Systems der internen Kommunikation sein muss, richtet sich vor allem nach der Größe der Bibliothek. In kleineren Einheiten wird die informelle und schnelle Kommunikation vorherrschen. Hier kann sich die Leitung sicher fragen, wie die Informationswege noch verbessert werden können, ob die Besprechungskultur angemessen ist, und wie sie ihren eigenen Kommunikationsstil noch verbessern kann.

In größeren Einheiten sollte die Verbesserung der internen Kommunikation eher den Stellenwert eines Projektes haben. Dementsprechend braucht das Projekt „Interne Kommunikation" der Bibliothek einen Projektrahmen mit Auftraggeber, den nötigen Ressourcen und einer Projektsteuerung. Damit soll gleich klargestellt werden: Interne Kommunikation ist Top down Aufgabe. Denn hier geht es um eine wichtige Managementaufgabe, die in direktem Zusammenhang zum Erfolg oder Misserfolg einer Bibliothek steht.

Und es geht um Informationen, die bei den Mitarbeitern ankommen sollten und um die Steuerung der Kommunikation in verschiedene Richtungen. Der Begriff Kommunikation beinhaltet dabei immer die Wechselseitigkeit des Austausches, der die Rückkopplung der beteiligten Partner zulässt.

Interne Kommunikation ist ein System von Inhalten mit den zugehörigen Instrumenten, also Informationswegen. Es geht nicht um eine Sammlung von Werkzeugen.

Nehmen Sie folgendes Beispiel:
Die PR-Beauftrage einer großen Bibliothek drängt ihre Vorgesetzten, in der internen Kommunikation endlich auf Social Media zu setzen. Mit dem Ergebnis, dass einige Mitarbeiter dies kräftig nutzen, um Dampf abzulassen, andere es überhaupt nicht nutzen. Es entsteht enorm viel Unruhe, weil keiner so recht weiß, wie die Bedingungen und die Spielregeln bei der Nutzung sind.

Isolierte Maßnahmen, die nicht an den Bedarf der Bibliothek und der Mitarbeiter angepasst sind, haben eher eine negative Wirkung auf die Atmosphäre und den Informationsfluss.

Hält man das Thema der internen Kommunikation für einen entscheidenden Erfolgsfaktor für die Bibliothek, dann lohnt es sich, die Steuerung der internen Kommunikation als ein zentrales Veränderungsprojekt zu sehen.

Wo sollen wir überhaupt ansetzen, fragt man sich in der Führungsebene der Bibliothek. Welche Aspekte der internen Kommunikation sollten wir verändern und verbessern? Hier gibt es keine einheitliche Lösung. Beginnen muss jede Organisation mit der Analyse der eigenen Situation, um dann einzelne Bausteine der Kommunikation anzugehen oder ein Gesamtkonzept in Auftrag zu geben.

Dieses Konzept kann in vier Schritten entstehen:

1. Schritt	2. Schritt	3. Schritt	4. Schritt
Interne Bestandsaufnahme: Analyse von Unternehmenskultur und Unternehmenskommunikation	Auftragsklärung, Beschreibung der Ziele	Identifikation der Beteiligten und Beschreibung der Interessenlage	Strukturierung der Aufgabe

2.4.1 Die Analyse der Unternehmenskultur

Bei der Analyse der aktuellen Situation einer Bibliothek hilft es, wenn bereits eine Leitbildentwicklung vorausgegangen ist. In der Leitbildentwicklung hat sich die Bibliothek damit befasst, die Beweggründe für ihr unternehmerisches Handeln, sowie die Problemfelder zu analysieren.

"Ein prägnantes, knapp und leicht verständlich formuliertes Leitbild ist schriftlicher Ausdruck des Selbstverständnisses einer Bibliothek."
(Bernsee, Bibliothek als Marke, S. 31)

Sie hat ihre
– Angebote
– ihre Ziele
– ihre Zielgruppen
identifiziert und ihre Prinzipien und Haltungen festgelegt.

Daraus lassen sich die Ziele der internen Kommunikation gut ableiten. Eine "verordnete" Leitbildentwicklung kann man sich aber dann sparen, wenn die Ziele der Bibliothek bereits transparent sind und für alle nachgeordneten Einheiten heruntergebrochen sind. Wenn zudem eine rege Diskussionskultur vorherrscht, in der Ziele auf den jeweiligen Ebenen diskutiert werden, und wenn es eine gelebte Verhaltenskultur gibt, dann sind bereits gute Voraussetzungen geschaffen.

Ansonsten braucht es eine Analyse der gelebten internen Identität. Dabei helfen verschiedene Analyseinstrumente.

Eine erste Einschätzung im Rahmen eines Fragebogens kann bei der Beantwortung dieser Fragen schon helfen. Hier finden Sie als Anregung einen bereits mit zahlreichen Beispielen ausgefüllten Fragebogen.

Unternehmenskultur	Einschätzung (Beispiele)
Worauf sind die Mitarbeiter besonders stolz, wenn sie an die Bibliothek denken?	– Die Architektur des Gebäudes – Das kollegiale Verhältnis untereinander – Der umfangreiche Bestand – Die positive Vertretung nach außen: „die tolle Chefin" – Die Entwicklungsfähigkeit, rasche Umsetzung von Neuerungen: „Wir schaffen was." – …
Welche positiven Werte zeichnen Ihre Bibliothek aus?	– Hohe Arbeitsplatzsicherheit – Große Beständigkeit „Es gibt uns schon seit 40 Jahren." – Hoch angesehen: „im Bibliotheksranking auf Platz 3." – Positives Produkt – Positive Kundenresonanz bei den Befragungen – …
Welche essentiellen Probleme gibt es?	– Wenig Kommunikation zwischen den Hierarchieebenen – Spaltung zwischen Leitung und Fußvolk – Interne Veränderungsprozesse bleiben stecken – Mitarbeiter demotiviert durch unflexible Dienstzeiten – Mitarbeiter demotiviert durch nicht nachvollziehbare Entscheidungen – …

Unternehmenskultur	Einschätzung (Beispiele)
Wie schätzen Sie das derzeitige Betriebsklima ein?	– Rückwärtsgewandt „Früher war alles besser." Oder das Gegenteil „Endlich verändert sich etwas." – Zuversichtlich oder pessimistisch – Frustriert oder motiviert – Voller Energie oder lustlos – ...
Welche Rolle spielen Veränderungen in Ihrer Bibliothek?	– „Hier bleibt alles beim Alten." Oder „Wir stolpern von einer Veränderung in die nächste." – Das Management ist sich bewusst, dass die Bibliothek nur durch Veränderungen bestehen bleiben kann. – ...
Wie geht die Führung mit den Mitarbeiter um?	– Kooperativ und teamorientiert oder – Autoritär oder – Moderat autoritär – An Zahlen und Fakten ausgerichtet oder auch an der Entwicklung des Personals interessiert. – ...

Wie beantworten Sie die Fragen über Ihre Bibliothek?

Unternehmenskultur	Ihre Einschätzung
Worauf sind die Mitarbeiter besonders stolz, wenn sie an die Bibliothek denken?	
Welche positiven Werte zeichnen Ihre Bibliothek aus?	

Welche essentiellen Probleme
gibt es?

_____

_____

_____

_____

_____

_____

_____

Wie schätzen Sie das derzeitige
Betriebsklima ein?

_____

_____

_____

_____

_____

_____

_____

Welche Rolle spielen
Veränderungen in Ihrer
Bibliothek?

_____

_____

_____

_____

_____

_____

Wie geht die Führung mit den
Mitarbeitern um?

_____

_____

_____

_____

_____

_____

Die Unternehmenskultur ist ein fester Bestandteil der internen Kommunikation. Danach richten sich dann auch die Kommunikationsmaßnahmen, die ergriffen werden, wenn die interne Kommunikation verbessert werden soll. Die zentrale Frage ist dann:

Welche Maßnahmen passen zu uns?
Stellen Sie sich zum Beispiel eine Bibliothek vor, in der es bisher einen sehr patriarchalen Stil gab. Die Meinung der Mitarbeiter war bisher nicht gefragt. Sie haben auch alle Veränderungen klaglos, aber ohne große Begeisterung mitgetragen. In dieser Bibliothek gab es einen Leitungswechsel. Nun sollen möglichst schnell Veränderungen wie die Einführung von Besprechungen, das jährliche Mitarbeitergespräch oder die Beteiligung an einem internen Blog umgesetzt werden. Die Bibliothek soll auf einen modernen Stand gebracht werden.

Das ist in etwas so, als wollte man ein Schnellboot vor ein Containerschiff spannen.

Abbildung 1: Ein Schnellboot soll das Containerschiff ziehen – ob das klappen kann?

Hier stellt sich die Frage, wie sich das Containerschiff in Fahrt bringen lässt. Es braucht eine Strategie, die genau zu der Mitarbeiterschaft dieser Bibliothek passt. In welcher Geschwindigkeit können welche Maßnahmen eingeführt werden, die die Mitarbeiter nicht überfordern und sie mitnehmen.

2.4.2 Die Analyse der Kommunikationskultur

„Bei uns läuft alles über den Flurfunk."
„Unsere Chefin kann man immer ansprechen."
„Bei uns wird alles schriftlich mitgeteilt, meine Chefin sehe ich nur alle paar Monate mal."
„Bei uns gibt es jeden Samstag ein Mitarbeiterfrühstück, da tauschen wir uns immer aus."

Wie wird in Ihrer Bibliothek kommuniziert? Und wer kommuniziert überhaupt mit wem? Als ersten Schritt lohnt es sich, die Kommunikationsrichtungen genauer anzuschauen:

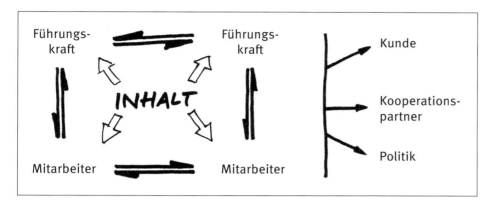

Abbildung 2: Beteiligte an der internen Kommunikation.

a) Die Mitarbeiterbefragung

Um herauszufinden, wie es in der eigenen Bibliothek um das Thema Kommunikation bestellt ist, sollte man zunächst eine Bestandsaufnahme aller Kommunikationswege machen. Dazu gibt es viele Möglichkeiten. Eine Möglichkeit, um herauszufinden, welche Einstellung, welchen Bedarf und welche Einschätzung die Mitarbeiter im Blick auf die interne Kommunikation haben, ist das Instrument der Mitarbeiterbefragung.

Zur Methodik der systematischen Befragung von Mitarbeitern finden Sie Literaturhinweise im Anhang.

Vor der Befragung ist es von zentraler Bedeutung, dass die möglichen und notwendigen Konsequenzen der Befragung beachtet werden. Es ist wahrscheinlich, dass aus einer Befragung Handlungsoptionen entstehen, die ebenfalls zeitliche, finanzielle und personelle Ressourcen erfordern.

Mit der Befragung ist demnach zu veröffentlichen, wie man mit den Ergebnissen der Befragung umgeht. Werden die Ergebnisse von der Leitung kommentiert, Ideen umgesetzt oder wird eine Arbeitsgruppe aus den Ergebnissen einen Maßnahmenplan entwickeln?

Wichtig ist für die Glaubwürdigkeit von Befragungen, dass die Verbesserungsvorschläge und die Kritik als Vorschläge aufgegriffen und diskutiert werden können.

Ansonsten ist eine Befragung sehr aufwendig und kann sogar die Motivationslage verschlechtern. Wenn zum Beispiel die Ergebnisse der Mitarbeiterbefragung in den Schubladen liegen bleiben. Dann kann der Effekt solcher Befragung sogar gegenläufig für die Motivation der Mitarbeiter sein. Man hat die Defizite, die man zuvor nur unscharf wahrnahm, jetzt klar analysiert und tut nichts.

Hochglanzbroschüren mit Tabellen, Zahlen und Empfehlungen haben dann einen noch teureren Demotivationseffekt.

Trotzdem sind solche Analysen sinnvoll, wenn man vorher die Konsequenzen bedenkt, denn oft bestätigt sich in der Analyse das vorher unscharf wahrgenommene Defizit.

b) Verstehen der Kommunikationssituation by walking around

Eine recht einfache aber effektvolle Methode ist es, sich durch informelle Befragung und viele Gespräche ein Bild über die Kommunikationssituation im Haus zu machen.

Wie sehen Einzelne die Situation? Wen sollte man unbedingt befragen, um vielleicht ganz unterschiedliche Einschätzungen zu bekommen?

c)   Analyse nach der Lasswell-Formel (1948)

Um die verschiedenen Elemente der internen Kommunikation einer Bibliothek zu verstehen und zu analysieren, eignet sich die Lasswell-Formel, die die beteiligten Elemente der Kommunikation beschreibt: „Who say what in which channel to whom in which effect?"

In Anlehnung an die Lasswell-Formel ergänzten Kroeber-Riel und Weinberg (2003) die Formel:

1.   Wer sagt
2.   Was
3.   Über welche Kommunikationskanäle
4.   Zu wem
5.   Unter Anwendung von welchen Abstimmungsmechanismen
6.   Mit welchen Wirkungen
7.   Unter welchen situativen Bedingungen

In überschaubaren Organisationseinheiten können Sie die Kommunikationswege mit Hilfe einer einfachen Tabelle identifizieren und prüfen, ob die richtigen Wege eingehalten werden und ob ausreichend kommuniziert wird.

Wer sagt	zu wem?	was? Welche Inhalte?	wie? Auf welchen Kanälen?	In welchem Rahmen?	Mit welcher Wirkung?

d) Felddiagramm für Kommunikationskultur

Kommunikation hat viel mit der Gesamtkultur der Bibliothek zu tun. Um diese ein-zuschätzen hilft das Felddiagramm für die Unternehmenskultur, das Führmann und Schmidtbauer entwickelt haben. (Führmann, Wie kommt System in die interne Kom-munikation, S. 46)

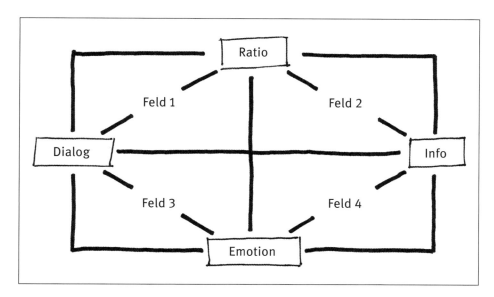

Abbildung 3: Felddiagramm für die Kommunikationskultur.

Ihr Analyseinstrument dient dazu, die Kommunikationskultur zwischen den Polen Dialog und Information und den Polen Ratio und Emotion zu erfassen. Das Team oder die Einzelperson, die sich mit der Analyse der Kommunikationssituation in seiner Bibliothek befasst, greift bei der Einschätzung der Felder auf Erfahrungswerte, Be-obachtungen und auf die Ergebnisse von Gesprächen mit Leitung und Mitarbeitern zurück.

Es ist ebenfalls möglich, die Mitarbeiter direkt zu befragen und sie ihr Kreuz in das Felddiagramm setzen zu lassen. Das lässt sich im persönlichen Interview am bes-ten machen, dann kann man gleich Kommentare und Erklärungen zu den gegebenen Kreuzchen notieren.

Feld 1 (Dialog/Ratio): Eher sachlich orientierte Kommunikation, offen für den Dialog, keine besonders herzliche Atmosphäre. Zu den Mitarbeitern hält man eher Abstand, kurz: **kühl und respektvoll**.

Feld 2 (Ratio/Info): Informationen werden verkündet, keine dialogischen Wege, alte Schule der Mitarbeiterinformation. **Keine Experimente.**

Feld 3 (Information/Emotion): es wird ebenfalls von oben verkündet, allerdings mit mehr Emotion und die kann sehr willkürlich sein. Appelle an die Mitarbeiter sind an der Tagesordnung. **Abkanzeln oder loben.**

Feld 4 (Emotion/Dialog): man pflegt den offenen Austausch und den Dialog. Koope-rativer und kollegialer Stil, bei dem offene Aussprache und das Einbringen von Ideen erwünscht sind. **Interaktionen nicht Instruktionen sind wichtig.**

Wenn Sie das Diagramm für Ihre Bibliothek ausfüllen, dann sollten informelle Informationsgespräche vorausgegangen sein, damit Sie eine klarere Einschätzung haben. Setzen Sie Ihr Kreuz an die Stelle des Felddiagramms, an der Sie Ihre Institution sehen. Hilfreich ist es, wenn Sie Kollegen und Kolleginnen bitten, ebenfalls ihr Kreuz in ein Felddiagramm zu setzen.

„Hier werden Erzählungen als Medium angesehen, um handlungsrelevantes Wissen, das nicht in expliziter, formalisierter oder kodifizierter Form vorliegt, effektiv in der Organisation zu verbreiten.“
(Tomczak, Behavioral Branding, S. 406)

e) Storytelling als Tiefenanalyse der Kommunikationskultur

Bei der Methode des Storytelling als Analyseinstrument geht man davon aus, dass es ein Wissen in der Organisation gibt, das nicht erfasst ist. Dabei kann es sich um Wissen, aber auch um emotionale Gestimmtheiten und um Werte handeln.

Geschichten zu erzählen gehört zu einem zentralen Bestandteil menschlicher Erfahrungen. Wir erzählen uns Geschichten, um Informationen weiterzugeben oder zu verarbeiten. Geschichten helfen uns dabei, abstrakte Inhalte zu verstehen und werden immer wieder genutzt, um in Form von Metaphern oder Analogien Inhalte verständlich zu machen. Sie sind uns also vertraut als Kommunikationsform und meist positiv besetzt.

Als Analyseinstrument lässt es sich neben formalisierten Methoden wie der Mitarbeiterbefragung einsetzen, wenn es um tiefergehende Fragen wie Ängste, Unsicherheit, Unzufriedenheit und Bedenken geht.

So können Sie Storytelling einsetzen:

Nutzen Sie die Methode im Rahmen eines Workshops mit Mitarbeitern, wenn man sich zum Beispiel mitten in einem Veränderungsprozess befindet.

Gruppe: max. 15 Personen
Anleitung: Bitte bilden Sie Dreierteams.
Zunächst erzählt eine Person, die andere hört zu, fragt gegebenenfalls nach. Nach 5 Minuten wechseln die Rollen und der jeweils andere erzählt. Die dritte Person beobachtet das Gespräch. Jeder ist einmal in jeder Rolle. Nutzen Sie bei jedem Gespräch eine andere thematische Anleitung.

Thematische Anleitung:

1. Stellen Sie sich vor, Sie trinken am Abend mit einem Freund, einer Freundin ein Glas Bier und erzählen, wie Sie diesen Arbeitstag erlebt haben.

2. Stellen Sie sich vor, Sie erzählen am Abend ihrem Partner, Ihrer Partnerin von einem besonders haarsträubenden Erlebnis heute bei der Arbeit. („Da ist richtig was schief gelaufen …“)

3. Stellen Sie sich vor, Sie erzählen am Abend beim Wein einem Freund oder einer Freundin, was Ihnen an diesem Tag bei der Arbeit besonders gut gefallen hat.

Aufgabe für die Beobachter:

Notieren Sie, was Sie an der Schilderung für symptomatisch für die Kommunikationskultur in der Bibliothek halten.

Auswertung:

Die Beobachter geben Ihre Schlussfolgerungen wieder.
Was sagen Ihnen die Geschichten über die alltägliche Kommunikation?
Gibt es wiederkehrende Muster?
Was ist typisch für uns?
Welche positiven und negativen Aspekte können Sie beobachten?

Ergebnissicherung:

Welche Problemfelder haben Sie durch die verschiedenen Methoden der Analyse herausgefiltert? Sind Ihre Ergebnisse schon aussagekräftig genug, oder brauchen Sie doch noch externe Expertise?

Wenn Sie den Eindruck haben, dass der Blick von innen auf die Kommunikationssituationen noch nicht deutlich genug ist, dann können Sie sich um externe Expertise bemühen.

Gibt es vielleicht an Ihrer Hochschule, in Ihrer Verwaltung Fachleute, die sich mit solchen Analysen befassen?

Wenn Ihre Analyse schon ausreichend präzise ist, dann fassen Sie die Themen in einem Faktenspiegel zusammen. Welche Themen können Sie in der Bibliothek als positiv belegen? Welche negativen oder defizitären Positionen konnten Sie herausfiltern:

Positive Aspekte der Unternehmens- kommunikation	Negative Aspekte der Unternehmens- kommunikation

2.4.3 Die Auftragsklärung

Die Analyse hat Ihnen die Antworten darauf gegeben, wo die Problemfelder der internen Kommunikation in Ihrer Bibliothek liegen. Wie und ob das Problem nun angegangen wird, das hängt von der Beauftragung durch die Leitung der Bibliothek ab.

Wer erteilt den Auftrag an wen, und wie lautet der Auftrag?

Nehmen wir einige Beispiele von Themenfeldern heraus, die Sie bei der Analyse herausgefunden haben könnten.

Dezernenten: Es mangelt an Kommunikation innerhalb der Hierarchieebene der Dezernenten untereinander. Es wird nur von oben nach unten, nicht aber horizontal kommuniziert.

Mangel an zielgerichteter Kommunikation: Es werden zwar Informationen weitergegeben, aber oft weiß man nicht, wozu sie weitergegeben werden und wie man mit den Informationen verfahren soll.

Infodefizit Benutzungsabteilung: Besprechungen mit allen Teammitgliedern finden nur zwei Mal im Jahr statt. Alle anderen Informationen werden per Mail top down mitgeteilt.

Infodefizit Institutsbibliotheken und Hauptbibliothek (UB): Die Kommunikation zwischen den einzelnen Standorten und der Hauptbibliothek ist unzureichend, es gibt keine geregelten Kommunikationswege und nur selten Besprechungen.

Entwickeln Sie ein Konzept zur Verbesserung der internen Kommunikation als Team mit einigen Kolleginnen und Kollegen. Das ist für die Verankerung und Akzeptanz im Haus enorm wichtig. Auch der Personalrat sollte eingebunden werden.

Nach der ersten Analyse der Situation hat nun das Management zu entscheiden, ob ein Projekt zur Verbesserung der Kommunikationsabläufe gestartet wird.

Es erteilt zum Beispiel einen Auftrag an eine gemischt zusammengesetzte Arbeitsgruppe, die nun Vorschläge erarbeiten soll, wie die defizitären Felder bearbeitet werden sollen. Oder sie erteilt den Auftrag an einen Beauftragten für die interne Kommunikation. Diese Aufgabe ist meist in der Abteilung für Öffentlichkeitsarbeit angesiedelt.

Damit wird noch einmal deutlich, dass ein Projekt zur Verbesserung der internen Kommunikation eine ganz oben angesiedelte Aufgabe ist. Die Direktion und die gesamte Führungsebene sollten über das Vorhaben informiert sein und es tatkräftig unterstützen. Dies wird Signalwirkung für die ganze Mitarbeiterschaft haben.

Beispiel: Mangelnde Kommunikation zwischen den Dezernenten

Die Kommunikationsziele:

1. In sechs Monaten sind die Dezernenten besser vernetzt, so dass es nicht mehr zu Fehlinformationen an die nachgeordneten Ebenen kommt.
2. Das Klima zwischen den Dezernenten hat sich nach außen erkennbar verbessert.
3. Es ist eine Besprechungs- und Absprachenkultur (Regelungen) zwischen den Dezernenten entstanden.
4. Inhalte werden zeitlich angemessen mitgeteilt.
5. Es entsteht keine Doppelarbeit mehr durch Fehlinformationen.
   (...)

Nehmen Sie sich Zeit für die Zielklärung. Von der präzisen Klärung der Ziele hängt der Erfolg des Verbesserungsprozesses ab!

Absolut notwendig ist es, dass bei der Auftragsklärung, die wichtigsten Eckdaten und vor allem die Ziele abgesprochen werden, deshalb können die Ziele auch noch genauer formuliert werden.

Zielklärung

Zeit: Bis wann soll das Projekt abgeschlossen sein? Wann sollen welche Zwischenergebnisse vorliegen?

Inhalt: Welche Wirkung (Qualität) soll bei wem oder in welchem System in welcher Form eintreten?

Ressourcen: Welche Ressourcen personeller, materieller und finanzieller Art stehen zur Verfügung?

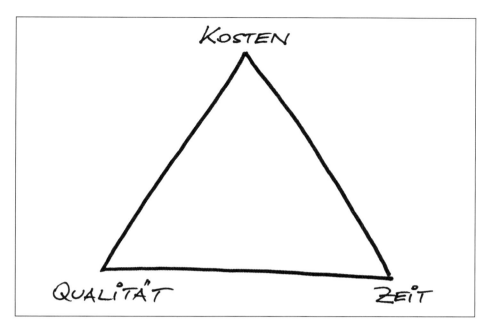

Abbildung 4: Projektdreieck.

Sind die Ziele des Verbesserungsprojektes erst einmal hinreichend präzise formuliert, sollten sie nicht nur den Projektmitarbeitern zur Verfügung gestellt werden. Nur wenn die gesamte Projekt-Öffentlichkeit über die Ziele informiert ist, besteht die Chance, dass berechtigte und wichtige Einsprüche, Anregungen, Bedürfnisse und Wünsche rechtzeitig in das Projekt einfließen können.

Soll das Thema von einer Person durchgeführt werden oder von einem Projektteam? Dann ist auch die Zusammensetzung der Arbeitsgruppe genau zu planen:

Wer **müsste** mitarbeiten	– ist fachkompetent?
Wer **sollte** mitarbeiten	– ist betroffen und bringt wichtige Informationen?
Wer **kann** mitarbeiten	– erhöht die Akzeptanz und Kompetenz?
Wer **möchte** mitarbeiten	– ist interessiert?

2.4.4 Die Beteiligten

Bei einem Projekt zur Verbesserung der internen Kommunikation sind die Bezugsgruppen eigentlich bekannt. Grundsätzlich geht es um die gesamte Belegschaft einer Bibliothek, da alle von der internen Kommunikation betroffen sind und zu ihr beitragen. Was oft nicht bekannt ist, sind die Interessen der einzelnen Zielgruppen sowie ihre Ideen zur Verbesserung von Kommunikationsprozessen. Wer genau sind die Personen oder Gruppen, die Interesse am Verlauf oder Ergebnis des Projektes haben und möglicherweise auch Einfluss nehmen können:

1. Die oberste Führungsebene
2. Die mittlere Führungsebene
3. Alle anderen Mitarbeiter
4. Die Personalabteilung/Personalentwicklung
5. Der Personalrat

Bei der Wahrnehmung von Veränderungsprozessen in der Organisation gibt es meist zwei Sichtweisen, die sich deutlich voneinander unterscheiden: Die Sichtweise der Führungsebene und die Sichtweise der Mitarbeiterschaft. Die Führungsebene schaut sich den Veränderungsprozess unter einem unternehmerischen Blickwinkel an: Wie wird sich die Veränderung auf die Wirtschaftlichkeit, auf die Kundengruppen und die Arbeitseffektivität auswirken. Aus Mitarbeitersicht fragt man sich, wie sich die Veränderung auf den eigenen Arbeitszusammenhang, auf die Arbeitszufriedenheit, auf die Sicherheit des Arbeitsplatzes und die Zusammenarbeit auswirkt.

Es gibt viele Überschneidungen der Blickwinkel, aber eben auch Unterschiede. Beide Sichtweisen sollten beim Veränderungsprozess berücksichtigt und offen angesprochen werden.

Zudem ist es interessant, die Bezugsgruppen auf ihre Bedeutung für den Verbesserungsprozess zu betrachten. Eine mögliche Unterscheidung empfehlen Führmann und Schmidbauer. (Führmann, Wie kommt System in die interne Kommunikation, S. 94 ff)

Nehmen wir als Beispiel die Einführung der Selbstverbuchung mit ihren kommunikativen Zielen. Dann lassen sich die verschiedenen beteiligten Gruppen und ihre Bedeutung für die Kommunikation unterteilen:

Schlüsselgruppen	Mittlergruppen	Rahmengruppen	Externe Gruppen
Alle direkt von der Veränderung betroffenen Mitarbeiter und Führungskräfte.	Mitarbeiter und Führungskräfte, die als Multiplikatoren oder Vermittler einbezogen werden sollten.	Mitarbeiter und Führungskräfte, die nicht direkt betroffen sind, aber als Zuschauer auch meinungsbildend sind.	Alle von der Veränderung im Umfeld betroffenen Gruppen.
Beispiel: Alle Mitarbeiter und Führungskräfte der Benutzung, die von der Umstellung direkt betroffen sind.	**Beispiel:** Mitarbeiter und Führungskräfte aus den Zweigstellen, die bereits Erfahrungen mit der Einführung von RFID gemacht haben.	**Beispiel:** Alle anderen Mitarbeiter und Führungskräfte.	**Beispiel:** Alle Kunden, Besucher, Nachbarn, die Politik ….

Um alle Betroffenen zu integrieren, sollten folgende Fragen diskutiert und beantwortet werden.

– Was bewegt die Bezugsgruppe?
– Was motiviert, was demotiviert sie?
– Welche Haltung hat sie zum Unternehmen, welche zur angestrebten Veränderung?
– Welche Einwände sind zu erwarten?
– Welche Beiträge und Änderungsvorschläge kommen von dieser Gruppe?

Ziel ist es, alle Gruppen, die betroffen sind, in den Prozess einzubinden.

2.4.5 Die Strukturierung der Aufgabe

In enger Abstimmung mit der Bibliotheksleitung wurde der Auftrag mit einer Zielklärung festgelegt. Nun sollte sich das Team an die schrittweise Bearbeitung der Aufgabe machen.

Zunächst entscheidet sie, ob schon genügend Informationen gesammelt wurden, um das Problem genau zu verstehen und zu erkennen, wo es seine Ursachen hat.

Mit einem einfachen Instrument, dem Vier-Felder-Schema könnte der nächste Arbeitsschritt angegangen werden:

IST-ZUSTAND	SOLL-ZUSTAND
Die Situation, wie sie jetzt ist, wird beschrieben. Hier sind die Problemfelder noch einmal deutlich zu benennen.	Die abgesprochenen Ziele sollten genau benannt werden. Was wird sich nach Durchführung verändern und auf wen wirkt es sich in welcher Fom aus?
MAßNAHMEN	WIDERSTAND
Hier setzt der Kreativprozess ein. Mit Hilfe welcher Maßnahme können wir zum angestrebten SOLL kommen? Was sind die Teilaufgaben der Aufgabe?	Mit welchen Widrigkeiten, welchen Widerständen ist zu rechnen?

Abbildung 5: Vier-Felder-Schema.

Wenn es zu einem Maßnahmenplan gekommen ist, sollten die verschiedenen Lösungsansätze auf ihre Umsetzung hin überprüft werden. Welche der Ideen lassen sich leicht umsetzen, welche der Maßnahmen erfordern noch größere Überzeugungsarbeit, mehr Ressourcen oder haben höheren Abstimmungsbedarf?

Erst wenn auch die bisher noch unklaren Lösungsideen durchgespielt wurden, sollte das Konzept der Leitung präsentiert werden.

2.5 Was wird kommuniziert? – Die Inhalte

Macht man sich an die Aufgabe, die interne Kommunikation zu verbessern, so muss man sich fragen, welche Informationen, welche Themen für alle Beteiligten von Interesse sind.

Je nach Position, Funktion und Aufgabe unterscheidet sich der Bedarf der verschiedenen Beteiligten in der Organisation nach Themen sehr. Sie umfassen folgende Themenauswahl:
- die Sicherheit des Arbeitsplatzes, wie zum Beispiel der Weiterbestand der Bibliothek in dieser Form
- die wirtschaftliche Situation der Bibliothek
- die finanzielle Entlohnung
- die Entwicklungen und Planungen der Bibliothek

Unterscheiden lassen sich Makrothemen, das sind Themen mit allgemeinem Bezug zum Unternehmen sowie Mikrothemen, d.h. Themen mit speziellem Bezug zu dem Mitarbeiter.

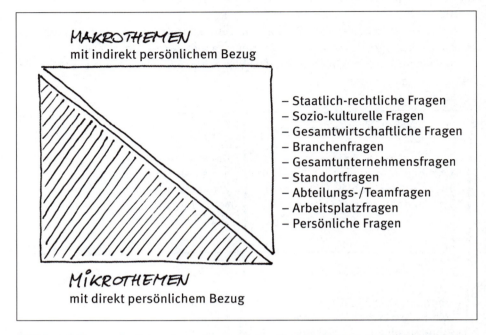

Abbildung 6: Themen der Unternehmenskommunikation (nach Meckel, Unternehmenskommunikation, S. 237).

Durch die zahlreichen Möglichkeiten, sich zu informieren, wächst die Notwendigkeit, sich dieser Themen aktiv anzunehmen oder sich zumindest darüber im Klaren zu sein, dass Mitarbeiter sich jederzeit über viele Kanäle informieren können.

Also besteht die Notwendigkeit, den Umgang mit diesen Informationen bewusst selber in die Hand zu nehmen und sie zielgruppengerecht aufzubereiten.

Bevor die Mitarbeiter über eine anstehende Veränderung über die Medien erfahren, sollte die Bibliothek sie besser selber steuern und ihre Mitarbeiter rechtzeitig informieren.

Außerdem gibt es den täglichen Informationsbedarf, der quer durch die Hierarchien anfällt.

Welche Informationen müssen von welchen Gruppen oder Personen weitergegeben werden? Oder noch besser formuliert, welche Informationen müssen ausgetauscht und besprochen werden:

Vorgesetzte informieren Mitarbeiter über:

Ziele
Entscheidungen
Verordnungen
Neuerungen
Personalsituation in der Abteilung
Arbeitszeiten
Anforderungen / Anweisungen
Andere Arbeitsbereiche
Feedback

Führungskräfte informieren Führungskräfte über:

Entscheidungen
Neuerungen
Auftretende abteilungsübergreifende Probleme oder Themen
Personalsituation
Feedback

Mitarbeiter informieren Vorgesetzte über:

Situation am Arbeitsplatz
Auftretende Probleme im Arbeitsablauf
Rückmeldung von Kunden oder neue Anforderungen
Arbeitsanfall
Probleme im Team, die sich auf die Arbeit auswirken
Störungen der EDV

Mitarbeiter informieren Mitarbeiter über:

Übertrag vom Vortag, wie zum Beispiel Unerledigtes
Besondere Vorkommnisse
Neuerungen
Informationen zum Tagesgeschäft

Mitarbeiter informieren Kunden über:

Neuerungen
Die Nutzung der Bibliothek
Besondere Öffnungszeiten
Dienstleistungen der Bibliothek

Nach dieser Aufzählung könnte man den Eindruck haben, Kommunikation sei eine Ein-Weg-Straße. Im Gegenteil, die Weitergabe von Informationen ist nur der eine Teil. Ebenso wichtig sind das Zuhören, das Nachfragen und das Diskutieren von Meinungen zu den Informationen.

2.6 Wie wird kommuniziert? – Die Instrumente

2.6.1 Grundhaltung und Kriterien

Zu der Art und Weise wie kommuniziert wird, gehören auch einige Grundsätze, die man miteinander festlegen kann. Die könnten zum Beispiel so aussehen:

Das Instrument ist nicht die Information.

– **Zuhören** als Grundvoraussetzung für erfolgreiche Kommunikation
– **Offenheit** als wesentliches Element
– **Innovation, Kreativität** und **Risikobereitschaft** als Spiegel der Unternehmenskultur
– **Dialog** als bevorzugte Form der Kommunikation
– **Persönliche Verantwortung** für Inhalt und Rechtzeitigkeit von jeglicher Information
– Verschiedene **Meinungen suchen** und respektieren
– Berücksichtigung **kultureller Unterschiede**
– **Grenzen der Kommunikation** erklären (nachdem vollständige Berichterstattung nicht möglich ist)
– **Entscheidungskonflikte** ausloten und bestmöglich bearbeiten

Die interne Kommunikation soll also insgesamt mehr Transparenz, mehr Sicherheit, mehr positive Stimmung erzeugen. Dann ist die nächste Frage, mit welchen Instrumenten man dies erreichen will. Angesichts einer Fülle von Möglichkeiten ist es eher eine Frage der Auswahl als der Masse.

Mitarbeiter holen sich heute auf sehr unterschiedlichen Wegen Informationen, es gibt keine einheitliche Form der Information mehr. Deshalb braucht es bei der Auswahl der Instrumente klare Kriterien. Die Auswahl des Mediums richtet sich nach ihrem Zweck.

Dazu gibt es folgende hilfreiche Kriterien:

1. Das Tempo: Wie schnell muss die Information beim Empfänger sein?
2. Die Erreichbarkeit: Mit welchem Medium erreicht man welchen Empfänger (Verfügen zum Beispiel alle Mitarbeiter über einen PC?)?
3. Interaktivität: Wann, in welchen Situationen ist die direkte Antwort notwendig (wie in Gesprächen, Besprechungen, Blogs,)?
4. Vertraulichkeit: Welche Informationen müssen geschützt werden?
5. Partizipation: Wann ist eine offene öffentliche Diskussion gewünscht (wie z.B. bei internen Diskussionsplattformen)?
6. Professionalität und Provisorisches: wann ist es gewünscht, auch provisorisches, halbfertiges Gedankengut zu teilen, wann ist Professionalität geboten?
7. Verlässlichkeit: Welche Informationen brauchen zuverlässig immer die gleiche Informationsform?

Deutlich wird, die Form richtet sich nach Inhalt und Zweck und nicht umgekehrt. Das sollte bei der Auswahl der Instrumente immer ausschlaggebend sein.

Das passende Instrumentarium wird je nach Bedarf, nach Größenordnung der Bibliothek, Unternehmenskultur, gelebter Führung und Potenzial der Mitarbeiter ausgewählt.

2.6.2 Systematisierung der Instrumente

Zur Systematisierung der Instrumente gehört im ersten Schritt, dass man sich klar darüber wird, wer mit wem kommuniziert, das heißt, welche Kommunikationsebenen abzudecken sind. Dies finden Sie in der Abbildung dargestelltund wird in den folgenden Kapiteln bearbeitet.

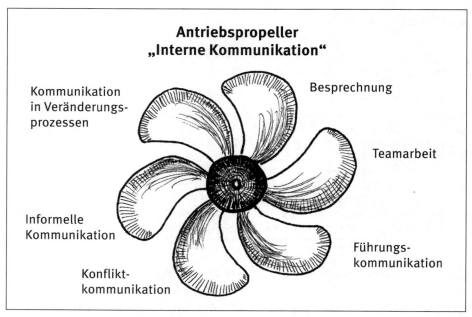

Abbildung 7: Arbeitsfelder der internen Kommunikation.

Bei der großen Menge an Möglichkeiten der Information, die Sie heute finden, braucht es einen Überblick. Am besten orientieren Sie sich daran, welche der Kommunikationswege schon gut etabliert und angenommen sind. Und welche neuen Wege die Bibliothek einschlagen könnte.

Formen der Kommunikation:

Schriftlich	Mündlich	Elektronisch
– Mitarbeiterzeitschrift	– Mitarbeitergespräche	– Intranet
– Mitarbeiterbefragungen	– Besprechungen	– Online Newsletter
– Druckschriften	– Ansprachen	– Chef-Blog
– Chefbrief	– Informelle Gespräche, Feste,	– Wiki
– Schwarzes Brett	Events	– Chat
– Mitarbeiterrundbrief	– Workshops und Seminare	– Arbeitstools
		– Mitarbeiterfernsehen/Radio

Zu den einzelnen Instrumenten finden Sie in den folgenden Kapiteln Hinweise zur Einführung oder Verbesserung.

Wenn Sie ein Projekt zur Verbesserung der internen Kommunikation planen, dann nutzen Sie auch das folgende Schema, um sich einen Überblick über die anstehende Aufgabe zu verschaffen:

Konzeptentwicklung in 6 Schritten

1.	Wohin?	Ziele festlegen
2.	Bis wann?	Zeitraum planen, Etappen festlegen
3.	Wer?	Bezugsgruppen klären
4.	Was?	Inhalte festlegen
5.	Wie?	Instrumente der Kommunikation planen
6.	Wie gut?	Erfolgskontrolle entwickeln, Nachhaltigkeit prüfen

Das folgende Beispiel wurde in einem Seminar entwickelt:
Konzept Infofluss für das Infoteam

1.	Wohin?	Alle Mitarbeiter auf dem gleichen Stand, Differenzierungsmöglichkeit verschiedener Informationen, bzw. E-Mails durch Filter
2.	Bis wann?	Vorlauf für Inhalt und Struktur drei Monate, sechs Monate Testphase
3.	Wer?	Infoteam, Teamleiter, Mitarbeiter der Zweigstellen, Fachreferenten, Studentische Hilfskräfte
4.	Was?	Dauerhafte Informationen, tagesaktuelle Kurzinfos, praktische Fallbeispiele, Organisatorisches
5.	Wie?	Trennung non Nutzer-E-Mails und internen Mails, Infotafel intern am PC der Info beim Starten, alternativ Datei auf dem Laufwerk oder Wiki, Links zu Anleitungen und Flyern, moderiertes Wiki für alle Bibliotheksmitarbeiter, extra-Bereich für die Studentischen Hilfskräfte, Stichwortsuche
6.	Wie gut?	Prüfen: Lässt die E-Mail-Flut nach? Sechs Monate Testphase, danach gemeinsame Auswertung und Entwicklung von Verbesserungsmöglichkeiten

2.7 Vertiefung

Zur Vertiefung des Themas schlage ich Ihnen vor, folgende Fragen zu beantworten:

Fühlen Sie sich in Ihrer Bibliothek genügend informiert über die Ziele und Zukunftsstrategien?

_____

_____

_____

_____

_____

_____

Welche Medien nutzen Sie verstärkt, um sich über Interna der Bibliothek zu informieren?

_____

_____

_____

_____

_____

_____

Welche ersten Schritte würden Sie umsetzen, um die Kommunikation in Ihrer Bibliothek zu verbessern?

_____

_____

_____

_____

_____

_____

3 Besprechungen effektiv gestalten

3.1 Ein Beispiel

Frau Peters ist heute als Gast zur Besprechung eines Teams der Abteilung Integrierte Buchbearbeitung eingeladen. Das Team hat eine neue Leitung. Heute ist die erste Besprechungsrunde. Die neue Leitung hat sich vorgenommen, einen neuen Besprechungsrhythmus einzuführen. Das bedeutet für alle, dass sie eine Stunde vor den Öffnungszeiten da sind, damit es überhaupt die Gelegenheit gibt, sich auszutauschen, da einige auch im Benutzungsbereich arbeiten. Vorher gab es nur große Abteilungsbesprechungen, die einmal im Monat stattfanden. Jetzt sind alle ganz gespannt darauf, ob sich der Informationsfluss und die Stimmung in der Abteilung durch die neue Besprechung ändern werden. Bisher war es nicht üblich, eigene Themen in die Besprechung einzubringen.

Leitung: Liebe Kolleginnen und Kollegen, ich begrüße Sie ganz herzlich zu unserer ersten Team-Besprechung. Wir werden uns jetzt einmal in der Woche zusammensetzen, um die wichtigsten Informationen auszutauschen. Zeit haben wir dafür eine Stunde. Heute sieht unsere Tagesordnung fünf Punkte vor, und ich beginne mit dem Thema Öffnungszeiten...

Die Vorgesetzte setzt zum ersten der fünf Vorträge an. Zwischendurch bittet sie die Kollegen um ihre Meinung, Fragen oder andere Hinweise. Die Kollegen schweigen. Als sie alle Themen vorgetragen hat, sagt sie:

Leitung: Wir haben noch fünf Minuten. Gibt es von Ihrer Seite noch Fragen oder Informationen?

Die Runde schweigt. Als eine Kollegin ansetzen will, beendet die Vorgesetzte die Besprechung mit den Worten:

Leitung: Ich würde mich übrigens über etwas mehr Beteiligung von Ihrer Seite freuen. Dann wünsche ich Ihnen einen guten Arbeitstag.

Die Vorgesetzte verlässt die Besprechung und tauscht sich mit Frau Peters über die gerade erlebte Besprechung aus. Sie bedauert sehr, dass die Kollegen so still waren und sich nicht an der Besprechung beteiligten. Sie fühlte sich so gezwungen, ausschließlich selbst zu reden. Und da es bei der Übernahme des Teams auch Vieles mitzuteilen gibt, hat sie ausgiebig gesprochen. Sie bemerkt, dass der Besprechungsstil in ihrer vorherigen Arbeitsstelle ein ganz anderer war. Es herrschte ein lockerer Ton und jeder beteiligte sich. Sie nimmt sich vor, bei der nächsten Besprechung selber weniger zu reden und alle direkt aufzufordern, sich zu beteiligen.

So wie die Vorgesetzte in unserem Beispiel erleben viele Mitarbeiterinnen und Mitarbeiter Besprechungen. Die Liste an aufgezählten Problemen in Besprechungen ist lang:

Was stört uns an Besprechungen:

- zu lang
- zu ineffektiv
- nur einer redet
- unterschwellige Konflikte
- keine Ergebnisse
- langatmige Redner
- schweigende Mehrheit
- Streitigkeiten
- Themen werden zerredet
- keine Einigung
- Nebenthemen werden aufgebauscht...

Das ist nur eine kleine Auswahl der Probleme, die Mitarbeitende auf die Frage „Was stört Sie in Besprechungen?" aufzählen. Wie lassen sich solche Störungen verhindern und wie lässt sich eine lebendige und effektive Besprechungskultur aufbauen?

Die Idee der neuen Leitung in unserem Beispiel, einen neuen Besprechungsstil einzuführen, ist eine gute Idee. Zunächst sollte sie sich aber folgende Fragen stellen:

1. Wie war die Besprechungskultur in der Abteilung vorher?
2. Wie ist die Besprechungskultur in der Bibliothek insgesamt?
3. Wie will sie einen neuen Besprechungsstil einführen?
4. Welchen Bedarf nach Austausch erkennt sie?
5. Ist der Bedarf über eine Besprechungsform oder andere Informationsmöglichkeiten zu regeln?

Mehr Besprechungen zu führen, heißt nicht unbedingt die Qualität erhöhen.

Es gilt, die richtige Dynamik zwischen zu viel und zu wenig zu finden. Übrigens gibt es Situationen, in denen eine höhere Frequenz von Besprechungen für eine begrenzte Zeit notwendig ist. Dann kann man dies auch wieder zurücknehmen.

Ein Beispiel mit Symbolgehalt: Ein Krankenhaus bekam eine neue Geschäftsführung. Der Besprechungsraum, in dem die Chefärzte und die Verwaltungsleitung sich zusammensetzten, bestand vorher aus tiefen Ledersesseln mit Beistelltischchen. Man kann sich vorstellen, dass hier viel „ausgesessen" wurde. Die neue Leitung schaffte die tiefen Sessel ab und richtete den Raum mit modernen Besprechungstischen und Stühlen ein. Ganz einfach wurde hier ein neuer Stil eingeläutet. Mit hoher Wahrscheinlichkeit verlief diese Veränderung nicht ohne Widerstand. Die Frage bleibt: Wie lässt sich eine notwendige Veränderung kollegial und konstruktiv umsetzen?

3.2 Die Analyse: Was bringen uns unsere Besprechungen?

Das Besprechungswesen ist ein zentraler Bestandteil der internen Kommunikation. Hier werden wichtige Informationen ausgetauscht, Entscheidungen getroffen und Beziehungsarbeit geleistet. Ein wichtiger Ansatzpunkt zur Verbesserung der internen Kommunikation ist die Analyse der Besprechungskultur.

So kann z.B. die Entwicklung von Besprechungsregeln für eine Organisation ein Beitrag zur Verbesserung der internen Kommunikation sein. Es könnten für alle Besprechungen der Bibliothek verbindliche Regeln entstehen, die zum Beispiel so aussehen könnten:

- Drei Tage vor der Besprechung wird die Tagesordnung an alle Teilnehmenden verschickt.
- Alle bereiten sich auf die genannten Themen vor.
- Es gibt für Themenfelder genannte Verantwortliche.
- Die Besprechung wird ab drei Personen von einer verantwortlichen Person geleitet.
- Alle Teilnehmer erscheinen pünktlich und mit ausgeschalteten Tablets und Handys.
- Nach jeder Besprechung gibt es ein Kurzprotokoll mit Ergebnissen und Aktionsliste.
- Die Besprechungsleitung muss nicht zwingend die ranghöchste Führungskraft sein.

Je nach eigenem Einflussbereich oder Aufgabe, haben Sie zwei Ansätze, die Besprechungskultur zu analysieren: einen grundsätzlichen zum Besprechungswesen der Bibliothek und einen individuellen, zur Betrachtung der Besprechungskultur im eigenen Arbeitsumfeld.

Grundsätzlicher Ansatz: Welche Besprechungen werden von welchen Gremien und Abteilungen in welchem Rhythmus durchgeführt. Welche Besprechungskultur hat sich dabei etabliert?

Wer redet mit wem wie häufig?

Auf der Leitungsebene
Zwischen Dezernenten
Zwischen Abteilungsleitungen
Übergreifende Besprechungen (Leitung und Dezernenten, Dezernent und Abteilungsleitungen)
Abteilungsbesprechungen
Teambesprechungen
Übergreifende Besprechungen (zwischen Abteilungen, Teams)

Was ist Ihr Eindruck: Gibt es eher zu viele oder zu wenige Besprechungen?

Stellen Sie sich vor, Sie kommen als Außenstehende in Ihre Bibliothek und beobachten den Stil der Besprechungen. Was nehmen Sie wahr? Äußern sich alle Teilnehmenden unbefangen und angstfrei oder herrscht sogar ein schnippischer, respektloser Ton? Oder traut sich kaum jemand etwas zu sagen? Hat sich stillschweigend ein passiver Stil etabliert?

Versuchen Sie eine erste Einschätzung:

	5	4	3	2	1	0	1	2	3	4	5	
autoritär												kooperativ, partnerschaftlich
dozierend												fragend, alle beteiligen sich
die Entscheidung der Leitung zählt												gemeinsame Entscheidungen

Diese Skala hat Ihnen vielleicht eine erste Orientierung zur Bewertung der Besprechungskultur gegeben, er bildet aber nur eine Tendenz ab. Hier haben Sie die Möglichkeit, Ihre Beobachtungen noch genauer aufzuschreiben.

Übung
Meine Beobachtungen zum Stil unserer Besprechungen:
(z.B. autoritär oder partnerschaftlich geleitet, sachorientiert oder stark beziehungsorientiert...)

_____

_____

_____

_____

Welche Auswirkungen hat der von Ihnen beobachtete Stil auf die Ergebnisse?

_____

_____

_____

_____

Individueller Ansatz: Wie verlaufen die Besprechungen in unserer Abteilung oder unserem Team? Welche Besprechungskultur hat sich hier etabliert?

Übung: Was bringen unsere Besprechungen?
Machen Sie sich allein oder auch mit Ihrem Team Gedanken zu folgenden Fragen:
Welche Besprechungen führen wir durch?

_____

_____

Welche Themen werden auf diesen Besprechungen bearbeitet?

_____

_____

Wie oft finden Sie statt?

_____

_____

Wie lange dauern diese Besprechungen?

_____

_____

Welchen Nutzen hat die jeweilige Besprechung für mich, für unser Team, für die Abteilung?

_____

_____

Welche Besprechungen empfinde ich als überflüssig oder zu häufig und warum?

_____

_____

Sind die Probleme, die wir durch eine oder mehrere Besprechungen versuchen zu lösen, auch auf anderem Wege zu bewältigen?

_____

_____

Was möchte ich, möchten wir an unserer Sitzungs- und Besprechungskultur verändern?

_____

_____

_____

_____

Sie können auch einfach die nächste Besprechung dazu nutzen, miteinander über die Effektivität Ihrer Besprechungen zu reden. Das kann auf der Tagesordnung als TOP auftreten:

Sind wir zufrieden mit unseren Besprechungen?
Was können wir besser machen?

3.3 Arten von Besprechungen: Begriffliche Klarheit

In den unterschiedlichen Organisationen, mit denen ich zu tun habe, haben sich Begrifflichkeiten für das Besprechungswesen eingebürgert. Das ist gut so, damit alle wissen, was sie erwartet, wenn sie zum Beispiel zu einer *Dienstbesprechung* eingeladen werden.

3.3.1 Typen von beruflichen Treffen

Angelehnt an Kießling-Sonntag (Kießling-Sonntag, Besprechungsmanagement, 2005) finden Sie hier eine Beschreibung der unterschiedlichen Besprechungsformen und ihrer Ziele:

Typ der Zusammen- kunft	Ungefähre Anzahl der Teilnehmenden	Hierarchische Positionen der Teilnehmenden	Anlass und Ziel	Dauer und Häufigkeit
Besprechung	Eher kleine Teilnehmerzahl: 2–10 Personen	Gleiche Positionen (Kollegen) oder unterschiedlich (Vorgesetzte/ Mitarbeiter)	Informationsweiter- gabe- und aus- tausch, Anweisung, Koordination, Delegation, Problemlösung, Entscheidungs- findung	Von Kurzbespre- chung bis zu mehreren Stunden andauernden Treffen. Eher häufig und regelmäßig, z.B. wöchentlicher Jour fixe oder anlass- bezogen
Meeting	Ähnlich wie bei Besprechungen, bezeichnet auch größere Treffen	Wie in Bespre- chungen: Kollegen oder Vorgesetzte/ Mitarbeiter	Wie in der Bespre- chung sind unterschiedliche Anlässe und Ziele möglich	Wenige Minuten bis mehrere Stunden Ähnlich wie Besprechungen
Sitzung	4–20 Personen	Oft auf gleicher Ebene (z.B. Abteilungsleiter, Dezernenten, Vorstandsmit- glieder)	Informationsaus- tausch, Verhand- lung, Entschei- dungsfindung, Beschlussfassung	Mehrere Stunden bis zu einem Tag Turnusmäßig (monatlich, quar- talsmäßig) auch außerordentlich

Typ der Zusammen-kunft	Ungefähre Anzahl der Teilnehmenden	Hierarchische Positionen der Teilnehmenden	Anlass und Ziel	Dauer und Häufigkeit
Konferenz	Mittlere bis größere Teilnehmerzahl – bis zu mehreren hundert Personen	Hierarchischer Rang ist gleich oder unterschied-lich gemischt	Informationsaus-tausch, Meinungs-bildung, Entschei-dungsfindung, Verabschiedung von Resolutionen, Weiterbildung, Kontaktpflege	Ein bis mehrere Tage, Telefonkonfe-renz analog zur Besprechung Seltener, z.B. Jahreskonferenz
Versammlung	Größere Anzahl – gesamte Beleg-schaft	Alle Hierarchie-stufen	Informations-weitergabe, Rechenschaft geben, Meinungs-bildung, Motiva-tion, Entschei-dungsvorbereitung, Beschlussfassung	In der Regel mehrere Stunden Meist regelmäßig, z.B. jährliche Mitarbeiterver-sammlung oder anlassbezogen z.B. Kick off Veranstal-tung zum Beginn eines Projektes
Tagung	Größere Teil-nehmerzahl	Hierarchischer Rang unterschied-lich, alle verbindet das Interesse am Thema (z.B. Fachtagung)	Informationsaus-tausch, Weiter-bildung, Meinungs-bildung, Kontakt-pflege	Ein oder mehrere Tage Oft regelmäßig, z.B. Jahrestagung einer Organisation
Workshop	Zumeist mittlere Teilnehmerzahl, ca. 5–30 Personen	Teilnehmer-benennung hängt von Thema und Ziel ab, z.B. eine ganze Abteilung mit Vorgesetzten, mehrere Hierarchie-stufen anwesend	Problemklärung, Ideenfindung, Problemlösung, Umsetzungspla-nung, Strategie-entwicklung, Zusammenarbeit, Zukunftsplanung – zumeist ein Thema im Vordergrund	Einige Stunden bis mehrere Tage Meist anlass-bezogen und bei besonderen Themen- oder Problemlagen

Noch ein paar Bezeichnungen, die üblich sind:
– Jour Fixe
– Info-Team
– Briefing

Es kann sein, dass Sie mit einer veränderten Bezeichnung Widerstand gegen das Tref-fen erzeugen. Manche Menschen haben etwas gegen Anglizismen und damit gegen Bezeichnungen wie Meeting oder Briefing. Anderen ist der Begriff Sitzung zu altba-cken. Also entscheiden Sie sich bewusst, ob sie dem bisherigen Sprachgebrauch fol-gen oder eindeutig eine Veränderung herbeiführen wollen.

Übrigens gibt es zur üblichen Besprechung auch kleine Alternativen wie:

1. Die kurze wöchentliche Besprechung

Einmal wöchentlich mit dem ganzen Team zusammen zu sitzen, das ist für Teams, die ständig mit neuen Anforderungen konfrontiert sind, sicher eine gute Hilfe. Aber solche festen Termine können auch zu Qual werden, wenn sie unnötig lang und ineffektiv sind. Da macht es Sinn, einen festen Ablauf einzuführen, z.B. so:

Führen Sie einen festen Ablauf für
Ihre Kurzbesprechungen ein.

1. TOP: Was sind die zentralen Ziele und Aufgaben in der kommenden Woche?
2. TOP: Diskussion: Welche Empfehlungen haben die Kollegen zur besseren Erledigung der Aufgaben? Wer kann wobei unterstützen?
3. TOP: Fragen der Teilnehmer: Was ist unklar? Was fehlt mir, damit ich die Aufgaben reibungslos erledigen kann?
4. TOP: Abschluss: Gibt es sonst noch etwas? Was kann die Vorgesetzte noch für das Team klären?

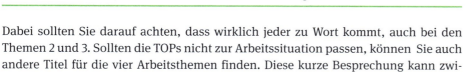

Dabei sollten Sie darauf achten, dass wirklich jeder zu Wort kommt, auch bei den Themen 2 und 3. Sollten die TOPs nicht zur Arbeitssituation passen, können Sie auch andere Titel für die vier Arbeitsthemen finden. Diese kurze Besprechung kann zwischen 15 und 30 Minuten lang sein.

Übrigens: Wenn es keine Themen gibt, sollten Sie sie nicht ohne Notwendigkeit eine Besprechung abhalten. Dann geht man nach der Abfrage eben wieder auseinander.

2. Die Stehung: Das kurze Briefing am Morgen oder ein Stehcafé als Ritual

Es gibt viele Arbeitssituationen, in denen es kaum möglich ist, alle Mitarbeiterinnen und Mitarbeiter zu einer längeren Besprechung zusammenzurufen. Also bleiben die kurzen Momente zum Beispiel am Morgen bevor es losgeht. Dazu bleibt man in lockerer Runde stehen. Ein Kaffee oder Tee in der Hand darf sein.

Mit etwas Ideenreichtum lassen sich auch so die wichtigsten Informationen austauschen und ein kurzer netter Kontakt zum Beginn der Arbeit herstellen.

Trotz aller Zwanglosigkeit braucht es eine Reihenfolge oder ein Ritual zum Ablauf. Es sollte für diese Kurzbesprechung keine Gesprächsleitung geben. Das setzt allerdings eine gewisse Reife der Gruppe voraus. Traut sich anfangs keiner, etwas zu sagen, kann die Vorgesetzte den Anfang machen.

Ein Vorschlag für die thematische Reihenfolge:
1. Gibt es etwas Neues?
2. Ist gestern etwas passiert, von dem wir alle wissen sollten?
3. Wird heute etwas Besonderes auf uns zukommen?
4. Wer hat noch etwas?

Wichtig ist:

Alle sollen wissen, dass in diesen fünf oder zehn Minuten keine Probleme ausdiskutiert werden können. Sie können benannt, aber nicht bearbeitet werden.

Diese Zeit dient ausschließlich dem Kontakt und der Informationsweitergabe. Wenn nichts Wichtiges anliegt, lässt sich variabel mit der Zeit umgehen. Aber dennoch sollte an dem Zeitpunkt festgehalten werden.

Dieses kleine gemeinsame Ritual kostet wenig Zeit, hilft bei der Weitergabe von Informationen und kann das Team als Gruppe stärken.

3.3.2 Leiten oder moderieren – eine Rollenfrage

Ein Beispiel:

Frau Peters leitet die Besprechung ihrer Abteilung. Beim Tagesordnungspunkt „Neue Dienstleistungen der Bibliothek" geht es ihr darum, freigewordene Kapazitäten durch den Wegfall von Thekendiensten nach der Einführung der Selbstverbuchung durch die Mitarbeiter besser zu nutzen. Sie würde gerne mit allen gemeinsam klären, welche Dienstleistungen angeboten werden können, und wie sich das umsetzen lässt. Möglicherweise stehen dann Schulungen an, eine Umverteilung der Arbeit, also auch neue Dienstpläne.

Ihr Leitungsstil ist kooperativ und sie hofft sehr darauf, dass die Kolleginnen mitziehen. Sie kündigt den Tagesordnungspunkt so an:

Frau Peters: Mit unserem nächsten Tagesordnungspunkt geht es um neue Dienstleistungen. Wir haben ja nach der Einführung der Selbstverbuchung und der Rückgabeautomaten gerade bei den Fachangestellten Kapazitäten frei. Was meinen Sie dazu?

In der anschließenden Diskussion zeigt sich aber, dass es massiven Widerstand gegen jegliche Veränderung der Dienste gibt, und dass es sehr starke Bedenken gibt, ob überhaupt Kapazitäten frei werden, die man nutzen könnte. Sie stößt also mit ihrem Vorstoß auf taube Ohren. Die Besprechung endet ergebnislos.

In der Reflexion der Situation ärgert sich Frau Peters über sich selbst. Sie fragt sich, ob sie nicht deutlich autoritärer auftreten müsste. Sie war sich völlig im Unklaren darüber, wann sie nun als Vorgesetzte auftreten sollte, und wann sie einfach nur den Prozess moderieren kann. Sie hat ebenfalls den Eindruck, dass ihre Mitarbeiterinnen ganz genau wissen, wie sie dabei Vieles blockieren können.

Die Unklarheit über die Autorität des Leitenden einer Besprechung ist ein typisches Phänomen. Im Arbeitsalltag von Führungskräften ist es immer wieder notwendig, die Balance zwischen der moderierenden Funktion und der leitenden Funktion herzustellen.

Aus dem Kreativen Denken kommt ein hilfreiches Bild für eine solche Situation.

In Anlehnung an die Denkhüte von de Bono könnte man davon sprechen, dass es der Führungskraft gelingen muss, deutlich zu machen, welchen Hut sie gerade trägt. Geht es um Ansage und Anweisung oder um Mitbestimmung und gemeinsame Entscheidung. Das kann auch zwischen Tagesordnungspunkten wechseln. Die Transparenz und Rollenklarheit wird dazu beitragen, dass alle Mitarbeiter wissen, was von Ihnen erwartet wird. Wann sind Ideen und Mitentscheidung gefragt, wann soll eine Idee aber einfach umgesetzt werden.

Eine weitere Hilfestellung für das Rollenverständnis in der Moderation ist die Matrix des Entscheidungsspielraums. Je höher der Entscheidungsspielraum der Vorgesetzten und je geringer der Entscheidungsspielraum der Gruppe ist, desto eher kann man von Leitung sprechen.

Je niedriger der Entscheidungsspielraum der Vorgesetzten und je höher der Entscheidungsspielraum der Gruppe ist, desto eher kann man von einer Moderation sprechen.

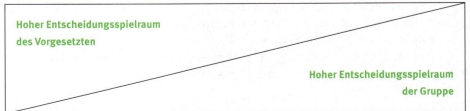

Abbildung 8: Angelehnt an die Denkhüte von de Bono.

Die verschiedenen Rollen und ihr fließender Übergang lassen sich folgendermaßen beschreiben:

Rolle	Kennzeichen
Moderator	– Ist meist extern und hat keine Eigeninteressen, was die Ergebnisse der Zusammenkunft angeht. – Kann die Situation von außen beschreiben. – Kann den Prozess vorurteilsfrei strukturieren. – Kann zum Ergebnis forcieren ohne selber ein bestimmtes Ergebnis vorzuziehen. – Trägt nicht die Verantwortung für Entscheidungen und Ergebnisse. – Die Gruppe trägt die Verantwortung für Entscheidungen. – Kann sich ganz der Sache widmen. – Kann sich ganz den Teilnehmern widmen. Tücken – Wenig Fachkompetenz – Hohe Erwartungen an die Lösungs-und „Erlösungs"-Kompetenz des Moderators

Rolle	Kennzeichen
Moderator und gleichgestellter Mitarbeiter	– Muss die Moderation und eigene Stellungnahmen deutlich voneinander trennen. – Ist möglicherweise nicht ergebnisoffen, da er Eigeninteressen hat. – Kann als Teil der Gruppe auf Akzeptanz der Gruppe setzen. – Trägt nicht die Verantwortung für Entscheidungen und Ergebnisse. – Die Gruppe trägt die Verantwortung für Entscheidungen. – Muss sauber Sympathien und Sachlagen voneinander trennen. Tücken – Möglicherweise persönliche Verstrickung, Antipathien oder Sympathien – Kann sich vom anwesenden Chef beeinflussen lassen – Risiko der Übernahme der Moderation durch anwesenden Chef oder anderes Teammitglied – Möglicherweise mangelnde Akzeptanz durch die Teammitglieder
Vorgesetzter und Teil des Teams	– Hat Vorgesetztenfunktion und fühlt sich gleichzeitig als Teil der Gruppe (z.B. Teamleiter). – Trägt die Verantwortung für Entscheidungen und Ergebnisse. – Hat Eigeninteressen, die er mit dem Thema verbindet. – Zählt als Teil der Gruppe auf die Unterstützung der Gruppe. – Ist nicht ergebnisoffen. – Steht möglicherweise unter Entscheidungsdruck. – Weist notfalls an und delegiert. Tücken – Unklare Wechsel zwischen den Rollen – Widerstand des Teams gegen den „Leitungskollegen"
Vorgesetzter	– Ist selber Entscheider und in der Vorgesetztenfunktion. – Trägt die Verantwortung für Entscheidungen und Ergebnisse. – Muss die Teilnehmer mitziehen, überzeugen, motivieren. – Steht unter Entscheidungsdruck. – Muss Entscheidungen auch gegen die Gruppe durchsetzen. – Weist an und delegiert. Tücken – Zu dominante Leitung, eigene Argumente werden vom Leiter in den Vordergrund gestellt. – Bei Konflikten erwartet die Gruppe eine Schiedsrichterposition – Mitarbeiter äußern sich nicht offen.

Die Entscheidung darüber, welche Rolle jemand übernimmt hängt außerdem von verschiedenen Faktoren ab.

– Wie ist der Stil in der Bibliothek, eher kooperativ oder autoritär?
– Wie ist der Stil in der eigenen Abteilung, dem eigenen Team?
– Welchen Stil möchte ich gerne umsetzen?
– Welche Voraussetzungen bringen die Mitarbeiter mit? Was sind sie gewohnt?
– Wie ist die Problemlage? Wie offen ist tatsächlich der Prozess? An welchen Stellen muss die Leitung auf eine bestimmte Umsetzung beharren? Wo besteht Freiraum?

3.4 Ziele von Besprechungen

Ein Beispiel:

Frau Peters ist heute Gast bei der Besprechung des Schulungsteams in ihrer Bibliothek. Sie führt selber sporadisch Schulungen durch und ist deshalb eingeladen worden. Die Leiterin der Abteilung, Frau Klaas, leitet heute auch die Besprechung und kündigt den nächsten Tagesordnungspunkt an.

Frau Klaas: Wir haben in den letzten Wochen immer wieder festgestellt, dass es bei der Anmeldung von Schulklassen, aber auch von Studierendengruppen aus den Fachbereichen zu Fehlern kommt. Die Informationen sind nicht systematisch und werden nicht weitergegeben und so kommt es immer wieder vor, dass jemand unvorbereitet vor einer Gruppe steht. Das ist unangenehm und hat auch schon zu Abbrüchen der Schulungen geführt. Außerdem ist das Angebot auf der Homepage nicht gut zu finden.

An dieser Stelle seufzen alle Mitarbeiterinnen, und es entsteht ein reger Erfahrungsaustausch. Einige berichten von den letzten Schulungen. Dann beginnen alle, Ideen zu entwickeln wie man das Anmeldeverfahren systematisieren könnte, wie man es auf der Homepage noch deutlicher positionieren könnte, und wer das tun könnte.

Bis hier hin hat Frau Klaas nicht unterbrochen und die Gruppe diskutieren lassen. Jetzt greift sie ein.

Frau Klaas: Ich bin erfreut, dass Sie das ebenso sehen wie ich. Ich habe schon mit der IT-Abteilung gesprochen. Wir werden die Ankündigungen der Schulungen neu positionieren. Um die neuen Texte kümmern Sie sich bitte, Frau Karlsen. Das Anmeldeverfahren wird ab jetzt zentral von meinem Sekretariat gesteuert. Sie finden dann die Informationen über die jeweilige Gruppe in einer neuen Datenbank, die wir erstellen. Dann freue ich mich, dass wir das regeln konnten.

Frau Klaas verlässt die Besprechung nach diesem letzten Tagesordnungspunkt und hinterlässt eine perplexe Gruppe.

Frau Peters, die selbst mitdiskutiert hat und Ideen entwickelt hat, ist ebenfalls erstaunt. Sie stellt sich die Frage, ob Frau Klaas klug gehandelt hat. Sie hat auf jeden Fall eine Gruppe von Mitarbeiterinnen hinterlassen, deren Motivation, sich bei der nächsten Besprechung einzubringen, sicher gesunken ist.

Was ist passiert?

Die Leiterin der Abteilung stand möglicherweise selbst unter Handlungsdruck. Vielleicht hatte sie selbst die Anweisung, tätig zu werden. Möglicherweise ist an anderer Stelle bereits über die Neupositionierung der Schulungen auf der Homepage entschieden worden. Möglicherweise war der Spielraum, in dem sich die Gruppe hätte bewegen können tatsächlich gering.

Das alles hätte den Teilnehmerinnen in der Besprechung mitgeteilt werden müssen.

Welche Festlegungen und Beschlüsse sind bereits getroffen worden?
Welche Fragen sind noch offen?
Welche Dinge können wie noch gemeinsam klären?

In einer Besprechung ist es von zentraler Bedeutung für das Ergebnis und für die Motivation der Teilnehmer, dass die Rahmenbedingungen und die Ziele eines Tagesordnungspunktes offengelegt werden.

Besprechungen können schon deshalb ergebnislos oder unbefriedigend verlaufen, weil alle Beteiligten unterschiedliche Erwartungen an das Ergebnis haben.

Klärt man vorher, welche Ziele mit den einzelnen Tops verbunden sind, lassen sich viele Missverständnisse verhindern.

Die Besprechungsziele lassen sich leicht systematisieren. Es geht meist darum Entscheidungen zu treffen, Lösungen zu finden oder Informationen auszutauschen. Besprechungen können nur ein Thema oder Ziel haben, oder es werden in einer Besprechung Tagesordnungspunkte mit verschiedenen Zielen bearbeitet.

Ziele und Rahmenbedingungen jedes Tagesordnungspunktes deutlich machen.

Informationsbesprechung/TOP Information

Aufgabe
– informieren
– anweisen
– antworten

Beispiele
Abteilungsbesprechung oder Pressekonferenz
Die Präsentation eines Arbeitsergebnisses oder eines Berichts, kann auch mit einer Visualisierung verbunden werden.

Gefragt
Zuhören, sachliche Nachfragen stellen, Notizen machen, Wissen vervollständigen

Nicht gefragt
Diskutieren, in Frage stellen, eigene Vorschläge machen

Die Problemlösungsbesprechung/TOP Problem lösen

Aufgabe
Eine gemeinsame Aufgabe, ein Problem lösen, Ideen entwickeln

Beispiele
Projektbesprechung, Besprechung von offenen noch nicht gelösten Problemen, eingeleitet meist mit einer Wie-Frage: Wie wollen wir den Ablauf xy verbessern?

Gefragt
Vorschläge machen, Ideen entwickeln, bewerten, informieren, ergänzen, kommentieren

Nicht gefragt
Sachvorträge, Schweigen, abwerten

Die Motivationsbesprechung/TOP Motivieren

Aufgabe
Von einer bereits beschlossenen Entscheidung überzeugen.
Ein vorher festgelegtes Ziel soll so überzeugend vermittelt werden, dass die Mitarbeiterinnen es annehmen oder zur Mitarbeit bewegt werden.

Beispiele
Entscheidungen, die an die Mitarbeiter weiterzugeben sind oder Entscheidungen, die die Vorgesetzte selber getroffen hat.

Prinzipien für eine gelingende Motivationskonferenz sind:
Wahrheit
Gemeinsamkeit
Anerkennung
Entscheidungsspielraum

Gefragt
Zuhören, Nachfragen, Kritik anbringen

Nicht gefragt
Grundsätzliches in Frage stellen, ablehnen

Hilfreich für die Entscheidungsfindung ist es, objektivierbare Kriterien anzulegen und eine Matrix daraus zu erstellen.

Entscheidungsbesprechung/TOP Entscheiden

Aufgabe
Zwischen verschiedenen bereits vorgestellten Lösungsmöglichkeit entscheiden.

Beispiel
Eine neue Software soll angeschafft werden. Alle Parameter sind bereits vorgestellt, jetzt entscheidet das Gremium.

Gefragt
Argumentieren, bewerten

Nicht gefragt
Informieren, Grundsätzliches thematisieren

Konfrontationsbesprechung/TOP Verhandeln

Aufgabe
Aushandeln, es geht um Ressourcen, die verteilt werden.

Beispiel
Verhandlungen mit Lieferanten oder Tarifparteien, zwischen Abteilungen

Gefragt
Argumentieren, überzeugen, kooperieren, Engagement

Nicht gefragt
Lange Sachvorträge, grundsätzliches Diskutieren, Schweigen, Passivität

---

In der Kurzfassung

Ziele können sein

Probleme lösen	Wie schaffen wir es?
Informieren	Was ist wichtig zu wissen?
Entscheiden	Wofür entscheiden wir uns?
Motivieren	Wozu möchte ich Sie bewegen?
Verhandeln	Wieviel bekommt wer?

Neben den Sachzielen haben Besprechungen immer auch einen sozialen Charakter. Viele Mitarbeiterinnen sehen sich nur in den Besprechungen. Manche Besprechungen finden selten statt, so dass auch der informelle Austausch der Kollegen untereinander ein Argument für eine Besprechung ist.

Natürlich lässt sich z.B. den Mitarbeitern in den Außenstellen (Fachbereichsbibliotheken oder Stadtteilbibliotheken) die notwendige Information auch per mail, Intranet, Blog oder Telefonkonferenz übermitteln. Nicht zu unterschätzen ist allerdings das Bedürfnis nach echtem Kontakt, der übrigens viele Sachfragen leichter lösbar macht.

Schon bei der Anmoderation eines Tagesordnungspunktes steht oder fällt die erfolgreiche Bearbeitung des Punktes. Das könnte dann so aussehen:

Unser Beispiel: Frau Klaas moderiert den Tagesordnungspunkt an

Wir haben in den letzten Wochen immer wieder festgestellt, dass es bei der Anmeldung von Schulklassen, aber auch von Studierendengruppen aus den Fachbereichen zu Fehlern kommt. Die Informationen sind nicht systematisch und werden nicht weitergegeben, und so kommt es immer wieder vor, dass jemand unvorbereitet vor einer Gruppe steht. Das ist unangenehm und hat auch schon zu Abbrüchen der Schulungen geführt. Außerdem scheinen die Schulungen auf der Homepage nicht gut zu finden zu sein.

Der Rahmen/die Vorgaben/unser Entscheidungsspielraum
Die Dezernentin hat mir mitgeteilt, dass die Positionierung auf der Homepage und der Text anders werden sollten. Außerdem stellt sich die Frage, ob wir die Anmeldungen besser zentral erfassen und in eine für alle einsehbare Datenbank zusammenfassen könnten. Das ist noch offen.

Unser Vorgehen heute/meine Erwartung an Ihre Beiträge
Ziel ist es heute, die Positionierung auf der Homepage zu klären – wo am besten?
Außerdem zu klären, was in den neuen Text rein soll und wer die Textfassung übernimmt.
Und wir klären, wie wir die Daten am besten erfassen können, dazu zunächst eine erste Ideensammlung.
Fangen wir mit der Homepage an. Was denken Sie, wo wäre die Ankündigung besser positioniert?

Die kommunikative Aufgabe bei der Anmoderation eines Tagesordnungspunktes, ist es, die Teilnehmer in eine Erwartungsspannung zu bringen, so dass sie sich auf das Thema und auf das, was von ihnen erwartet wird, einstellen können.

Probieren Sie es mit einem Thema Ihrer Wahl in einer Ihrer Besprechungen. Es geht darum, die Zielrichtung, die Rahmenbedingungen und die kommunikative Anforderung an die Teilnehmer darzustellen.

Übung
Die Anmoderation: Thema – Ziel – Vorgehen

Worum geht es? Welches Thema wird mit diesem TOP bearbeitet? Was muss dazu noch gesagt werden?

_____

_____

_____

Was ist das Ziel des TOPs?
Informieren, entscheiden, Problem lösen, Ressourcen verteilen, motivieren, verhandeln

_____

_____

_____

Wie werden wir vorgehen? Welche Arbeitsschritte (falls notwendig) schlage ich vor? Welche Beiträge erwarte ich von Ihnen.

_____

_____

_____

Meine Ausgangsfrage an Sie:

_____

_____

_____

3.5 Die gute Vorbereitung

Viele Besprechungen verlaufen ergebnislos, weil sie nicht ausreichend vorbereitet wurden. Die Tagesordnung wurde vorher nicht festgelegt, oder es gab keine Vorschläge zur Tagesordnung.

Die Teilnehmer haben die notwendigen Unterlagen nicht, oder sie haben sich nicht mit Ihnen befasst. Der Leiter der Besprechung hat sich nicht auf die Inhalte, auf die Teilnehmer und die möglicherweise auftretenden Konflikte eingestellt. Da hilft nur die gute und sorgfältige Vorbereitung. Die beginnt weit vor der Besprechung mit der Sammlung von Themen für die Tagesordnung.

Als sehr hilfreich hat es sich erwiesen, dass jeder Teilnehmer Vorschläge zur Tagesordnung macht. Themenpunkte können auch per Intranet gesammelt werden. Oder ein Team führt sie in einem Blog zusammen. So steigt die Mitverantwortung für das Gelingen der Besprechung.

Fragen	Antworten
Wer lädt ein?	Die direkte Führungskraft (nicht das Sekretariat mit einer formlosen Mail)
Wie ist der Einladungstext? **Welche Informationen gebe ich vor der Veranstaltung an die Teilnehmer?**	Höflich und wertschätzend Transparenz erzeugen: Was werden wir mit welchen Ziel besprechen?
Wann wird eingeladen?	Zur Wertschätzung der Teilnehmer und damit zum Erfolg der Veranstaltung gehört, dass genügend Spielraum für die Zeitplanung gegeben wird. Damit zeigen Sie, dass Ihnen wohl bewusst ist, dass nicht alle nur auf Ihre Veranstaltung warten.
Wer wird eingeladen?	Vorher klären: Wer **müsste** mitarbeiten – ist fachkompetent Wer **sollte** mitarbeiten – ist betroffen und bringt Informationen Wer **kann** mitarbeiten – erhöht die Akzeptanz und Kompetenz Wer **möchte** mitarbeiten – ist interessiert
Wo werden wir tagen?	Können sich alle sehen, wenn miteinander geredet werden soll? Sind Tische notwendig? In welcher Form werden die Tische gestellt? (Block, offenes U...)
Pausenregelung	Unbedingt daran denken, Pausen anzukündigen und diese auch einzuhalten!

Die Symbolkraft von Einladungen sollte nicht unterschätzt werden.

Mit einer ungeschickten Einladung können schon unnötige Verstimmungen und eine negative Einstellung zum Thema verursacht werden.

Checkliste für die Vorbereitung der Besprechung:

Die äußeren Bedingungen

- Ist der Raum rechtzeitig gebucht worden und die Teilnehmerzahl angemessen?
- Ist der Raum störungsfrei?
- Hat der Raum ausreichend Licht?
- Sind die Tische richtig gestellt (runder Tisch, U-Form: Wichtig, alle müssen sich sehen können)
- Sind ausreichend Stühle vorhanden und nicht zu eng gestellt?
- Ist für die entsprechende Bewirtung gesorgt?
- Sind ausreichende Visualisierungsmittel da (Flipchart, Pinnwand, Beamer..)?
- Sind diese Mittel alle funktionsfähig?
- Haben alle die Tagesordnung erhalten?
- Ist die Uhrzeit der Besprechung richtig gewählt?

Das muss eine Tagesordung auf jeden Fall enthalten:

- Wann und wo wird getagt? (Ort, Raumnummer)
- Beginn und Ende der Sitzung (wichtig für die weitere Terminplanung)
- Wer hat die Gesprächsleitung?
- Was wird in welcher Reihenfolge besprochen?
- Wer bereitet welches Thema vor?
- Welche Unterlagen sind mitzubringen? (evtl. Unterlagen mit der Einladung verschicken)?
- Wer führt Protokoll?

Bei regelmäßigen Besprechungen sollten Sie rechtzeitig vorher die Teilnehmerinnen und Teilnehmer fragen, welche Tagesordnungspunkte sie besprechen wollen. Fertigen Sie daraus eine Tagesordnung nach den gleichen Kriterien wie oben an, und verschicken Sie diese an die Teilnehmenden.

Einladung			
Zur/zum:		am:	
Wer lädt ein:		Beginn: Ende:	
Gesprächsleitung:		Ort: Raum:	
ProtokollantIn:		Teilnehmerinnen und Teilnehmer:	
Anlagen:		Gäste:	
Tagesordnung:			
TOP-Nr. Inhalt	Ziel	Verantwortlich	Zeit

3.6 Abläufe und Grundstrukturen

3.6.1 Die Basisstruktur einer Besprechung

Damit ein Gremium zu einem Ergebnis kommt, ist es das vorrangige Ziel des Gesprächsleiters, die Teilnehmer mit einem strukturierten Vorgehen zu einem Ergebnis zu führen. Um sich nicht zu verzetteln ist es hilfreich, einer einfachen Struktur zu folgen.

Basisstruktur für regelmäßige Sitzungen

Phasen	Aufgaben
Einstieg	– begrüßen – Klima schaffen (Kaffee austeilen...) – „kontakten" – Teilnehmer oder Gäste falls notwendig vorstellen
Klärungsphase	– Protokollant nach Reihenfolge bestimmen – offene Fragen des Protokolls klären und Veränderungen in das neue Protokoll aufnehmen – Inhaltliche TOPs sammeln, bzw. vorstellen – den Zeitbedarf klären, evtl. Pausen festlegen – die Reihenfolge festlegen
Inhaltliche TOPS bearbeiten	– TOPs anmoderieren, Wissensstand sichern – Bearbeiten je nach Zielen: informieren, lösen, entscheiden, verhandeln, motivieren – Maßnahmen und Ergebnisse festhalten – Aufgaben und Handlungsbedarf nach jedem TOP sicherstellen: Wer – was – bis wann – mit wem?
Ergebnissicherung	– inhaltliche Ergebnisse mit dem Protokollanten sichern (maximal 5 Minuten) und für alle zusammenfassen
Ausblick	– TOPs für das nächste Treffen
Blitzlicht	– Was hat mich heute gefreut, was hat mich geärgert? („dicke Kummerpunkte" werden beim nächsten Mal aufgegriffen)

Ein wichtiges Hilfsmittel in Besprechungen sind Visualisierungsmedien wie das Flipchart. Eine für alle sichtbar notierte Tagesordnung schafft Verbindlichkeit und führt dazu, dass sich alle mitverantwortlich für die Zeiteinhaltung und das Ergebnis fühlen.

Visualisieren Sie Ergebnisse oder Fragestellungen mit. Das führt zur Aktivität und Mitverantwortlichkeit der Teilnehmer.

Hilfreich ist es, während der Besprechung direkt Fragestellungen, Ergebnisse, Zuständigkeiten oder Lösungsideen zu visualisieren. In modernen Besprechungsräumen ist es für kleinere Gruppen bis zu acht Personen gut möglich, auf einem großen Bildschirm und über einen Laptop Arbeitsergebnisse direkt festzuhalten oder auch gemeinsam einen Blick auf Dokumente zu werfen. Es lässt sich sogar in dieser Form das Protokoll der Besprechung gleich für alle sicht- und korrigierbar anfertigen. Hier besteht nur das Risiko, dass die Dynamik der Diskussion durch das Protokollieren beeinträchtigt wird.

Wenn eine Diskussion engagiert, vielleicht hitzig ist, dann werden oft Äußerungen gemacht, die nicht sofort bearbeitet werden können, oder die sehr kontrovers sind. Um solche Beiträge während einer Diskussion zu systematisieren und festzu-

Abbildung 9: Flipchart.

halten, bietet die Methode Dynamic Facilitation eine gute Hilfestellung. Dabei geht es um eine visualisierte Liste, die während der Besprechung bei Bedarf ausgefüllt werden kann. Bei besonders kritischen Themen entlastet diese Liste, da kritische Beiträge sichtbar festgehalten werden, auch wenn sie in diesem Moment nicht diskutiert werden können. Ideen, die jetzt nicht besprochen werden können, gehen nicht verloren.

Herausforderungen/ Fragen	Lösungen/Ideen	Bedenken/Einwände	Informationen

Lesen Sie weiter bei:
zur Bonsen, Matthias (Hrsg.):
Dynamic Facilitation: Die erfolgreiche Moderationsmethode für schwierige und verfahrene Situationen, Weinheim Basel, 2014

Diese Methode von Jim Rough lässt sich auch als Konzept einer Gesamtmoderation nutzen, wenn zu einem bestimmten Problem Lösungen gesucht werden, sie hilft Gruppen gemeinsam kreative Lösungen für schwierige Fragestellungen zu finden. Dazu werden die Überschriften auf Pinnwände geschrieben und alle haben die Möglichkeit, ihre Meinungen dort auf Karten anzupinnen.

3.6.2 Probleme lösen: Schema für das Arbeitsgespräch

Steht eine Besprechung zur Lösung eines Problems an? Fragen Sie sich vielleicht, wie Sie die Dienstleistungen an einem Samstag mit verlängerten Öffnungszeiten gestalten sollen? Wenn es eine Besprechung oder einen Tagesordnungspunkt zur Lösung eines solchen oder anderen Problems gibt, dann hilft ebenfalls eine strukturierte Reihenfolge der Bearbeitung.

Übrigens lassen sich die einzelnen Schritte bei einem komplexen Problem auch als einzelne TOPs auf verschiedene Besprechungen verteilen.

Schritte im Problemlösungsprozess

1. Problemanalyse: **Worum geht es?**	Wie kann man das Problem, die Aufgabe beschreiben? Welche Hintergründe müssen wir kennen? Welche persönlichen Interessen spielen eine Rolle?
2. Problemdefinition: **Problem als Frage formulieren** **(z.B. Wie schaffen wir es...?)**	Mit welchem Teilproblem wollen wir uns jetzt befassen? Mit welcher genannten Fragestellung befassen wir uns weiterhin? Eingrenzung und Einschätzung des Problems (bestimmter Typ, komplex oder wenig komplex?)
3. Ideensuche mit Kreativitätsmethoden	Gibt es Lösungsansätze? Wer hat Ideen zur Lösung?
4. Bewertungsphase	Anhand welcher Kriterien sind die Lösungsalternativen zu bewerten? Möglicherweise Erstellung eines Kriterienkatalogs. Welche Vor- und Nachteile hat ein Lösungsansatz?
5. Entscheidungsphase	Für welche Lösung sollen wir uns entscheiden: gewichten, punkten, abstimmen
7. Aktionsplan	Wer macht was bis wann? Aufgaben werden verteilt.
8. Kontrollplan	Wer sorgt für die Einhaltung? Was geschieht bei Abweichung?

3.6.3 Ablauf für eine Problemlösungsmoderation

Es ist immer dann angebracht, eine Moderation durchzuführen, wenn eine ganze Gruppe betroffen ist, und wenn man die Betroffenen beteiligen will. Dabei ist die Voraussetzung, dass alle Mitglieder der Gruppe Interesse daran haben, zu einer gemeinsamen Lösung zu kommen. Dann ist die Moderation bestimmt von dem Schema: Problemerkennung und Lösungssuche.

Ein weiterer Anlass, Moderationen einzusetzen, ist die gemeinsame inhaltliche Arbeit an einem Thema. Hier geht es weniger um konkrete Lösungen, als um Meinungsaustausch und die Weiterentwicklung von Ideen.

Die Visualisierung trägt die Moderation. Die Konzentration und Aufmerksamkeit wird durch die optische Ansprache erheblich gesteigert. Die Gruppe ist selber an der Visualisierung beteiligt und erfährt so aktiv, wie sich Lösungen anbahnen.

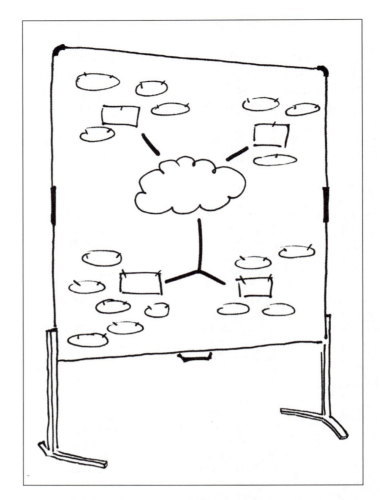

Abbildung 10: Pinnwand (Anlässe für Moderationen).

Visualisierte Aussagen erleichtern die gleiche Interpretation bei allen Teilnehmern einer Gruppenarbeit, Probleme können konkreter diskutiert werden, und alle konzentrieren sich auf einen gemeinsamen Punkt.

Für die Verbesserung der internen Kommunikation ist es auch wichtig, Mitarbeiter methodisch zu schulen. Sie sollten in der Lage sein, eine Besprechung mit Hilfsmitteln aus der Moderationstechnik zu leiten und sich mit der Rolle des Moderators vertraut zu machen.

Stellen Sie sich vor, Sie haben einen Workshop mit 10 bis 15 Kolleginnen und Kollegen vor sich. Das Thema des Workshops ist:

Das neue Wiki:
Die Mitarbeiter beteiligen sich nicht oder sehr gering am neu eingeführten Wiki. Das soll sich ändern. Der Workshop hat zum Ziel, das Problem zu verstehen und geeignete Maßnahmen zu entwickeln, alle dazu zu ermutigen, sich zu beteiligen.

Wie könnte eine solche Moderation verlaufen? Sie finden hier die Moderationsphasen zum vorher genannten Beispiel:

Schritt	Ziele und Methodik	Unser Beispiel
1. Anwärmphase	– Begrüßen, Kennenlernen und Arbeitsatmosphäre herstellen – Einführen in die Problematik – Wünsche und Erwartungen klären Schreiben und Verteilen von Namens- schildern, verschiedene Formen der Vorstellung: Partnerinterview, Wappen, Blitzlicht, vorbereitete Plakate	Vorgesetzte begrüßt, betont die Wichtigkeit, klärt ihre Rolle als Teil- nehmerin Erste Runde: jeder hat Gelegenheit seine Fragestellung und Erwartung zu formulieren. Je nach Teilnehmerkreis lockere Übung zum Einstieg.
2. Problem-/Themen- orientierung und Themenauswahl:	– Die Teilnehmer sollen sich des gemeinsamen Themas oder Prob- lems bewusst werden. – Themen oder Aspekte des Problems werden gesammelt, die bearbeitet werden können. Ein-Punkt-Frage, Tagesordnung, Zuruf-Frage, Karten-Abfrage, Clustern der Themen, Fragestellung dazu entwickeln, Problemspeicher erstellen	Zum Beispiel eine Kartenabfrage: Was verhindert die Beteiligung am Wiki? Welche Befürchtungen und Wider- stände sehen wir? Sammeln, Clustern, mit Überschriften, dann Fragestellungen versehen. Ergebnis: Ein Themenspeicher mit Fragestellungen: Wie können wir es schaffen...?
3. Problem oder Thema bearbeiten	– welches Thema wird in welcher Reihenfolge bearbeitet – Prioritäten setzen – Infosammlung/-austausch – Problemanalyse/-lösung – Entscheidungsvorbereitung Kleingruppenarbeit (nicht mehr als 5 Personen), Präsentation der Ergeb- nisse der Kleingruppen, Lösungs- suche mit Kreativitätsmethoden (Brainstorming, Kartenabfrage)	Die Fragestellungen werden in Klein- gruppen bearbeitet, zum Beispiel mit dem Auftrag, folgende Fragen zu bearbeiten: 1. Wie IST es jetzt? 2. Wie SOLL es in Zukunft sein? 3. Welche Maßnahmen fallen uns dazu ein? 4. Welche Widerstände erwarten wir? Vorstellung der Ideen im Plenum, Diskussion und Ergänzung.
4. Ergebnis- orientierung:	– Entscheidung: welche Maßnahmen wir aufgrund der Ergebnisse aus der Themenbearbeitung umsetzen werden? Maßnahmenkatalog oder Problem- katalog, Arbeitsaufträge, weiteres Vorgehen, Erfahrungsaustausch, Regeln und Empfehlungen, Selbst- verpflichtungen, Erreichen von Lern- zielen	Entscheidung für Maßnahmen, Arbeitsaufträge werden vergeben, evtl. eine Kleingruppe gebildet, die sich mit der Umsetzung befasst.
5. Abschluss:	– den Gruppenprozess und das Ergebnis reflektieren Wurden meine Erwartungen erfüllt? Habe ich die Arbeit als effektiv erlebt? Bin ich mit dem Ergebnis zufrieden? Habe ich mich in der Gruppe wohl- gefühlt? Soll-Ist-Vergleich mit Ein-Punkt- Abfrage, Stimmungsbarometer, Feedback/Blitzlicht	Blitzlicht, Schlussrunde

Schritt	Ziele und Methodik	Unser Beispiel
6. Protokoll:	– Sichern der Ergebnisse und des Prozesses	Sichern der visualisierten Ergebnisse
	Plakate abschreiben, abfotografieren, Präsentation der Ergebnisse der Moderation	

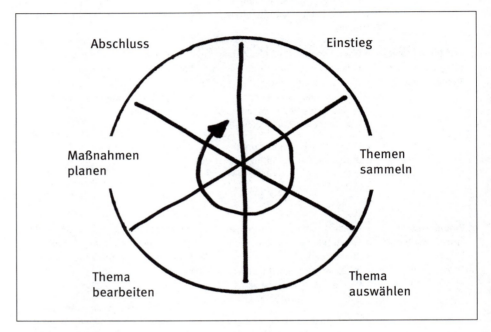

Abbildung 11: Moderationszyklus.

3.7 Das kommunikative Handwerkszeug für Leitung und Moderation

Ob Sie als Führungskraft, als externer Moderator oder als Kollegin die Besprechung leiten, es geht immer darum, die gemeinsame Arbeit an einem Thema so zu steuern und zu strukturieren, dass eine gute Arbeitsatmosphäre entsteht und man zu Ergebnissen kommt.

Dabei ist es Ihre Aufgabe, Strukturen für die Arbeit anzubieten und sicher durch die verschiedenen Phasen der Besprechung zu steuern.

Es ist die kommunikative Kür, die auf Sie zukommt. Denn die Besprechungsleitung erfordert Ihre Aufmerksamkeit und Ihre Kenntnisse auf verschiedenen Ebenen.

Die inhaltliche Ebene
Die Prozessebene
Die Beziehungsebene

Wenn Sie die Leitung einer Besprechung auch als anstrengend empfinden, dann ist das kein Wunder, da diese Aufgabe Ihre ganze Aufmerksamkeit erfordert.

Stellen Sie sich vor, Sie sind ein Jongleur, der alle Bälle in der Luft halten muss.

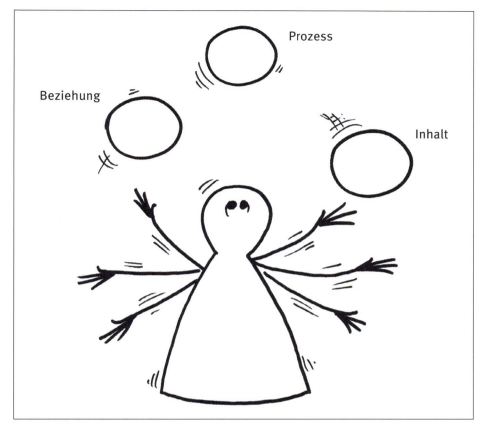

Abbildung 12: Jongleur.

3.7.1 Die Inhaltsebene

Hier geht es um den roten Faden in der Besprechung. Besteht bei allen jederzeit Klarheit über den Inhalt? Fehlen noch Informationen? Haben alle die notwendigen Unterlagen? Wenn die Gruppe zwischen den Themen hin- und herspringt, haben Sie die Aufgabe, sie wieder zurückzuführen.

Es ist hilfreich, wenn Sie Kompetenz in der Sache haben, aber es nicht dringend notwendig, sich in allen Details auszukennen. Im Gegenteil, es ist sogar hilfreich, wenn Sie die notwendigen Fragen auch stellvertretend für andere Teilnehmer stellen können und mit Abstand auf die Sache schauen können. Die Experten verlieren sich gerne im Detail.

Aufgaben	Mittel
Inhaltebene	
– Inhaltliche Übersicht behalten	Zusammenfassungen, Protokollnotizen Fragen zur inhaltlichen Klärung, aktiv zuhören
– Diskussionsknoten verhindern	Kontrollierter Dialog, inhaltbezogene Resumées, Strukturierungsvorschläge, Reihenfolge der Bearbeitung erklären, Rückfragen, Visualisierungsmedien nutzen
– neue Themenaspekte einbringen – Sachfragen klären	Kurzinfo, Harte Nachricht Experten einladen, zu sachlichen Inputs einladen

3.7.2 Die Prozessebene

Eine Besprechung oder die Bearbeitung eines Tagesordnungspunktes besteht aus verschiedenen Phasen oder Prozessstufen. Als Leiter der Besprechung ist es ihre Aufgabe, immer wieder zu klären, wo im Prozess man sich befindet. Teilnehmer in Besprechungen haben die Tendenz, besonders wenn sie engagiert oder emotional betroffen sind, sich nicht an die Phasen zu halten. So werden bei der Beschreibung und Analyse eines Problems auch schon Lösungsideen in die Runde geworfen. Andererseits gibt es Teilnehmer, die bei der Klärung von Maßnahmen noch einmal grundsätzlich über das Problem sprechen möchten.

Hier gilt es, falls notwendig, einen Schritt zurückzugehen oder dafür zu sorgen, dass der Phasenverlauf eingehalten wird.

Die Prozessebene

– Überblick über Prozessschritte geben	Tagesordnung darstellen, visualisieren, TOPs mit Zielen und Vorgehen anmoderieren, Akzeptanz über Vorgehen erfragen
– zu Beginn gemeinsam das Problem definieren	Formulieren, reformulieren, kontrollierter Dialog
– Problemdefinition während der Diskussion überprüfen	Nachfragen stellen, reformulieren Zwischenresumées geben, Prozess evtl. verlangsamen
– gemeinsame Zielprojektion entwickeln	durch Fragen zielfördernde Impulse geben, nachfragen, präzisieren lassen (was genau, wie genau, in welcher Form genau?), Phasenziele formulieren
– Phasenverlauf von Problemlösungsprozessen einhalten	gesprächsstrukturierende Äußerungen, Zwischenresumées von Ergebnissen und offenen Fragen, Appelle, Zurückführen, Vorschläge zum Verfahren erfragen oder machen
– Arbeitsaufträge festhalten	formulieren, visualisieren oder protokollieren, für Verbindlichkeit bei der Vergabe von Aufträgen sorgen

3.7.3 Die Beziehungsebene

Fast noch wichtiger als Inhalt und Prozess ist die Beachtung der Beziehung der Teilnehmer untereinander. Hier ist es Ihre Aufgabe, einerseits für eine positive Arbeitsatmosphäre zu sorgen, andererseits mit Fingerspitzengefühl offene oder versteckte Konflikte zu verstehen und mit ihnen umzugehen.

Die Beziehungsebene

– Wertschätzende Atmosphäre herstellen	Selber wertschätzend und freundlich sprechen, interessiert zuhören, Hintergrund für manche Fragen klären
– Informelle Kommunikation ermöglichen	Zeit für Small Talk einräumen, Pausen gestalten
– persönliche Vorstellung der Beteiligten gewährleisten	Kennen lernen gewährleisten, Vorstellungsrunde, evtl. Gäste vorstellen
– gewährleisten, dass alle zu Wort kommen	das Wort erteilen, Rednerliste, Redezeitbegrenzung

Die Beziehungsebene

– Aktivieren ruhiger Teilnehmer	direktes Ansprechen ihrer Wünsche, Erfahrungen und Kompetenzen
– dominante Argumentationsformen beachten	höflich stoppen, thematisieren, rationale Argumente einbringen
– Zusammenspiel von Positions-gerangel und Arbeitsfortschritt	transparent machen, versachlichen
– Teamleistung würdigen	Ich-Botschaft, Wertung, Lob und ehrliche Kritik
– bei Spannungen und hohen emotionalen Erregungen	kontrollierter Dialog, Persönliche Ebene thematisieren, auslagern oder vertagen, Feedback aussprechen lassen, versachlichen, Klärung anbieten

10 Tipps für die Besprechungsleitung

1. Pünktlich starten und enden.
2. Die Rahmenbedingungen klären (Teilnehmer, Raum und Zeit, Tagesordnung).
3. Informationen gut vorbereiten.
4. Spielregeln mit den Teilnehmern festlegen, bzw. sich auf die Spielregeln beziehen.
5. Fragestellungen und Zielsetzungen konkret formulieren – Was kann überhaupt in dieser Runde entschieden werden?
6. TOPs so zuordnen, dass externe Experten variabel dazu gebeten werden können.
7. Den Gesprächsfaden in der Hand behalten und zum Thema zurückführen.
8. Zwischen Problem und Ursachen unterscheiden.
9. Den Stand des Arbeitsprozesses zusammenfassen.
10. Ergebnisse festhalten und Arbeitsaufgaben definieren.

3.8 Konflikte in Besprechungen

3.8.1 Schwierige Verhaltensweisen

Abbildung 13: Besprechungsteilnehmer.

Es menschelt in Besprechungen, da gibt es genervtes Augenbrauenhochziehen über die Beiträge anderer, laut werdende Teilnehmer, nörgelige Teilnehmer, die an allem etwas auszusetzen haben und extrem pessimistische Menschen, die nicht glauben, dass irgendetwas funktioniert könnte.

Tauscht man sich über Besprechungen aus, dann sind es weniger die Inhalte, über die man spricht, sondern eher über die Kollegen oder die Besprechungsleitung oder die wieder einmal endlose und unnötige Diskussion.

Wenn Sie die Besprechung leiten, dann sollten Sie auf verschiedene schwierige Verhaltensweisen vorbereitet sein und Mittel haben, mit ihnen umzugehen.

1. Schritt: Ihre Haltung

Stellen Sie sich ganz in den Dienst der Sache und der Menschen. Das fokussiert den Blick auf die Inhalte und orientiert Sie auf das Ergebnis.

Vertauschen Sie nicht die Ablehnung von inhaltlichen Aspekten oder auch von Strukturierungsvorschlägen mit einer Bewertung Ihrer Person. Angriffe gegen den Besprechungsleiter können sehr viele Ursachen haben. Nur ein paar Beispiele:

Differenzen zwischen den Teilnehmern
Grundsätzliche Unzufriedenheit mit der Arbeitssituation
Frust über ein Zuviel an Arbeit
Persönliche Kränkung
Kritik an den Strukturen der Organisation

Und machen Sie sich klar, dass Sie nicht die alleinige Verantwortung für den Prozess und die Ergebnisse haben.

2. Schritt: Ihr Verhalten

Eignen Sie sich das kommunikative Handwerkszeug an, um auch mit schwierigen Kollegen in der Besprechung so umzugehen, dass Sie respektvoll bleiben, aber die Besprechung auch nicht sabotieren lassen.

Verhalten	Tipps
Unaufmerksamkeit, ständiges Schauen auf das Handy, Tablet oder Laptop	– Klären, ob es eine Notwendigkeit für das Verhalten gibt. – Klären, ob es sich um akzeptiertes Verhalten in dieser Runde handelt. („Ist so üblich. Wir müssen zeitnah reagieren können"). – Ignorieren, konzentriert weiter arbeiten – Blickkontakt aufnehmen. – Höfliche Bitte um Schließen oder Ausschalten der Laptops, Tablets, Handys.
Ständiges Nörgeln, an keinem Vorschlag wird ein gutes Haar gelassen	– Um eigene Vorschläge bitten. – Hintergrund für Unzufriedenheit erfragen. – Oder den Raum beschränken, den die Person einnimmt, „Ansteckungsgefahr" beachten. – Die Gruppe antworten lassen.
Schweigen und Passivität	– Direkt ansprechen und um Beiträge bitten. – Methodisch wechseln, Gruppenarbeit oder Partnerarbeit einführen. – Blickkontakt und freundliche Zugewandtheit. – Ignorieren

Verhalten	Tipps
Laute Aggressivität	– Ruhig bleiben – Inhaltlichen Kern der Aussage zusammenfassen – reformulieren. – Evtl. Nachfragen gegen wen oder was genau sich der Ärger richtet. – Emotionale Aufgeregtheit würdigen und nachfragen, was der Auslöser dafür ist. – Um Mäßigung bitten.
Stille Aggressivität, feindseliges Verhalten	– Ruhig bleiben, sich nicht angegriffen fühlen. – Um Vorschläge bitten. – Situation aus seiner möglichen Sicht schildern (Ich könnte mir vorstellen, dass es in der Abteilung xy Einwände gibt…). – In einer Besprechungspause persönlich nachfragen. – Ignorieren, auch wenn es schwerfällt.
Stören, Schwatzen	– Freundlicher Blickkontakt – Positiven Austauschbedarf würdigen. – Nachfragen, ob es zum Thema etwas beizutragen gibt. – Evtl. Besprechungspause, möglicherweise war die Arbeitsphase bei langen Besprechungen zu lang. – Bitte um Aufmerksamkeit.
Langes Reden, ausführliches Ausholen und Vortragen, Abschweifen vom Thema	– Freundlich stoppen, die wichtigsten Punkte zusammenfassen. – Geduldig und freundlich bleiben. – Kompetenz würdigen. – Auf Zeitplan und Zielorientierung hinweisen. – Bitte um kurze Beiträge und Hinweis auf Mitverantwortung jedes Einzelnen. – Redezeitbegrenzung einführen oder vereinbaren. – Unterbrechen und zur Fragestellung, zum Thema zurückführen.
Dominantes Verhalten, das „Heft in die Hand nehmen"	– Souverän bleiben, sich nicht provozieren lassen. – Für Beiträge oder Vorschläge danken, dann weiter moderieren. – Die Gruppe reagieren lassen. – Raum geben, Vorschläge machen lassen, dann aber begrenzen.
Beleidigungen und Provokationen	– Deutlich machen, dass Beleidigungen nicht akzeptiert sind. – Deutlich aber höflich im Ton bleiben. – Bitte um Konkretisierung des Ärgers „Worum geht es eigentlich?" – Persönliche Differenzen evtl. Auslagern (s.u.). – Bei massiven Störungen eine Unterbrechung der Besprechung herbeiführen, dann im Dialog klären.

3.8.2 Der Umgang mit Konflikten in Besprechungen

In der vorhergehenden Tabelle haben Sie Verhaltensweisen und den Umgang mit ihnen in einer Besprechungssituation kennen gelernt. Diese Verhaltensweisen können Ausdruck einer einzelnen „schwierigen" Persönlichkeit sein. Oder es sind Anzeichen eines tiefer liegenden Konfliktes.

Konflikte, die latent vorhanden sind, können nicht in einer Besprechung geklärt werden. Aber es ist wichtig für Sie in der Situation zu erkennen, ob es sich nur um eine engagierte Diskussion handelt, bei der schon mal überspitzt formuliert wird, oder ob es sich um einen Konflikt zwischen Parteien handelt.

Anzeichen für Konflikte in Besprechungen können folgende Verhaltensweisen sein.

Einige Anzeichen für Konflikte in Besprechungen

– Ignorieren von Personen und deren Beiträgen
– Zynismus und Sarkasmus
– Körpersprache Abwendung oder ablehnende Signale (Augenbrauen hochziehen etc.)
– Laute, dominante Argumentation
– Schreien
– Ins Wort fallen
– Dauerndes Unterbrechen
– Abwertung der Argumente anderer durch persönliche Beleidigungen und Abwertungen
– Aufwärmen alter Geschichten („Das haben Sie uns früher schon erzählt.")
– Vorwurf der Inkompetenz
– Verdeckte und offene Drohungen („Sie werden schon sehen.")
– Taten wie Rauslaufen, die Türe knallen, Mappen knallen…
– Eisiges Schweigen

Was können Sie tun?

Als erstes gilt es zu entscheiden, in welcher Rolle Sie gefragt sind. Leiten Sie als Vorgesetzter die Besprechung, dann haben Sie auf jeden Fall eine Aufgabe, die möglicherweise außerhalb der Besprechung zu klären ist.

Außerdem ist zu klären, ob die Arbeitsfähigkeit der Gruppe noch gegeben ist. Falls nicht, gilt Beziehungsklärung vor Sachklärung, und der Konflikt sollte angesprochen oder die Klärung des Konflikts auf einen anderen Zeitpunkt verlegt werden.

Ihr Handwerkszeug für den Umgang mit Konflikten in Besprechungen

Deeskalieren	Ruhig sprechen. Freundlich und bestimmt nachfragen. Deeskalierend reformulieren, den „Zündstoff" rausnehmen.
Auf Spielregeln achten	Fairness beider Parteien einfordern. Dialog über Sie als Moderator laufen lassen, ausreden lassen.
Vom leichten zum schweren	Mit dem leichtesten Dissens beginnen, nach Erfolg zum schwereren Dissens.
Problem-Lösungsmethodik einsetzen	Schrittweise vorgehen, möglicherweise mit der Analyse des Problems erst einmal enden, später die weiteren Schritte bearbeiten.
Gemeinsamkeiten herausarbeiten	Formulieren oder formulieren lassen, wo sich die Konfliktparteien einig sind.
Positionen von Interessen trennen	Nach den hinter den Positionen liegenden Interessen fragen. Aus der „Positionsfalle" herausarbeiten.
Gegen die Katastrophenstimmung	Unaufgeregt den Konflikt bearbeiten. Auseinandersetzung darf sein. Optimistisch bleiben.
Ergebnisse festhalten	Auch kleine Schritte als Ergebnis festhalten, Arbeitsaufträge an die Konfliktparteien vergeben, in die Verantwortung nehmen.

Bei Konfliktsituationen, die eine viel tiefere Ursache haben, ist die Besprechung nicht der richtige Rahmen, um sie auszutragen. Als Führungskraft haben sie allerdings den Auftrag diesen Konflikt mit den Beteiligten zu klären.

Wenn Sie als externer Moderator die Besprechung leiten, dann haben Sie nicht den Auftrag, den Konflikt zu klären. Sie können den Parteien eine Klärung außerhalb der Besprechung anbieten oder an eine „Schiedsstelle" oder die Führungskraft weitervermitteln.

Wichtig ist, dass Sie in der Rolle des Besprechungsleiters die Grenzen von Konfliktlösungen in Besprechungssituationen einhalten. Sie finden im Kapitel 6 Konflikte lösen noch genauere Hinweise.

3.9 Vertiefung

Zur Vertiefung des Themas schlage ich Ihnen vor, die folgenden zwei Fragen zu beantworten.

Welche Ansatzpunkte sehe ich zur Verbesserung unsere Besprechungskultur?

_____

_____

_____

_____

Welche fünf Punkte gehören auf meine persönliche Merkliste für die Besprechungsleitung?

1. _____

2. _____

3. _____

4. _____

5. _____

4 Teamarbeit und Informationsmanagement

4.1 Ein Beispiel

Frau Peters bekommt heute die E-Mail einer Kollegin. Die Kollegin leitet seit zwei Monaten das Projektteam „Beschwerdemanagement". Frau Peters erinnert sich, dass nach einem gemeinsamen Workshop zur Einführung eines systematischen Rückmeldesystems der Kunden an die Bibliothek eine Projektgruppe ins Leben gerufen wurde. Seitdem hat sie nichts mehr von dem Team gehört. Und heute kommt eine Mail, über die sie sich wundert.

In der Mail steht

Liebe Frau Peters,

ich möchte Sie heute darüber in Kenntnis setzen, dass in Zukunft alle Beschwerden und Rückmeldungen, die sich auf die Benutzungsabteilung beziehen, zentral vom neuen Team Beschwerdemanagement bearbeitet und beantwortet werden. Halbjährlich wird von uns die Dokumentation der Bearbeitung ins Intranet gestellt. Dort können Sie sich über alle Abläufe informieren. Bei Klärungsfragen werden wir uns an Sie wenden.

Frau Peters hielt die Idee einer systematischen Bearbeitung der Rückmeldungen und der Beschwerden der Kunden für eine richtig gute Idee. Was ihr jetzt weniger gefällt, ist zum einen der Ton der E-Mail und zum anderen das Übergehen der betroffenen Abteilung. Sie hakt bei Abteilungsleiterkollegen nach und erfährt, dass diese den gleichen Eindruck haben.

Organisatorisch ist das Team des Beschwerdemanagements direkt an die Direktion angegliedert. Von dort scheint die Selbständigkeit des Teams akzeptiert zu werden. Genauere Informationen dazu gibt es allerdings nicht. Wenn sie persönlich mit Mitarbeitern des Teams gesprochen hat, bekam sie unterschiedliche Informationen zum Stand der Arbeit.

Offenbar gibt es im Organigramm der Bibliothek nun eine neue Abteilung. Und das, was eigentlich nur eine vorübergehende Projektgruppe sein sollte, ist zu einem neuen festen Team geworden. Zumindest hat sie diesen Eindruck, und das Auftreten der Leiterin des Teams scheint das zu bestätigen.

Sie stellt sich verschiedene Fragen:

1. Was passiert, wenn ein Team innerhalb einer Organisation beginnt eine Art Eigenleben zu führen?
2. Wie sollte die Kommunikation zwischen den verschiedenen Teams laufen?
3. Wie sollte die Kommunikation innerhalb eines Teams laufen?
4. Wie kommunizieren die Führungskräfte Veränderungen in die Belegschaft?

In großen Organisationen kann es passieren, dass sich Teams autonom entwickeln und den Kontakt zu anderen Abteilungen und Teams verlieren. Das kann sich besonders ausprägen, wenn Sie Aufgaben oder Projekte betreuen, von denen die übrige Organisation nicht stark betroffen ist. Die Kommunikation innerhalb des Teams kann dabei gleichzeitig sehr gut funktionieren.

Für Frau Peters ergibt sich aus ihren Fragen ein hoher Kommunikationsbedarf mit ihrer direkten Vorgesetzten, mit der Leiterin des Beschwerdemanagementteams und dann mit ihrem eigenen Team. Ihr wird zunehmend klarer, welche Folgen diese unsichere Situation für alle Beteiligten und damit auch für die Kunden hat.

Bei ihrer letzten Frage geht es darum, wie Führungskräfte Informationen und Entscheidungen an die Belegschaft weitergeben. Das ordnet sie ein in das Thema Führung und interne Kommunikation (siehe Kapitel 5).

4.2 Interne Kommunikation und Teamkommunikation

Im System der gesamten internen Kommunikation einer Bibliothek bilden Teams einen wichtigen Bestandteil. Ihre tägliche Arbeit, ihre Einbindung in die Prozesse und ihre Kommunikation in alle Richtungen tragen wesentlich zum Erfolg einer Organisation bei.

Teamarbeit ist nach wie vor hoch angesehen, weil die Leistungsfähigkeit der Gesamtheit des Teams oft höher ist als die Einzelleistungen von Menschen. Zudem hat die Arbeit im Team stabilisierenden Charakter und kommt dem menschlichen Bedürfnis nach Austausch und Zugehörigkeit entgegen. Viele Mitarbeiter arbeiten gerne im Team. Andere tun es nicht gerne, ihnen ist der Gruppendruck zu hoch, oder sie arbeiten alleine effektiver und motivierter.

Wenn wir von Teams in einer Bibliothek sprechen, dann sprechen wir von vielen unterschiedlichen Formen von Teams. Sie lassen sich nach verschiedenen Kriterien unterscheiden:

Die Lebensdauer

Es gibt kontinuierlich und dauerhaft zusammenarbeitende Teams, die sich durch den Wechsel von Aufgaben, Führung oder Personal verändern. Manche dieser Teams bilden Abteilungen oder Teilteams in einer Abteilung.
Andere Teams werden kurzfristig zusammengesetzt und haben eine begrenzte Lebensdauer, zum Beispiel für die Dauer eines Projektes.

Der Arbeitsinhalt

Teams unterscheiden sich durch die Thematik, mit der sie sich befassen. Es gibt unter anderem Produktionsteams, Serviceteams, Entwicklungsteams, Kreativteams oder Verwaltungsteams.

Die Zusammensetzung des Teams

Manche Teams haben eine sehr homogene Zusammensetzung, andere sind sehr heterogen. Die Unterschiede in der Zusammensetzung können zum Beispiel das Alter, die Qualifikation, die Nationalität oder die Hierarchie sein.

Der Ort

Manche Teams arbeiten räumlich sehr eng zusammen, andere an verschiedenen Orten innerhalb der Bibliothek. Es gibt Teams an verschiedenen Standorten, die virtuell zusammenarbeiten können.

Einige Beispiele für verschiedene Typen von Teams in einer Bibliothek

- Kontinuierlich zusammenarbeitende Gruppe wie Benutzungsteam, IT-Team, Integrierte Medienbearbeitung o.a.
- die Gesamtheit aller Mitarbeiter in einer kleineren Einheit wie einer Stadtbibliothek oder einer kleinen Hochschulbibliothek
- ein Projektteam, aus Mitarbeitern unterschiedlicher Abteilungen für eine begrenzte Zeit zusammengesetzt
- das Leitungsteam, die oberste Führungsebene einer Bibliothek

Innerhalb der Bibliothek ist ein Team ein wichtiger Protagonist in der internen Kommunikation. Es kommuniziert mit seiner Vorgesetzten, mit anderen Teams und Mitarbeitern der Bibliothek, und es kommuniziert untereinander.

In all diesen Kommunikationssituationen kann es zu Problemen kommen. Einige Beispiele:

Mangelnde Kommunikation mit Vorgesetzten

In einem großen Unternehmen ist ein Team für die Koordination der Reinigungskräfte zuständig. Mit einem externen Auftragnehmer koordiniert, überwacht und steuert das Team die Reinigungsleistung. Die Zusammenarbeit mit dem externen Auftragnehmer ist enger als die mit den internen Stellen des Unternehmens. Man kennt sich seit Jahren und versteht sich schon fast als Kollegen.

Seit drei Jahren arbeitet das Team ohne Leitung. Der Teamleiter wurde entlassen, das Team sich mehr oder weniger selbst überlassen. Die Arbeit wurde erfolgreich erledigt, und es gab keinen Grund zur Beanstandung. Der Abteilungsleiter, der noch andere Teams führte, ließ das Team in Ruhe und kommunizierte nur beim Auftreten von Problemen mit dem von ihm inoffiziell ernannten kommissarischen Teamleiter.

Ein neuer Abteilungsleiter versuchte das Team wieder in die Organisation einzubinden, stieß aber auf vehementen Widerstand, da das Team sich dem „schwerfälligen Apparat" überlegen fühlte und sich ungerne angliedern lassen wollte.

Risiko: Teams, die nicht geführt und in die interne Kommunikation eingebunden werden, können ein Eigenleben neben der Organisation entwickeln.

Mangelnde Kommunikation mit anderen Teams

Nehmen wir das Beispiel des Projektteams „Beschwerdemanagement" vom Beginn. Hier hat sich ein Team an die Arbeit gemacht, hat keine der betroffenen Abteilungen eingebunden und sie schließlich vor vollendete Tatsachen gestellt. Es gab keine vorherige Befragung der betroffenen Abteilungen, keine gemeinsame Besprechung, keine Informationen über das Intranet oder über die jeweiligen Vorgesetzten. Die Folge wird sein, dass das neue Team mit Argwohn betrachtet wird. Es wirkt wie ein Kontrollgremium für die anderen Abteilungen. Das ist gerade bei dem heiklen Thema der Beschwerden schwierig.

Risiko: Teams, die Entscheidungen und Abläufe nicht mit den betroffenen anderen Teams und Abteilungen koordinieren, werden Akzeptanzprobleme haben.

Mangelnde Kommunikation untereinander

Eine typische Situation in einer Benutzungsabteilung. Eine Mitarbeiterin kann einer Kundin keine ausreichende Information geben. Sie wendet sich an eine Kollegin aus der Abteilung. Die sagt ihr: „Ja, das müsstest du schon wissen, es steht ja im Intranet!" Oft ist nicht geklärt, wer wem welche Information weitergibt und für welche Informationen welches Medium zu nutzen ist.

Wenn ungeklärt ist, wer sich wann Informationen wo selbst beschaffen muss, bzw. von den Kollegen informiert wird, ist die Folge unsicheres und unklares Verhalten gegenüber den Kunden.

Risiko: Teams, deren Informationswege ungeklärt sind, haben mehr Konflikte nach innen und außen auszutragen.

4.3 Inter-Team-Kommunikation

Viele Arbeitsabläufe hängen voneinander ab. Nehmen Sie zum Beispiel die komplexen Abläufe an einem Flughafen. Damit ein Flugzeug abgefertigt werden kann und der Flug starten kann, müssen viele Gewerke an einem Flughafen aufeinander eingespielt sein. Wenn die Abfertigung nicht mit der Vorfeldaufsicht kommunizieren würde, würde der Flugbetrieb still stehen.

Damit das nicht passiert, müssen Kommunikationswege und Regelungen festgelegt werden. Wenn Probleme auftreten, muss in kürzester Zeit und auf kürzestem Weg kommuniziert werden. Jede Minute Verzögerung kostet viel Geld.

Ganz so teuer wird es in einer Bibliothek möglicherweise nicht, aber Abhängigkeiten bestehen ebenfalls. Wenn die IT-Abteilung nicht rechtzeitig über Probleme informiert wird, kann sie nicht Abhilfe schaffen und die Ausleihe steht möglicherweise still.

Im Informationsaustausch zwischen Abteilungen und Teams geht es um die geregelte und regelmäßige Kommunikation, bei der es um Klärung von Abläufen und Absprachen oder um Problemlösungen geht. Und es geht um die Kommunikation in Krisenfällen, wenn schnell gehandelt werden muss. Besonders in diesen Situationen zeigt sich, ob die Kommunikationswege eingespielt sind.

Eines der Themenfelder, das Frau Peters zu Beginn identifiziert hat, ist die Kommunikation zwischen Teams. Hier ist es wichtig, zu verstehen, welche Vernetzungen es zwischen Ihrem Team und anderen Organisationseinheiten der Bibliothek gibt.

4.3.1 Vernetzungen erkennen

Stellen Sie sich Ihr Team und seine Umgebung bildlich vor und fragen Sie sich, mit welchen anderen Teams, bzw. Mitarbeitern das Team Informationen austauschen oder die Arbeitsabläufe koordinieren muss. Erstellen Sie daraus einen Vernetzungsplan.

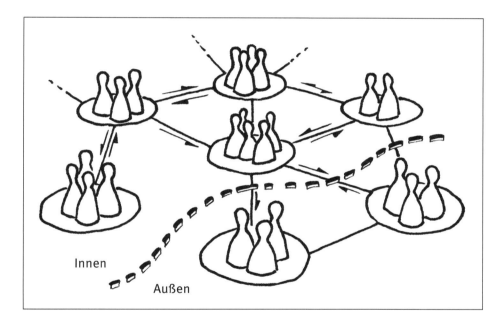

Abbildung 14: Vernetzungsplan Kommunikation.

Folgende Fragestellungen können dabei hilfreich sein:
1. Wer benötigt Informationen von uns?
2. Von wem benötigen wir Informationen?
3. Auf welche Vorarbeit, bzw. Zusammenarbeit sind wir angewiesen?
4. Wer ist auf unsere Vorarbeit angewiesen?
5. Andere

Listen Sie auf:

An wen geht	was	wozu

Von wem bekommen wir	was	wozu

Diese Bestandsaufnahme sollten sie mit den Leitungen der anderen Teams verglei-chen. Kommen sie zum gleichen Schluss? Haben Sie möglicherweise eine Organisa-tionseinheit vergessen?

4.3.2 Kommunikation zwischen Teams verbessern

Sollte es keine Gesamtstrategie zur internen Kommunikation in der Bibliothek geben, dann lässt sich auch auf dem kleinen direkten Dienstweg die Kommunikation zwischen Abteilungen und Teams verbessern.

Dabei ist nicht nur die sogenannte „Regelkommunikation" zu beachten, das heißt, alle Wege, die es im institutionalisierten Besprechungswesen der Bibliothek gibt. Hiermit sind beispielweise der regelmäßige Jour Fixe der Abteilungsleiter gemeint oder das Treffen des Infoteams. Aber auch der kurze Dienstweg und die informelle Kommunikation sind zu beachten. Der Steuerungsmöglichkeit von informeller Kommunikation sind zwar Grenzen gesetzt, aber eine ausufernde Gerüchteküche ist durchaus einzudämmen und Gelegenheiten für informellen Austausch sind zu schaffen.

Es sind die informellen und die formellen Kommunikationswege zwischen Teams zu beachten.

Verschiedene Maßnahmen können helfen die Kommunikation zwischen Teams zu fördern:

1. Gemeinsame Meetings und Besprechungen von Teams
Damit es nicht zu einer künstlichen „Aufblähung" des Besprechungswesens kommt, sollten Sie sich mit Blick auf den Vernetzungsplan folgende Fragen stellen:
– Welches gemeinsame Thema, Problem oder Aufgabenfeld haben wir?
– Lässt sich die Information über andere Wege besser und effektiver kommunizieren?
– Wie ist die Stimmung zwischen den Teams?

Kurz: Sind gemeinsame Besprechungen notwendig und wenn, in welcher Häufigkeit und Dauer?

Manchmal ist es auch einfach nur sinnvoll, einen Mitarbeiter eines anderen Teams zur eigenen Besprechung einzuladen, damit er als Multiplikator oder Fachmann fungieren kann.

2. Gegenseitige Hospitationen
Wenn Sie festgestellt haben, dass es am Verständnis der jeweiligen Arbeitsabläufe, bzw. der Prioritäten fehlt, dann ist Hospitation sinnvoll. Einzelne Mitarbeiter wechseln für einen begrenzten Zeitraum den Arbeitsplatz mit einem Mitarbeiter eines anderen Teams.

3. Regelmäßiger Austausch der Teamleiter untereinander
Dieser Austausch sollte auf jeden Fall stattfinden. Auf Abteilungsleiterebene oder Teamleiterebene ist es sinnvoll, dass sich die Führungskräfte austauschen. Wenn Probleme auftreten, sollte zumindest sichergestellt sein, dass die Kommunikation auf der Führungsebene erprobt und reibungslos ist.

4. Teamübergreifende Workshops
Solche Workshops können aus zwei Gründen stattfinden, zum einen, wenn gemeinsame Fragestellungen bearbeitet werden müssen, also auf der Ebene der Sacharbeit. Oder sie dienen der Verbesserung der Kommunikation untereinander und um einen gemeinsamen Teamgeist auch zwischen den Teams zu fördern, also auf der Ebene der Beziehungsarbeit.

Da Workshops aufwendig sind, muss man sich gut überlegen, wann und wie häufig sie stattfinden sollen (Siehe auch Kapitel 8 Veränderungsprozesse).

5. Abteilungsübergreifende Projektteams

Gemischte Projektteams können ein Erfolgsmodell zur Verbesserung der Kommunikation und des Verständnisses untereinander sein. Der sachliche Vorteil: Sie haben alle notwendigen Kenntnisse zur Sache in einem Team. Der menschliche Vorteil: Es werden Vorurteile abgebaut und Beziehungen aufgebaut.

Auch neue Formen hierarchieübergreifender Teams lassen manche Kommunikationsbarriere fallen.

In manchen großen Hochschulbibliotheken werden zum Beispiel Fächerteams zur Entwicklung von Schulungen gebildet. So arbeiten dann Fachreferenten und Fachangestellte in einem gemischten Team an einem Schulungskonzept für eine Fakultät. So lässt sich die Kommunikation zwischen den verschiedenen Hierarchieebenen verbessern.

6. Elektronische Kommunikation: Blog oder Wiki

Eine effektive Alternative zum Mailverkehr und Austausch von Informationen, zur gemeinsamen Arbeit an einem Thema oder nur zur Vereinbarung von Terminen bieten Weblogs, durch die Teammitglieder miteinander kommunizieren können.

Im Band „Arbeitsorganisation 2.0" dieser Reihe finden Sie zahlreiche Tipps zur Auswahl und Installation elektronischer Tools.

7. Soziale Maßnahmen: Ausflüge, Feiern

Nicht zu unterschätzen sind alle sozialen Maßnahmen wie gemeinsame Ausflüge, gemeinsame Mittagessen oder Feiern. Man kann die Weihnachtsfeier nicht nur im gewohnten Team, sondern in diesem Jahr zusammen mit einem anderen Team feiern.

8. Das sind wir, und so sind unsere Zuständigkeiten – PR fürs Team

Wenn Sie festgestellt haben sollten, dass es in der Organisationsumgebung nicht immer klar ist, wer im Team für was zuständig ist, dann braucht es Formen dies zu kommunizieren. Hierbei geht es um PR-Maßnahmen für das eigene Team.

Gibt es eine Mitarbeiterzeitschrift, print oder online, in der sich das Team präsentieren könnte? Sie können in einer der nächsten Besprechungen kurz darüber informieren. Sie können eine Aufstellung der Aufgaben und Zuständigkeiten schriftlich an einzelne Personen, Abteilungen oder über das Intranet weitergeben.

Teams an verschiedenen Standorten

Verschiedene Standorte und Teilbibliotheken erschweren die Kommunikation des Großteams Bibliothek mit seinen Unterteams in den Außenstellen. Damit sich keine losgelösten Inseln bilden, ist auf die Kommunikation mit den Außenstellen besonders zu achten. Meist stellt sich im Lauf der Zeit automatisch ein „Management per E-Mail" ein. Wenn die Kommunikation ausschließlich per E-Mail läuft, fehlt der menschliche Kontakt, und es kann zu Entfremdungserscheinungen kommen, wie zum Beispiel die mangelnde Identifikation mit der Gesamtorganisation.

Achten Sie besonders sorgsam auf die Kommunikation mit den Außenstellen!

Um die Kolleginnen immer wieder einzubinden, gibt es bekannte Kommunikationsformen, die die zwischenmenschliche Beziehung fördern, und an die man sich manchmal nur erinnern muss.

Einige Beispiele:

Besprechungen via Skype – damit der Sichtkontakt bleibt
Telefonate statt E-Mail – damit der stimmliche Kontakt bleibt
Echt-Besprechungen – damit der ganzheitliche Kontakt bleibt
Einbeziehung in alle Infokanäle – damit die Außenstellen nicht vergessen werden

4.4 Intra-Team-Kommunikation

4.4.1 Das Team in seiner Entwicklung begleiten

Viele Teams bestehen schon seit mehreren Jahren in manchmal familiärer Atmosphäre mit all ihren Vor- und Nachteilen. Manche Teams haben sich zu hervorragenden Leistungsteams dabei entwickelt, andere versumpfen in ständigen Konflikten entweder untereinander oder mit ihrer Leitung.

Sie haben nicht immer die Gelegenheit, ein Team von seinem Beginn an zu begleiten. Meist kommen Sie als Vorgesetzte in ein bereits bestehendes Team mit seiner gesamten Dynamik.

Wenn Sie aber die Gelegenheit haben, ein Team von Anfang an zu leiten, dann stellen Sie von Anfang an die richtigen Weichen für die Kommunikation und damit für die Effektivität des Teams.

Wenn wir hier von Teams in einer Bibliothek sprechen, dann folgen wir dem üblichen Sprachgebrauch in Bibliotheken, in denen manche Abteilungen auch Teams genannt werden. Ein Team ist strenggenommen eine Gruppe von Menschen, die zielgerichtet, kooperativ und gemeinschaftlich eine Aufgabe bearbeitet. Es gibt also Gruppen von Menschen, die an einer Aufgabe arbeiten, aber trotzdem kein Team sind. Dazu fehlt es ihnen vielleicht an Teamgeist.

Möglicherweise sind sie aber auf dem Weg dorthin, und dieser Weg lässt sich unterstützen.

Teams durchleben in ihrer Entwicklung verschiedene Phasen, die in der Natur der Sache liegen, wenn Menschen zusammen kommen. Damit sich aus mehreren Einzelpersonen ein Team bilden kann, müssen zu Beginn drei Bedingungen erfüllt werden:

1. Die Teammitglieder haben die Gelegenheit, sich persönlich kennen zu lernen.
2. Es gibt einen Austausch darüber, wie jeder Einzelne die anstehende Sachaufgabe einschätzt und was die gemeinsamen und individuellen Ziele sind.
3. Das Team entwickelt Spielregeln, wie man in der Gruppe miteinander umgehen will.

Die Phasen, in denen sich ein Team entwickelt, werden oft mithilfe der Teamuhr dargestellt. Die Teamuhr basiert auf einem Phasenmodell von Bruce W. Tuckmann aus dem Jahr 1965 (Developmental sequence in small groups, Psychological Bulletin.), mit dem er die dynamische Entwicklung von Teams erstmals beschrieb. 1977 fügte er zu den ersten vier Phasen noch eine Fünfte hinzu, die für Teams relevant ist, die sich nach einer begrenzten Zeit der Zusammenarbeit wieder trennen. Diese Phase nannte er die Auflösungsphase.

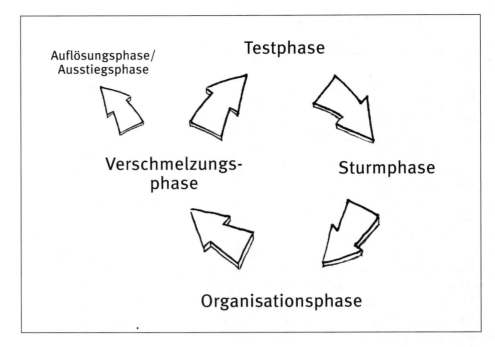

Abbildung 15: Phasenmodell „Teamuhr".

Für die einzelnen Phasen der Teamentwicklung haben Sie als Teamleiter besondere Aufgaben. In dieser Tabelle finden Sie die typischen Verhaltensweisen der jeweiligen Phasen auf der linken Seite und ihre Aufgaben als Teamleiter auf der rechten Seite.

Phase 1 Testphase

Kennzeichen	Kommunikative Aufgabe
– **Meist freundliche Atmosphäre** – **Vorsichtiger Umgang miteinander oft geprägt durch Höflichkeit** – **Man beobachtet sich, und versucht, sich gegenseitig einzuschätzen** – **Hohe gegenseitige Akzeptanz, oft getragen von der Euphorie des Startens**	**Persönliche Ebene** – Raum schaffen für das gegenseitige Kennen lernen, sich vorstellen lassen, persönliche und berufliche Daten austauschen. – Erste gemeinsame Aktionen wie die Einrichtung des Arbeitsumfelds des Teams. – Small Talk zulassen und fördern. – Herzlich begrüßen, signalisieren, dass alle Mitglieder willkommen sind. – Raum auch für Distanz lassen, Kontakt muss wachsen, nichts überstürzen. **Sachebene** – Gemeinsamen Bezug zur Sache herstellen: Wer/Was führt uns zusammen? – Erwartungen an die gemeinsame Sacharbeit klären. – Individuelle Motive bezüglich der Aufgabe: Was verbindet jeder persönlich mit der Aufgabe? – gemeinsame ‚Vision': Wie stellt sich das Team das gemeinsame Arbeitsergebnis vor? – Rahmenbedingungen klar machen: Was sind die Grenzen, innerhalb derer wir arbeiten? – „Kunden" klären: Wer ist vom Ergebnis unserer Arbeit betroffen? Wer ist Abnehmer unserer Arbeit? In welchem Verhältnis stehen wir zu den Abnehmern?

Handlungsebene
– Spielregeln für den Umgang miteinander entwickeln:
  Wie wollen wir miteinander umgehen? Was ist akzeptables und
  was ist nicht-akzeptables Verhalten im Team? Welche Regeln geben
  wir uns für schwierige Gruppensituationen (z.B. Dissens,
  Patt-Situationen)?
– Arbeitsmethoden klären.
– Struktur des Gesamtprozesses und Grobabläufe für einzelne
  Sitzungen festlegen.
– Zeitplanung und Messgrößen für den Fortschritt festlegen.

In dieser ersten Phase sollte das Team klären, wie es Informationen weitergibt, sich beschafft und dokumentiert. Dabei hilft diese Checkliste:

Fragestellung	Geklärt?
Wer braucht welche Informationen? Wann braucht er sie?	☐
Welche Informationen müssen zur Verfügung gestellt werden. Von wem?	☐
Welche Informationen müssen erfragt werden? Bei wem?	☐
Welche regelmäßigen Informationstreffen soll es geben?	☐
Was muss dokumentiert werden? Von wem?	☐
Was muss nicht dokumentiert werden?	☐
In welcher Form dokumentieren wir?	☐
Wie soll die Dokumentation aufgebaut sein, damit alle alles wiederfinden?	☐
Wie fällen wir Entscheidungen?	☐
Wer soll am Entscheidungsprozess beteiligt sein?	☐
Wen müssen wir beim Entscheidungsprozess berücksichtigen?	☐
Weitere Themen:	☐ ☐ ☐ ☐ ☐ ☐ ☐ ☐

Eine zeitliche Festlegung für die einzelnen Phasen lässt sich nicht definieren. Da entwickeln sich Teams ganz unterschiedlich. Es ist auch möglich, dass sich einzelne Teammitglieder in verschiedenen Phasen befinden.

Die Sturmphase zeigt sich je nach Teamzusammensetzung mal offen und massiv, mal still und unterschwellig. Hier ist es die Kunst des Teamleiters, das Konfliktpotenzial zu erkennen.

Phase 2 Sturmphase

Kennzeichen	Kommunikative Aufgabe
– Kampf um Macht, Einfluss und Führung.	**Persönliche Ebene**
	– auftretenden Konflikten Raum geben.
– Zeit, sich in der Gruppe durchzusetzen und den gewünschten Platz einzunehmen.	– Möglichkeiten zur Auseinandersetzung bieten.
	– Entdramatisieren.
	– Konflikte moderieren.
– Bündnisse werden eingegangen.	– Unfaires Verhalten (herabsetzen von Kollegen, ins Wort fallen, beleidigen) frühzeitig stoppen.
– Einige Mitarbeiter entwickeln sich zum Kern der Gruppe.	**Sachebene**
	– Arbeitsabläufe klären.
	– Für erste Erfolge sorgen.
– Unterschwellige Konflikte spürbar.	**Handlungsebene**
– Unterschiede werden deutlich.	– Nach außen die mögliche Verzögerung von Ergebnissen vertreten.
– Leistung eher gering.	

Nach dem Sturm kommt die Ruhe und mit ihr die Organisationsphase des Teams. Das Bedürfnis nach Ordnung und Struktur ist die Motivation für diese Phase.

Phase 3 Organisierungsphase

Kennzeichen	Kommunikative Aufgabe
– Das Team steht im Vordergrund, es sorgt selbst für seine Funktionsfähigkeit.	**persönliche Ebene**
	– offenes Feedback fördern.
	– Teamworkshop durchführen.
– bemüht sich um Ökonomie bei der Planung und Ausführung der Arbeit (Sprachkürzel...).	– Gemeinsame Teamaktion durchführen.
	– Die Teammitglieder ermutigen.
– neue Aufgabengebiete werden erschlossen.	**Sachebene**
	– Themen für einzelne Mitarbeiter zuschneiden.
– lernt, mit Problemen kreativ umzugehen.	– Nutzen der Sachkompetenz der Mitglieder des Teams durch deren Input.
– Verständnis zwischen den Mitgliedern wächst.	**Handlungsebene**
	– Überprüfen der Regeln für die Zusammenarbeit, Korrekturen vornehmen.
– Übt Lösungsstrategien ein.	– Überprüfung der Dokumentation, diese evtl. korrigieren.
– gibt sich Spielregeln, definiert Ziele.	– Informationswege jetzt festlegen.

Die folgende Phase ist durch hohe Leistungsfähigkeit des Teams gekennzeichnet. Die Prozesse sind geklärt, und es gibt keine akuten Konflikte, die die Zusammenarbeit erschweren.

Phase 4 Verschmelzungsphase

Kennzeichen	Kommunikative Aufgabe
– Freundschaften können entstehen.	**Persönliche Ebene**
	– Erfolge feiern.
– der Umgang miteinander wird zwangloser.	– Belohnungssysteme im Team etablieren.
	– Rituale festigen.
– Hochachtung und Sicherheit herrschen vor.	– Team nach außen öffnen.
	– Für gute Arbeit loben.
– jeder ist bereit einzuspringen.	– Konstruktive Kritik des gesamten Teams und einzelner
	– Verschiedene Teammitglieder zusammensetzen, neue Untergruppen entwickeln.
– Die Funktionen der Teammitglieder sind festgelegt.	**Sachebene**
– Die Geschlossenheit ist nach außen sichtbar.	– Erfolge in der Sache deutlich machen.
	– Neue herausfordernde Visionen und Ziele entwickeln.
– Maßnahmen werden getroffen, damit dies nach außen nicht als Arroganz verstanden wird.	– Input von außen einholen.
	– Sich weiterbilden, im Team oder jeweils einzelne Mitarbeiter.
	Handlungsebene
	– Wechselnde Moderation der Teambesprechungen
– Das Team klärt seine Rolle in der Gesamtorganisation.	– Leitung nimmt sich zurück, Aufgaben werden übertragen.
	– Externe werden zu Besprechungen eingeladen.

Die Phasen, in denen Teams sich entwickeln werden auch als Kreislauf beschrieben. Das hat den Hintergrund, dass Teams nicht unbedingt in der leistungsstarken und euphorischen letzten Phase bleiben, sondern dass eine Veränderung durch Personalwechsel, neue Aufgaben oder andere Ansprüche aus dem Team einen erneuten Wandel nach sich ziehen. Dann kann der Kreislauf der Teamentwicklung auch wieder von vorne beginnen.

Selbst der Erfolg eines Teams und die gut funktionierende Zusammenarbeit, kann es wieder anfällig für einen neuen Durchlauf der Teamentwicklungsphasen machen. Gewohnheiten entstehen, es schleifen sich Verhaltensweisen ein, manchmal entsteht auch Langeweile. Konflikte können wieder hochkochen und das Team durchläuft wieder von neuem die Phasen der Entwicklung.

4.4.2 Kommunikation in langjährigen Teams

Ein Team, das schon lange zusammen arbeitet hat eigene Rituale, eigene Mittel der Informationsweitergabe und einen eigenen Kommunikationsstil entwickelt. Im besten Fall funktioniert das gut, die Mitglieder des Teams verstehen sich und die Arbeit läuft reibungslos. Hier können vielleicht Gewohnheiten und Gewöhnung zu einem Mangel an Dynamik und Entwicklung führen.

Wenn Sie herausfinden möchten, ob Ihr langjähriges Team effektiv arbeitet und die Informationen alle erreichen, dann haben Sie verschiedene Möglichkeiten, das herauszufinden.

Zunächst nehmen Sie sich einmal die Zeit, Ihre eigenen Eindrücke festzuhalten.

Übung: Mein Eindruck von meinem Team

1. Läuft die Arbeit reibungslos, oder kommt es häufig zu Fehlermeldungen oder Beschwerden aus anderen Abteilungen oder von Kunden?

_____

_____

_____

_____

_____

2. Haben Sie den Eindruck, dass alle Kollegen die notwendigen Informationen für die Arbeit haben, auch die Teilzeitkräfte?

_____

_____

_____

_____

_____

3. Wie schätzen Sie die Atmosphäre im Team ein? Verstehen sich alle zumindest so gut, dass sie sich gegenseitig bei der Arbeit unterstützen und sich die notwendigen Informationen mitteilen? Gibt es Konflikte zwischen Kollegen, die Auswirkungen auf die Arbeit haben?

_____

_____

_____

_____

_____

Peercoaching: Bilden Sie unter den Führungskräften Zweierteams, die sich gegenseitig bei ihrer Führungsarbeit unterstützen.

Der Eindruck von außen kann auch sehr hilfreich sein. So kann der Austausch mit Führungskräften auf der gleichen Ebene eine förderliche Erfahrung sein. Dazu empfiehlt sich die Methode des gegenseitigen Führungscoachings. Hier werden zwischen den Führungskräften Zweierteams gebildet, die sich in regelmäßigen Abständen zu Führungsthemen und Führungsproblemen zusammensetzen und gegenseitig unterstützen.

Haben Sie Praktikanten oder studentische Hilfskräfte? Dann befragen Sie sie doch einmal informell nach ihrem Eindruck vom Team.

Und schließlich sollten Sie das Team selbst nach seinem Eindruck befragen. Das können Sie ohne viel Aufwand in einer der nächsten Besprechungen miteinander klären. Oder Sie lassen das Team folgenden Fragebogen ausfüllen.

Fragestellung	Ja	Nein
Ich erhalte für meine Arbeit die notwendigen Informationen.	☐	☐
Der Zugang zu den Informationen ist nach eindeutigen Kriterien geregelt	☐	☐
Ich weiß, welche Informationen ich regelmäßig weitergeben muss.	☐	☐
Ich weiß, welche Informationen ich mir regelmäßig beschaffen muss.	☐	☐
Es gibt klare Regelungen, welche Informationen wie und wo schriftlich dokumentiert werden.	☐	☐
Ich werde über übergreifende Themen wie die Bibliotheksentwicklung oder wichtige Veränderungen informiert.	☐	☐
Ich nehme regelmäßig an Teambesprechungen teil.	☐	☐
Ich gebe mein Wissen an meine Teamkollegen weiter.	☐	☐
Es gibt ein internes Kommunikationsmedium (Schwarzes Brett, Wiki, Teamblog, Intranet, Ideenbörse), in dem ich meine Vorschläge, Erkenntnisse und Gedanken einbringen kann.	☐	☐
Zahl der Ja-Antworten		
Zahl der Nein-Antworten		

Was ich noch kommentieren möchte:

Auswertung:

Weniger als drei negative Bewertung: Das Informationsmanagement im Team scheint in Ordnung zu sein.

Mehr als drei negative Bewertungen: Schwachpunkte genau analysieren und Lösungen gemeinsam entwickeln.

Insgesamt kann eine solche Befragung der Ausgangspunkt für einen teaminternen Workshop sein. (s. u.)Wenn Sie den Eindruck haben, dass in Ihrem Team ein hohes Konfliktpotenzial vorhanden ist, dann ist es besser, die Analyse der Teamsituation durch eine moderierte und geführte Teamentwicklung begleiten zu lassen.

Ein ungeübtes Team, das nie offen miteinander kommuniziert, kann mit einer solchen Teamanalyse überfordert sein kann. Dann kann es schwer sein, die Konflikte aufzufangen und die Arbeitsfähigkeit des Teams zu erhalten.

Haben Sie ein reifes Team, dem Sie eine Selbstanalyse zutrauen, dann können Sie auch folgende Methoden zur Teamdiagnostik nutzen:

1. Aufstellung des Teams

Alle Teammitglieder stellen sich im Raum auf.
Die Aufgabe lautet: Stellen Sie sich gemäß Ihren Arbeitskontakten zueinander auf!
Zusätzlicher Hinweis: Mit wem habe ich viel zu tun, mit wem weniger?

Wenn sich alle Mitarbeiter zueinander im Raum aufgestellt haben, halten Sie diese erste Aufstellung mit Hilfe von Karten an einer Pinnwand fest. Sie haben die Namen der einzelnen Mitarbeiter vorher auf Karten geschrieben und übertragen nun die Positionen der Mitarbeiter an die Pinnwand.

Dann stellen sich alle vor die Pinnwand und bearbeiten die Aufstellung:
1. Stimmen die Positionen zueinander? Korrekturen vornehmen.
2. Stellen Sie die Verbindungen grafisch durch Pfeile dar.
3. Fragen Sie jedes Teammitglied: Wie geht es Ihnen an dieser Stelle? Brauche ich mehr Kontakt zu einem anderen Teammitglied (zunächst nur auf der sachlich-informativen Ebene)?
4. Welche Verbesserungen, Veränderungen brauchen wir?

Sie können auch eine zweite Aufstellung nach den persönlichen Kontakten der Teammitglieder untereinander versuchen. Aber wahrscheinlich hat sich schon in der fachlichen Aufstellung gezeigt, welche Personen viel Kontakt zueinander haben, welche evtl. zu viele Aufgaben haben und welche Personen zu sehr isoliert sind.

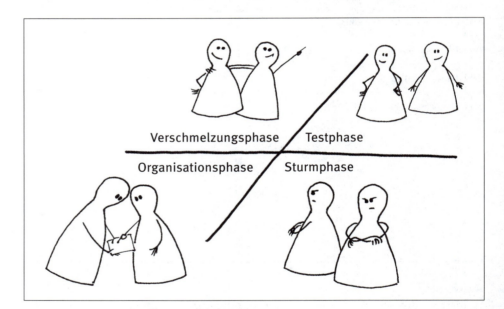

Abbildung 16: Phasenmodell „Teamuhr" als Vorlage.

2. Das Team stellt sich in die Teamuhr

Diese Übung orientiert sich an der oben beschriebenen Teamuhr. Sie legen mit Hilfe von Seilen oder Stöcken vier Felder auf den Boden. Dann erklären Sie nach und nach die Phasen der Teamentwicklung und bitten alle Teammitglieder sich komplett in das jeweilige Feld zu stellen und nachzuempfinden, was in dieser Phase der Teamentwicklung geschieht.

Anschließend bitten Sie alle Teammitglieder in genau das Feld zu gehen, in dem sie persönlich das Team zurzeit sehen.
Dann hat jeder die Gelegenheit sein Beweggründe zu schildern, die ihn in genau dieses Feld geführt haben.

Anschließend beraten alle noch in den jeweiligen Feldern stehend, was man tun kann, um die Entwicklung des Teams zu fördern.

4.4.3 Instrumente der Kommunikation im Team

Wenn Sie verstanden haben, am welchem Punkt Ihr Team im Moment steht, dann können Sie über Maßnahmen zur Verbesserung der Teamsituation nachdenken. Sollte es starke Konflikte im Team geben, dann reichen die folgenden Maßnahmen zur Verbesserung des Informationsflusses nicht aus. Dazu finden Sie mehr Hinweise im Kapitel 6 Konflikte lösen.

Verschiedene Wege zum Austausch von Information können Sie nutzen. Einige finden Sie hier:

1. Das „schwarze Brett" mit neuem Schwung

Manche Instrumente der tagtäglichen Information müssen nur etwas aufgefrischt werden. Das „Schwarze Brett" ist so ein Instrument, es ist oft eine Anlaufstelle für die Mitarbeiter. Man ist in Bewegung, sitzt nicht vor dem PC und hat die Gelegenheit das, was man liest gleich auch miteinander zu besprechen. Zudem bietet es Mitarbeitern Informationen, die keinen Zugang zum Intranet haben. Damit es zu einem effektiven Mittel der Information wird oder wieder wird, muss man es etwas auffrischen.

Bei allen Instrumenten, die in einem Team eingeführt werden, immer gleich eine Zuständigkeit benennen. Auch ein turnusmäßiger Wechsel der Zuständigkeit kann angebracht und vorher festgelegt sein.

- – Klären, wer es regelmäßig pflegt.
- – Eine neue Aufmachung geben.
- – Kurzbesprechungen wenn möglich vor dem „Schwarzen Brett" abhalten.
- – Einen neuen Namen ausdenken: Infotafel, Team-News, ...

2. Eigener Teamblog

Ein Blog als gemeinsames Diskussionsforum kann für das Team zeitsparend und inhaltlich intensivierend sein. Tipps dazu finden Sie im Band Arbeitsorganisation 2.0 der gleichen Reihe.

Bergmann, Julia/Plieninger, Jürgen: Arbeitsorganisation 2.0 Tools für den Arbeitsalltag in Kultur- und Bildungseinrichtungen

3. Back to the roots – das gute alte Übergabe-Buch

In vielen Teams ist es notwendig, dass Informationen von einer Schicht zur nächsten weitergegeben werden. Besonders in Teams, in denen viele Teilzeitkräfte arbeiten, ist das von Bedeutung. Lösungsmöglichkeiten gibt es auf dem Papier- oder dem elektronischem Weg.

Wie bei allen Instrumenten hängt der Nutzen immer von der Anwendung und der Pflege der Instrumente ab.

4. Effektive Besprechungen und wechselnde Moderation

Die Besprechungskultur des Teams zu prüfen und an die Anforderungen der Aufgabe anzupassen, ist immer wieder sinnvoll (siehe auch Kapitel 3 Besprechungen effektiv gestalten).

Damit das Funktionieren des Teams nicht nur von der Präsenz der Leitung abhängt, sollten Sie Mitarbeiter befähigen, die Besprechungsleitung zu übernehmen.

5. Der Team-Tag

In einigen Organisationen hatte ich die Gelegenheit, den jährlichen Teamtag eines Teams mit zu planen und zu moderieren. Nach den ersten beiden Teamtagen waren auch die erbittertsten Gegner einer solchen Veranstaltung davon überzeugt, dass es sich lohnt, einen Tag Zeit in die interne Organisation, die Beziehungspflege oder einfach die Klärung von Abläufen und Prozessen zu investieren.

Thematische Variationen:
- Das gesellige Zusammensein – der Ausflug
- Die kritische Innensicht: Wo sind wir stark – wo haben wir unsere Schwächen?
- Die inhaltliche Arbeit: Wie lösen wir in Zukunft ein bestimmtes Problem?
- Die Zukunftsperspektive: Wo wollen wir als Team in fünf Jahren stehen?

6. Regelmäßige Mini-Workshop

Neben einer eigenen Besprechungskultur tut es einem Team auch gut, durch kürzere Workshops an der Verbesserung der Zusammenarbeit und der Ergebnissen zu arbeiten. Das kann schon eine längere Besprechung sein, bei der mit kreativen Methoden Ideen gesammelt werden oder Kleingruppen parallel tagen, um die Ergebnisse dann zusammenzutragen.

In einem Schulungsteam könnte das die Supervision von Schulungskonzepten oder Fallbesprechungen besonders heikler Situationen in einer Schulung sein.

7. Das lernende Team

Ein dynamisches Team lernt weiter. Es ist übrigens für viele Mitarbeiter auch eine große Motivation, von anderen zu lernen und eigenes Wissen weiterzugeben. Damit hat ein Team auch die Aufgabe, das bisherige Wissen im Team zu erhalten, weiterzugeben und neues Wissen zu kreieren. Dazu bieten sich verschiedene Formen der gemeinsamen oder gegenseitigen Weiterbildung an:
- Ein teaminternes Seminar umsetzen.
- Regelmäßige interne Weiterbildung durch Expertenvorträge aus dem Team.
- Pflege eines gemeinsamen Wikis zur Wissenserhaltung des Teams.
- Entwicklung von Standards zur Einführung neuer Mitglieder ins Team.

8. Soziale Teamaktivitäten – informelle Kommunikation

Es gibt hervorragend arbeitende Teams, die niemals gemeinsam feiern. Trotzdem ist die Stimmung gut. Für die Teamleitung ist es eine Herausforderung herauszufinden, was für das Team gut ist.

Ideen für gesellige oder soziale Aktivitäten von Teams:
- Eigene Feiern zu Weihnachten oder zu Geburtstagen, Ausflüge, gemeinsames Essen gehen

Soziale Projekte
- Bauen und Renovieren in Schulen, Kindergärten
- Arbeiten auf dem Bauernhof, im Wald oder im Weinberg
- Geld sammeln durch ein Sportprojekt: Walken, Wandern, Fahrrad fahren und Geld pro Kilometer sammeln für ein Projekt, das Sie unterstützen wollen
- ein Kochevent für einen guten Zweck

9. Die Teampatenschaft

Das Modell der Patenschaften in Organisationen hat den Hintergrund, dass Menschen mit langjähriger Erfahrung jüngeren Mitarbeitern mit Rat und Tat zur Seite stehen. In manchen Organisationen werden solche Senior-Junior-Patenschaften nach dem Ausscheiden von Mitarbeitern in den Ruhestand umgesetzt.

Für Teams ist es ebenfalls eine Gelegenheit, neben der eigenen Teamleitung auch noch einen anderen Ansprechpartner in der Organisation zu haben.

4.5 Vertiefung

Bearbeiten Sie zur Vertiefung folgende Checkliste, die alle drei Ebenen der erfolgreichen Teamarbeit abbildet. Sie können so überprüfen, in welchem Bereich Sie Ihr Team noch unterstützen sollten.

Haben wir die wichtigsten Voraussetzungen für die Teambildung erfüllt?

Die Persönliche Ebene

Kennen lernen

Gelegenheit für Kontakt schaffen

Vertrauensbasis herstellen

Persönliche Ziele klären

Distanz abbauen

Gemeinsamkeiten finden

Ein Gruppengefühl entwickeln

Sachebene

Gemeinsamen Sachbezug herstellen

Sachziele klären

Erwartungen klären

Zu einer gemeinsamen Vision finden

Rahmenbedingungen klären

Betroffene vom Ergebnis der Teamarbeit identifizieren

Handlungsebene

Spielregeln aufstellen

Umgang miteinander klären

Schwierige Situationen vorwegnehmen

Arbeitsmethoden klären

Informationsaustausch klären

Strukturen und Abläufe festlegen

Zeitplanung und Erfolgskontrolle festlegen

5 Führungskommunikation – konsequent kommunizieren

5.1 Ein Beispiel

Frau Peters arbeitet in einer großen Universitätsbibliothek. In den letzten Jahren hat es selten Zeiten gegeben, in denen sie einfach routiniert ihrer Arbeit nachgehen konnte. Meist wurde irgendein Veränderungsprojekt umgesetzt. Das bedeutete für sie, dass sie ihre Mitarbeiter immer wieder mit neuen Verfahrensweisen konfrontieren musste. Mal waren es geänderte Öffnungszeiten, dann der Einsatz der Selbstverbuchung oder die Umstellung auf eine neue Software.

In diesem Jahr hat sich die Direktion vorgenommen, die gesamte Abteilungsstruktur umzustellen. Heute findet eine außerordentliche Mitarbeiterversammlung statt. Auch Frau Peters, die die Abteilung Benutzung leitet, erfährt auf diesem Weg von der anstehenden Veränderung.

Der Direktor hält heute vor der gesamten Mitarbeiterschaft eine Ansprache anlässlich der anstehenden Veränderungen. Die Mitarbeiterinnen und Mitarbeiter sind heute nur gefragt zuzuhören. Fragen sind unerwünscht. Schließlich ist das bei 120 Mitarbeitern auch schlecht möglich. Also wird eine ausgeklügelte Powerpoint-Präsentation vorgestellt.
Die Mitarbeiter haben mitbekommen, dass in den letzten Wochen immer mal wieder Berater im Haus waren. Gerüchte über die anstehende Veränderung liefen durchs Haus.

Nach der Mitarbeiterversammlung trifft Frau Peters ihre Mitarbeiter an deren Arbeitsplätzen. Es geht heiß her, da sich alle darüber aufregen, wie ihre zukünftigen Arbeitsplätze wohl aussehen werden. Sie konfrontieren ihre Chefin damit und wollen von ihr wissen, wie es jetzt konkret weitergehen wird.

Frau Peters muss passen. Sie weiß auch nicht mehr als die Kollegen ihrer Abteilung. Darüber ärgert sie sich, denn sie erwartet einerseits von ihrer Führungskraft, dass diese sie informiert, als auch von sich selbst, dass sie ihre Mitarbeiter unterrichten kann.

Sie findet, dass beim Thema der internen Kommunikation die Führungskräfte eine besondere Rolle spielen. Sie weiß, dass gerade in Zeiten von Veränderung und Unsicherheit die Mitarbeiter besondere Aufmerksamkeit durch die Führungskräfte brauchen. Das geht ihr selbst auch so. Und sie muss sich jedes Mal zu ihrer Chefin durchkämpfen, um die nötigen Informationen zu bekommen. Dabei hätte sie schon ein paar Ideen, wie Führungskommunikation effektiver zu gestalten wäre.

Die erste Idee wäre schon einmal, die Mitarbeiterversammlung, auf der der Direktor die wichtigen Informationen verkündet, zu verändern.

5.2 Führungsstil und Führungskommunikation

Die Aufgabe von Führungskräften ist anspruchsvoll, sie führen ihre Mitarbeiter, führen sich selbst und müssen dabei die Umsetzung der Ziele und die strategische Entwicklung der Bibliothek im Blick haben. Um diese Aufgaben auf den verschiedenen Ebenen umzusetzen, müssen sie handeln:

„Führung ist die zielbezogene interpersonelle Verhaltensbeeinflussung der Mitarbeitenden, das steuernde Einwirken auf ihr Verhalten (...). Führungskräfte sollen
– ergebnisorientiertes Verhalten bei den Untergebenen sicherstellen
– und deren Motivationspotentiale nutzen,
– so dass sich dadurch ihr Leistungsvermögen entfalten kann.
(Regnet, Konflikt und Kooperation, S. 20)

- Arbeitsabläufe koordinieren
- Arbeitsziele vereinbaren
- Aufgaben verteilen und delegieren
- Arbeitsergebnisse kontrollieren
- Entscheidungen treffen oder zu Entscheidungen bringen
- Mitarbeiter informieren
- Mitarbeiter beurteilen und Rückmeldungen geben
- Mitarbeiter motivieren
- Absprachen treffen mit eigenen Vorgesetzten, Mitarbeitern und Kollegen
- Teamsitzungen und Besprechungen leiten
- Einzelgespräche führen
- Mitarbeitergespräche führen (Lob, Kritik, Fachgespräche)
- Konfliktmanagement betreiben
- die Abteilung, das Team nach außen vertreten

Dieses Handeln findet in Form von Kommunikation statt. Führungskräfte sind Kommunikatoren, und die Kommunikation zwischen Führenden und Geführten ist eine ganz besondere Form sozialer Interaktion. Sie ist gekennzeichnet durch ihre Funktionalität und durch die ihr eigene Ungleichgewichtigkeit.

Grundsätzlich sind Gesprächssituationen durch das Austarieren der Balance zwischen beiden Gesprächspartnern gekennzeichnet. Ist einer der beiden Partner übermächtig, dann entsteht ein Ungleichgewicht zwischen den Partnern, das Folgen hat. Wenn ein Partner so viel Gewicht auf seiner Seite anhäuft, dass der andere nichts Gleichgewichtiges mehr entgegenzusetzen hat, bricht der dialogische Prozess ab.

Gewicht in Gesprächen entsteht durch zwei Faktoren:
1. Das direkte Verhalten im Gespräch: Das sind z. B. die Themen, die angeschnitten werden, die Länge der Beiträge, die Lautstärke, die Körpersprache oder Wertungen.
2. Externe Bedingungen: z. B. Macht und Abhängigkeit, Autorität, Fachkompetenz, oder Prestige.

Die beste Voraussetzung für ein sachliches und wertschätzendes Gespräch ist es, wenn jede Aktion im Gespräch so angelegt ist, dass der andere mit einer gleichgewichtigen Aktion reagieren kann. Vergleichen wir das Gespräch mit einem Tischtennisspiel, dann lautet die Devise: Spielen Sie so, dass der andere den Ball bekommen kann. Schmetterbälle zwischendurch sind möglich, wenn die Grundhaltung zum Fairplay stimmt.

Das Ungleichgewicht liegt bei der Kommunikation zwischen Führungskräften und Mitarbeitern in der Natur der Beziehung. Die Einflussbeziehung zwischen beiden ist asymmetrisch.

Für viele Mitarbeiter sind deshalb die Gespräche mit den Vorgesetzten schwierig. Nutzt die Führungskraft neben ihrer Funktionsmacht im Gespräch noch weitere dominante Machtsignale zum Beispiel über Lautstärke, Bewertungen oder dozierendes Sprechen, hat der Mitarbeiter möglicherweise nicht viel dagegen zu setzen.

Die Kommunikation zwischen Führungskräften und Mitarbeitern bildet damit ab, durch welchen Führungsstil sie geprägt wurde: Ist es den Führungskräften wichtig, dass in Gesprächssituationen auf Augenhöhe kommuniziert wird oder wird ausschließlich angewiesen, und die Meinung der Mitarbeiter ist nicht wichtig?

Die gegensätzlichen Pole, die damit verbunden sind, werden auch der kooperative und der autoritäre Führungsstil genannt.

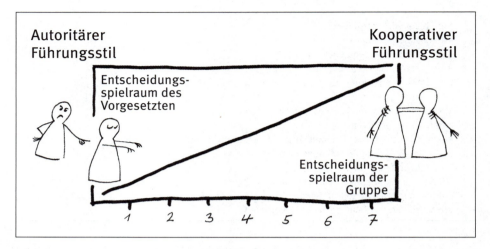

Abbildung 17: Führungsstile nach Tannenbaum und Schmidt.

Die sieben Abstufungen können in etwa folgenden Verhaltensweisen zugeordnet werden:

1. Die Führungskraft entscheidet autoritär, d.h. sie wählt die harte Durchsetzung über den Weg der Anordnung.
2. Die Führungskraft entscheidet autoritär, aber in abgeschwächter Weise. Der Mitarbeiter wird eher überredet als überzeugt.
3. Die Führungskraft erbittet Stellungnahme zu ihren Entscheidungen. Sie fragt die Mitarbeiter nach ihrer Meinung.
4. Die Führungskraft trifft die vorläufige Entscheidung und lässt Änderungsvorschläge zu. Sie informiert ihre Mitarbeiter.
5. Die Führungskraft weist auf das Problem hin, sie bittet die ganze Gruppe um Lösungsvorschläge, entscheidet aber allein.
6. Die Führungskraft fixiert den Entscheidungsspielraum und erlaubt der Gruppe innerhalb dieses Rahmens zu entscheiden.
7. Die Führungskraft erlaubt der Gruppe, sich innerhalb des von höheren Instanzen vorgegebenen Spielraums frei zu entfalten.

Diese sieben Stufen vom autoritären bis zum kooperativen Führungsstil stammen von Robert Tannenbaum und Warren H. Schmidt (in: Harvard Business Review, March-April 1958). Man nennt diese Beschreibung von Führungsstilen auch eindimensional, da sie weder die Sach- oder Produktionsarbeit noch den situativen Kontext mit einbezieht. Hilfreich ist sie, wenn man sich auf das Kommunikationsverhalten von Führungskräften konzentriert.

Betrachtet man die beiden extremen Ausrichtungen der Führungsstile, dann zeigen sich beide Stile in etwa folgender kommunikativer Ausprägung:

Führungsstile und ihre kommunikative Ausprägung

autoritär	kooperativ
starke Zentralisierung der Entscheidungen	hohe Beteiligung an Entscheidungsprozessen
Anordnung von oben	partizipativ
stark einseitig geprägter Kommunikationsstil, daher wenig dialogorientiert	dialogorientiert

Führungsstile und ihre kommunikative Ausprägung	
autoritär	**kooperativ**
sachdominiert	beziehungsorientiert
verkündigende Redehaltung	diskussionsfreudig
„Ansagen"	Vorschläge
Führungskraft ist „Verlautbarer"	**Führungskraft ist Kommunikationsmanager**

Durch die Existenz vieler Informationskanäle verfügen Mitarbeiter heute über mehr Informationen als früher. Die Rolle der Führungskraft als derjenige, der über einen großen Wissensvorsprung verfügt, ist nicht mehr so dominierend wie vor einigen Jahren. Damit verschieben sich besonders in Abteilungen mit gut ausgebildeten und motivierten Mitarbeitern die traditionellen kommunikativen Aufgaben der Führungskraft wie anweisen, kontrollieren und informieren.

Zumal die Kontrollaufgabe zunehmend von den Mitarbeitern selbst, durch ein eigenverantwortliches Team oder auch durch technisch integrierte Kontrollen übernommen werden kann.

Die Folge ist, dass die Kommunikation weniger asymmetrisch, sondern immer symmetrischer geführt wird. Es kommuniziert nicht mehr der Eine an Alle, sondern viele untereinander. Viele gut ausgebildete Mitarbeiter erwarten heute, dass ihre Meinung gefragt ist, und dass sie mitentscheiden können.

Diese Form der Zusammenarbeit tatsächlich umzusetzen und mit Leben zu füllen, ist für viele Führungskräfte und Mitarbeiter eine große Herausforderung. Sichtbar wird das im kommunikativen Alltag, wenn man nicht nur von kooperativem Führungsstil spricht, sondern tatsächlich kooperativ kommuniziert.

Zur kooperativen Kommunikation gehören zum Beispiel:

- interaktive Konferenz- und Besprechungsmethoden
- hierarchiefreie Besprechungen
- direkte Kommunikation zwischen Führungskraft und Mitarbeiter
- Wissensaustausch zwischen Führungskraft und Mitarbeiter
- echte Delegation von Verantwortung

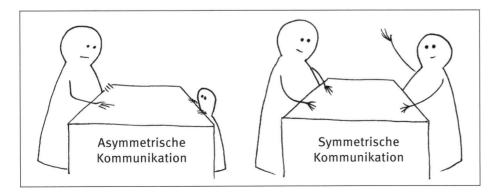

Abbildung 18: Asymmetrische und symmetrische Kommunikation.

Symmetrische Kommunikation zwischen Menschen bedeutet gegenseitige Beeinflussung. Damit diese Form der Kommunikation in Organisationen funktioniert, braucht es mitdenkende Mitarbeiter und fragende Führungskräfte. Voraussetzung dafür sind Vertrauen und Loyalität, denn Mitarbeiter und Führungskräfte selektieren aufgrund ihrer Erfahrung zunächst die Informationen, die sie an den jeweils anderen weitergeben. Kurz: Man muss sich auf die Informationsauswahl des jeweils anderen verlassen können.

Wie schaffen es die Führungskräfte einer Bibliothek zu einer gemeinsamen Haltung im Führungsverhalten zu kommen? Sie können zum Beispiel gemeinsam Führungsgrundsätze entwickeln.

Nach Regnet (Regnet, E.: Konflikt und Kooperation, S. 21) könnten solche Grundsätze folgendermaßen aussehen:

Grundsätze zu Führung und Zusammenarbeit:
- Eigeninitiative fördern
- Verantwortung übertragen
- Mitarbeiter beraten und unterstützen
- Potenziale freisetzen
- fördern durch neue Aufgaben
- die Entwicklung des Mitarbeiters als Führungsaufgabe
- mit guten Beispiel vorangehen
- Information und Wissen teilen
- an Entscheidungen beteiligen
- Offenheit im Mitarbeitergespräch

Im Alltag führen diese Grundsätze mit ihren hohen Erwartungen auch zu Konflikten für die Führungskräfte, da sie mitunter unterschiedlichen Ansprüchen gerecht werden müssen.

So sollen sie einerseits kooperativ, andererseits auch entschieden und durchsetzungsfähig sein. Oder sie sollen kollegialen Umgang pflegen, aber andererseits eine professionelle Distanz wahren. Oder sie sollen Wachstum und Eigenverantwortlichkeit zulassen, müssen aber anderseits Mitarbeiter kontrollieren.

Hintergrund für diese Widersprüche sind oft Strukturen in Organisationen, nicht nur das persönliche Verhalten. Die Führungskräfte bewegen sich oft auf einem schmalen Grad, den sie für sich entwickeln müssen. Dazu brauchen sie Rückmeldung und Rat. Einige Tipps zur Unterstützung der Führungskräfte finden Sie in diesem Kapitel unter 5.3.3.

Diese Herausforderung stellt sich nicht nur Führungskräften, sondern auch Mitarbeitern, die es nicht gewohnt sind, oder es nicht gelernt haben, mit ihren Vorgesetzten zu diskutieren, Vorschläge zu machen und Verantwortung zu übernehmen.

Die Schulung der Mitarbeiter ist damit genauso wichtig, wie die Schulung der Führungskräfte. Dazu gehören interne oder externe Seminare oder kollegiale Fortbildungen zu Themen wie:
- Gesprächsführung
- Konfliktbewältigung
- Umgang mit dem Intranet: Schreiben, kommentieren, Peer Produktion etc.
- Präsentationstechniken

Am besten schulen Sie die Mitarbeiter, wenn sie sie einbeziehen in Projekte, Workshops und Arbeitsgruppen. Wenn die Motivation zur Mitarbeit stimmt, dann ist das Lerninteresse umso größer.

Machen Sie nicht nur die Führungskräfte für die interne Kommunikation fit, schulen Sie auch die Mitarbeiter.

In einigen Bibliotheken versucht man diesen Übergang hin zu einem stärker partizipativen Stil, also der Einbindung der Mitarbeiter, umzusetzen. Je nach gewachsener Struktur und Geschichte verläuft dieser Prozess in den Bibliotheken extrem unterschiedlich. So kann er auch mit einem Generationswechsel einhergehen.

Übung: Wie schätze ich den Führungsstil meiner Bibliothek ein?

	1	2	3	4	5	6	7	8	9	10	
Autoritär, die Entscheidung der Führungskraft zählt.											Kooperativ Partnerschaftlich, Teamplayer

Übung: Wie schätze ich meinen Führungsstil ein?

	1	2	3	4	5	6	7	8	9	10	
Autoritär, meine Entscheidung zählt.											Kooperativ Partnerschaftlich, Teamplayer

5.3 Richtungen in der Führungskommunikation

Betrachtet man die Kommunikation der Führungskräfte in einer Organisation, dann fällt auf, dass die sogenannte Abwärtskommunikation, also die Kommunikation von der Führungsebene zu den Mitarbeitern meist gut organisiert ist.

Die Führungskräfte, beginnend mit der Chefetage, wissen in der Regel recht gut, wie sie in die Mitarbeiterschaft hinein kommunizieren. Was wesentlich weniger gut organisiert ist, ist die Gegenrichtung. Wie nehmen Mitarbeiter Kontakt mit ihren Führungskräften auf? Wie erreicht die Mitarbeiterin, die in der Erwerbung oder der Benutzung arbeitet, speziell in größeren Bibliotheken, ihre Bibliotheksleitung?

Diese Umkehrkommunikation ist möglicherweise deshalb schlecht organisiert, weil man sie bisher für nicht wichtig erachtet hat oder weil sie einfach nicht erwünscht war.

Dementsprechend wird die interne Kommunikation meist als eine Top-Down-Information verstanden, bei der die Wechselseitigkeit nicht mitgedacht wird. Dabei sind die Richtungen der Kommunikation vielfältig.

„Im Sinne einer wechselseitigen Einflussausübung bezieht die Kommunikation die Sichtweise und die aktive Teilnahme aller Beteiligten auf allen Hierarchiestufen, in allen Funktionen und an allen Standorten mit ein."
(Meckel, Unternehmenskommunikation, S. 223)

Richtung der Kommunikation	Wer an wen?
Abwärts	Einer an Einen Einer an Viele
Aufwärts	Einer an Einen Viele an Einen
Horizontal	Einer an Einen Viele an Viele

Diese Auflistung bildet schon viele Kanäle der Information in und zwischen den Hierarchien ab. Sie bleibt aber begrenzt, da sie die vielen Netzwerke, die sich mittlerweile durch Querverbindungen gebildet haben, nicht darstellt. Mehr und mehr Unternehmen, sicher auch einige Bibliotheken, arbeiten heute abteilungs- und fachübergreifend.

Mit Hilfe der digitalen Vernetzung und aufgrund der Notwendigkeit, interdisziplinär zu arbeiten, bilden sich neue Netzwerke, die sich nicht mehr an Hierarchien und Abteilungen halten. Das bedeutet für Einige, dass sie Standesdünkel oder Hemmschwellen abbauen müssen.

Eine Führungskraft muss sich demnach heute fragen, mit wem sie in welcher Form kommuniziert, bzw. kommunizieren sollte.

Fragt man Mitarbeiter, wann und wie ihre Führungskraft mit ihnen redet, dann erhält man sehr unterschiedliche Aussagen, die einen Eindruck der Unternehmenskultur ihrer Bibliothek vermitteln.

Kommunikation kann in Zukunft in Form von hierarchieübergreifenden Netzwerken funktionieren.

Einige Zitate:

„Mit meiner direkten Vorgesetzten kann ich immer reden."
„Da muss ich mich vorher anmelden, wenn ich meine Vorgesetzte sprechen will."
„Den Direktor sehe ich nur bei Mitarbeiterversammlungen und würde ihn auch nicht ansprechen."
„Wir reden immer auf dem kleinen Dienstweg miteinander."

Sehr stark hängt die Kommunikationskultur von der Größe der Bibliothek ab. In kleineren Stadt- oder Hochschulbibliotheken gibt es, wenn man sich gut versteht, einen kurzen Draht zur Chefin. Die versieht immer mal wieder selbst den Dienst an der Theke. Man sieht sich also.

In größeren Stadtbibliotheken und Hochschulbibliotheken kann es schon einmal sein, dass nur die Mitarbeiter der gleichen Hierarchieebenen miteinander sprechen. Dann kommt es eher selten dazu, dass eine Fachangestellte aus der Benutzung ein Wort mit der Direktorin spricht.

Das liegt neben der Größe eines Hauses, auch an gewachsenen Strukturen und eingeschliffenen Verhaltensweisen. Für die Sache ist es nicht immer hilfreich, wenn zwischen den Hierarchieebenen nicht kommuniziert wird.

In einer großen Hochschulbibliothek habe ich folgendes Phänomen erlebt:

In den traditionellen und lange gewachsenen Abteilungen wie Erwerbung oder Verwaltung wurde im Stil der Top Down-Information kommuniziert. Die Vorgesetzten informierten oder ließen sich in Form eines Berichtswesens informieren. In Besprechungen wurde wechselseitig vorgetragen, aber nicht diskutiert. Die Mitarbeiter hatten keinen eigenen Impuls, die Vorgesetzten anzusprechen. Als das jährliche Mitarbeitergespräch eingeführt werden sollte, hielt man es für unnötig und behauptete standhaft, man rede eigentlich genug miteinander.
In Abteilungen mit eher jungem Personal, wie zum Beispiel der IT-Abteilung, konnte man sich gar nicht vorstellen, dass ein Mitarbeiter sich nicht traut, seinen Vorgesetzten anzusprechen. Im Gegenteil, der Ton war eher locker, Regeln für die Kommunikation waren wegen der kollegialen Atmosphäre unüblich. Die Vorgesetzten konnte man schon mal flockig „anranzen", wenn irgendwas nicht stimmte. Kommuniziert wurde ständig: auf dem Flur, in der Teeküche und natürlich elektronisch. Auch in diesen Abteilungen hielt man die Einführung des jährlichen Mitarbeitergesprächs nicht für notwendig, da man ja wirklich ständig miteinander rede.

Interessant, dass man sich in beiden Arbeitsbereichen recht einig war, was die Ablehnung des jährlichen Mitarbeitergesprächs anging. In der ersten Abteilung fürchtete man eher das intensive Gespräch mit den Vorgesetzten. In der zweiten Abteilung sah man nicht den Unterschied zur Alltagskommunikation.

Die völlig unterschiedlichen Kommunikationsstile fielen immer dann auf, wenn abteilungsübergreifend zusammen gearbeitet werden musste. Da wunderte man sich über den lockeren oder den formellen Ton der jeweils anderen Gruppe.

Der Führungsstil der ersten Gruppe war eher autoritär, der Stil in der IT-Abteilung eher kooperativ.

Innerhalb der Bibliothek hatten sich völlig unterschiedliche Führungsstile gebildet, die bei Abteilungswechseln für die Mitarbeiter schwierig einzuschätzen waren. Was erwartet meine jetzige Führungskraft von mir, wie soll, darf, muss ich sie ansprechen?

Dass sich Führungsstile in Organisationen je nach Personal und Aufgabe unterschiedlich entwickeln, ist sicher nicht ungewöhnlich und im vertretbaren Rahmen auch zu akzeptieren.

Wenn sich eine solche Organisation dann aber mit der Verbesserung ihrer internen Kommunikation befasst, müssen zumindest einige Standards von allen eingehalten werden.

Überlegen Sie, wie in Ihrer Bibliothek miteinander kommuniziert wird:
Wird eher kollegial locker mit den direkten Vorgesetzten kommuniziert?
Wird eher distanziert und förmlich mit den direkten Vorgesetzten kommuniziert?
Ist das einheitlich so, oder von Abteilung zu Abteilung unterschiedlich?
Und wie wird mit der obersten Leitungsebene gesprochen?

5.3.1 Einer an viele und viele an einen: die Führungskraft an die Mitarbeiter und zurück

Zu den Aufgaben der Führungskräfte besonders in den mittleren Ebenen gehört es, ihre Mitarbeiter über Veränderungen oder Neuigkeiten zu unterrichten. Sie sind nicht selbst die Produzenten der Information, sie geben oftmals nur Entscheidungen der Leitung an die Mitarbeiter weiter.

Nicht immer sitzen in den mittleren Führungsebenen geübte Kommunikatoren. Oft sind es Fachleute, die in die Führungsaufgabe hineinwachsen müssen. Dabei ist ihr kommunikatives Talent sehr wichtig. Sie müssen die Mitarbeiter, besonders in Zeiten von Veränderungen, auf dem Laufenden halten und sie mitnehmen und motivieren. Das ist wenig effektiv, wenn nur mitgeteilt wird, aber kein Raum für Nachfrage oder Diskussion gegeben wird. Grund dafür kann zum Beispiel sein, dass die Führungskräfte selbst nicht gut informiert sind, und so die Nachfragen der Mitarbeiter fürchten. Sie haben einfach keine guten Antworten.

Tipp für die mittlere Führungsebene
Damit Führungskräfte ihre Mitarbeiter gut informieren können, müssen sie zunächst selbst gut informiert sein. Dies geschieht in den Abteilungsleitersitzungen oder im Gespräch mit ihrer leitenden Führungskraft.

Eine gute Idee ist es auch, sogenannte Info-Kits für Führungskräfte zu schnüren, in denen zum Beispiel die wichtigsten Informationen eines Veränderungsprojektes zusammengestellt sind.

Info-Kit für Führungskräfte
- Powerpoint-Präsentation mit den wichtigsten Rahmendaten
- Linksammlung im Intranet
- Frage-Antwort-Sammlung (FAQs, frequently asked questions)

Die Wege, mit denen die Direktion die gesamte Mitarbeiterschaft erreicht, sind meist bekannt: die E-Mail an alle, der Vortrag bei der Mitarbeiterversammlung, Information im Intranet oder die Videobotschaft.

Weniger bekannt sind interaktive Formen der Kommunikation, bei denen die Mitarbeiter die Gelegenheit habe, ihre Fragen und Bemerkungen direkt an die Direktion zu richten.

Einige interaktive Formen stelle ich Ihnen hier vor:

1. Die interaktive Mitarbeiterversammlung

Die Mitarbeiterversammlung ist für viele Mitarbeiter und Führungskräfte zu einem eingeschliffenen Ritual geworden. Wie in unserem Beispiel zu Beginn des Kapitels, hier verkündet die Leitung Informationen über eine anstehende Umstrukturierung. Meist entsteht dabei eine Art Kinoatmosphäre, da alle auf die Leinwandprojektion schauen. Dann gehen alle wieder ihrer Wege. Geredet wird auf den Fluren und in den Kaffeeküchen.

Bei der Frage, ob man eine Mitarbeiterversammlung auch interaktiver gestalten könnte, hört man folgende Einwände:

– Die Mitarbeiter wollen es selbst nicht.
– Die Belegschaft ist zu groß, und die Zeit zu knapp, um ins Gespräch zu kommen.
– Es äußert ja doch keiner seine ehrliche Meinung.
– Es ist nur eine Plattform für die ewig gleichen Querulanten.

Versuchen Sie es mal mit weniger Technik und dafür mehr Dialog. Trauen Sie sich, den Beamer nicht anzuwerfen und stattdessen mit Plakaten und Pinnwänden und der gesprochenen Sprache zu agieren. Mit diesem Setting können alle Mitarbeiter direkt erkennen, dass sie gefragt sind, sich zu äußern und nicht nur zuzuhören:

Abbildung 19: Die interaktive Mitarbeiterversammlung.

Und so kann sie verlaufen:

1. Lösen Sie die Kinobestuhlung auf und stellen Sie um die Mitte herum oder in einem Halbkreis Stehtische und Sitzhocker auf.
2. Legen Sie auf den Stehtischen Papier und Stifte bereit.
3. Informationen wie Zahlen, Daten, kurze Fakten werden auf Flipcharts oder Pinnwänden groß aufgeschrieben.
4. Ein Redner erklärt kurz und klar mit Bezug auf die Visualisierungen, vielleicht mit der einen oder anderen Unterstreichung, um was es geht. Bitten Sie gleichzeitig die Mitarbeiter darum, die Zettel gleich zur Hand zu nehmen und ihre Fragen während des Vortrags zu notieren.
5. Alternativ haben die Mitarbeiter nach dem Informationsteil einige Minuten Zeit, um sich mit den neben ihnen stehenden Kolleginnen und Kollegen auszutauschen und mögliche Fragen zu notieren.
6. Je nach Stil des Hauses kann dazu Musik laufen, Snacks stehen auf den Tischen.
7. Moderatoren sammeln die Fragen ein, sortieren sie und erstellen daraus einen Ablauf für die Fragerunde.
8. Schließlich stellen die Moderatoren den leitenden Führungskräften die Fragen. Wichtig ist es, dass die Moderatoren in der Lage sind, die Fragen sprachlich zuzuspitzen.
9. Fragen, die aus Zeitgründen nicht beantwortet werden konnten, werden im Intranet beantwortet.

Der Anteil an Vortrags- und Frageteil sollte gleich lang sein.

2. Der Direkt-Chat mit der Direktion

In vielen Bibliotheken wird per Chat Auskunft gegeben. Damit hat sich der Kommunikationsweg Chat für viele Mitarbeiter schon etabliert, zudem nutzen viele auch private Chats. Ein Live-Chat steht allen Mitarbeitern offen. Sie können eigene Fragen stellen oder den Verlauf des Chats einfach nur mitverfolgen oder später nachlesen.

Das Tool wird genauer von Pit Hansing vorgestellt, nachzulesen bei: Dörfel, Lars: Instrumente und Techniken der Internen Kommunikation, S. 279–291

Einmal im Monat beantwortet die Leitung durch einen moderierten Chat Fragen der Mitarbeiterinnen und Mitarbeiter. Das kann ein einfacher Text-Chat sein. Oder das Tool ist eingebunden in die Intranet-Plattform. Es können Powerpoint-Präsentationen eingebunden werden, und Kommentare können sichtbar gemacht werden.
Schließlich können die Mitarbeiter nach dem Chat ihr Feedback abgeben.
Der Moderator kann die Fragen auch thematisch bündeln, so dass sie dann jeweils in Blöcken beantworten werden können. Dann ist der Chatverlauf insgesamt etwas strukturierter und inhaltlich schlüssiger. Zudem lässt sich der Chat auch thematisch eingrenzen, so dass es nicht beliebig ist, worüber gechattet wird. Das hängt von der jeweiligen Situation der Bibliothek ab.

3. „Direkt an den Chef"

Auf einer eigenen Plattform im Intranet haben die Mitarbeiter die Möglichkeit, ihre Fragen direkt an den Vorgesetzten zu richten. Die Fragen, die gestellt werden, sind für alle anderen sichtbar. Durch ein Ranking der Fragen, lässt sich sichtbar machen, welche Fragen gehäuft auftreten und offenbar von großem Interesse sind.

Einmal in der Woche beantwortet der Vorgesetzte die Fragen, die an ihn gerichtet wurden. Die Idee ist, möglichst schnell, Unklarheiten aus dem Weg zu räumen und damit zu verhindern, dass zu viele Gerüchte die Runde machen. Man kann diese Dialogform auch zeitlich begrenzt nur in kritischen Phasen oder während der Dauer von Veränderungsprozessen einrichten.

Die Besonderheiten dabei:
– Die Mitarbeiter stellen ihre Fragen öffentlich und für alle nachlesbar.
– Andere können kommentieren oder auch zustimmen, wenn sie die Frage ebenfalls für wichtig halten.
– Die Mitarbeiter können sich offen beteiligen oder auch anonym bleiben.

4. Zu Mittag mit...

Eine ganz andere Form der Kommunikation zwischen Mitarbeiter und Leitung ist eine Face-to-Face-Situation in eher geselliger Atmosphäre. In regelmäßigem Turnus haben Mitarbeiter die Möglichkeit, mit der Leitung zu Mittag zu essen. Dabei kann nur geplaudert werden, oder es können auch wichtige Fragen angesprochen erden. Die Mitarbeiter werden entweder von der Leitung angefragt und können die Einladung zum Mittagessen auch ausschlagen, oder sie bitten selber um einen Termin.

Die Besonderheit:

- Beide können aus dem Gespräch lernen, gegenseitige Fragen sind erwünscht.
- Die Atmosphäre ist bewusst locker gewählt, um die Alltäglichkeit und Symmetrie der Kommunikation zu betonen.
- Freiwilligkeit: Die Mitarbeiter müssen nicht an einem solchen Mittagessen teilnehmen.

5. Der offene Stammtisch

Eine Sitte, die man wieder aufleben lassen kann, ist der Stammtisch. Man trifft sich zum Ausklang des Arbeitstages in netter Atmosphäre. In kleinen Bibliotheken lässt sich das sicher ganz unproblematisch im eigenen Café oder im Café um die Ecke machen. Für die eigenen Räumlichkeiten spricht, dass viele Mitarbeiter sehr beschäftigt sind und nicht zu viel Zeit für dieses informelle Treffen aufwenden wollen. Dafür gibt es die Alternative des Inhouse-Stammtisches.

Die Besonderheit

- Der Stammtisch findet alle sechs bis acht Wochen statt.
- Am besten findet der Stammtisch an einem Ort in der Bibliothek statt, an dem alle am Ende des Arbeitstages vorbeikommen.
- Jeweils eine Abteilung organisiert das Treffen und gibt 5 Minuten eine Kurzinfo über Neuigkeiten. Ansonsten gibt es keine weitere Agenda.

6. Ideenmanagement: Das betriebliche Vorschlagswesen

Der direkteste Draht, seine Ideen und Verbesserungsvorschläge weiterzugeben, ist der nächste Vorgesetzte. Das kann im jährlichen Mitarbeitergespräch sein oder im informellen Gespräch in einer Kaffeepause. Die Führungskraft sollte dann wissen, wie mit Vorschlägen in der Bibliothek verfahren wird. Sie gibt die Idee von unten nach oben weiter.

Weitere Möglichkeiten:

- Jeder Mitarbeiter kann jederzeit Vorschläge machen.
- Im Intranet gibt es eine Plattform zum Ideenmanagement.
- Ideen können auf einer interaktiven Plattform weitergesponnen werden.
- Vorgesetzte kommentieren regelmäßig, welche Vorschläge wie angenommen oder nicht angenommen werden konnten.
- Es wird veröffentlicht, welche Ideen übernommen werden konnten.
- Ein Wettbewerb zu bestimmten Problemlösungen regt die Kreativität an.

5.3.2 Einer an einen: Die Führungskraft an einzelne Mitarbeiter und zurück

Eine zentrale Schnittstelle in der internen Kommunikation ist die zwischen der Führungskraft und ihrem Mitarbeiter. Für viele Führungskräfte im mittleren Management gehört diese Kommunikation zum Alltagsgeschäft: Sie haben ohnehin viele Arbeitskontakte und führen täglich Arbeits- und Fachgespräche mit ihren Mitarbeitern.

Für alle anderen ist es notwendig, die Gelegenheiten der Kommunikation zu organisieren. Für beide gilt: die Führungskräfte müssen sich als Kommunikatoren verstehen. Wer still hinter seiner Bürotür seine Arbeit tun will, und nur per Mail an die Mitarbeiter seine Weisungen erteilt oder in der nächsten Sitzung Entscheidungen verkündet, der wird die Erwartungen der engagierten, motivierten und interessierten Mitarbeiter enttäuschen.

Als Teil eines Konzeptes zur Verbesserung der internen Kommunikation lassen sich Formen der Kommunikation zwischen Führungskräften und Mitarbeitern installieren. Im Folgenden finden Sie einige Möglichkeiten dazu.

1. Das Prinzip der offenen Tür

In vielen Bibliotheken, in denen die Distanz zur Direktion nicht ganz so groß ist, ist das Prinzip der offenen Tür ein niederschwelliges Angebot an die Mitarbeiter: Sie werden sich trauen, zu ihren Vorgesetzten zu gehen.

Es ist eine einfache Form, mögliche Berührungsängste zur Leitung zu nehmen und interaktive Kommunikation anzubahnen. Mit dem Prinzip der offenen Tür steht an einem Tag im Monat oder in der Woche für zwei Stunden die Tür der Leitung für alle Mitarbeiter offen. Es können nach Wunsch Vier- oder Sechsaugengespräche stattfinden.

Das Angebot kann thematisch offen oder zu einem vorher mitgeteilten Thema bestehen.

2. Small Talk: Das Informelle pflegen

Hier ist weniger von einer Maßnahme die Rede, viel eher von einer Haltung. Manche Führungskräfte müssen sich ein wenig überwinden, auch über Inhalte zu sprechen, die nicht unmittelbar zur Arbeit gehören. Im Vordergrund steht dabei, das grundlegende Interesse an den Menschen, mit denen man arbeitet, auch zu signalisieren. Small Talk kann beispielsweise das Gespräch über die Fußballergebnisse vom Wochenende sein.

Und für alle, die ratlos sind: 8 Small Talk-Tipps

---

1. Wagen Sie den Anfang
„Peinliches" Schweigen entsteht manchmal, weil niemand den Gesprächsbeginn wagt. Anfangs braucht es vielleicht ein bisschen Überwindung, aber mit jeder Überwindung wird man sicherer.

2. Lächeln Sie einladend und freundlich
Beginnen Sie das Gespräch mit einem Lächeln. Ein Lächeln ist ein Eisbrecher, wirkt sympathisch. und ist als Gesprächseinstieg gut geeignet.

3. Haben Sie keine Scheu vor Offensichtlichem
Manche scheuen sich, über etwas Offensichtliches zu sprechen. Aber gerade Belangloses und Offensichtliches ist besonders gut als Gesprächseinstieg geeignet, z. B. „Herrliches Wetter, das wir jetzt schon ein paar Tage haben".

4. Nutzen Sie einfache Small Talk-Themen
„Small talken" lässt sich am besten über die Situation, in der sich beide Gesprächspartner befinden, über den Ort, über die andere Person, also Ihr Gegenüber („Haben Sie ...?") oder über sich selbst („Ich betreibe auch regelmäßig Sport.").

5. Zeigen Sie Interesse
Zeigen Sie Interesse an dem, was Ihnen der Gesprächspartner erzählt. Und Interesse lässt sich am besten vermitteln, indem man Fragen stellt und aufmerksam zuhört.

6. Stellen Sie offene Fragen
Stellen Sie offene Fragen, also solche, die sich nicht einfach mit Ja oder Nein beantworten lassen. Offene Fragen halten ein Gespräch in Gang.

7. Finden Sie Verbindendes

Suchen Sie im Gespräch nach Gemeinsamkeiten. Haben Sie solche gefunden, haben Sie schon gewonnen. Gemeinsamkeiten wie gleiche Interessen sind ideal als Gesprächsthema.

8. Seien Sie ehrlich und authentisch

Ist ein Gesprächspartner nicht ehrlich und wirkt „gekünstelt", merkt das der andere üblicherweise ziemlich schnell. Damit kann man seine Glaubwürdigkeit schnell verspielen. Vermeiden Sie es nach einem etwas gezwungenen Small Talk dann zum Eigentlichen zu kommen, dass sie nämlich vom anderen etwas wollen.

Es gibt Themen, die nicht für einen Small Talk geeignet sind, vor allem dann, wenn Sie Ihr Gegenüber nicht gut kennen:

- Religion
- Politik
- finanzielle Situation
- persönliche Probleme
- Tratsch über nicht anwesende Personen
- Gerüchte

3. Lob und Kritik

Zu Ihren wichtigsten Aufgaben gehört es, Ihre Mitarbeiter zu loben oder zu kritisieren. Damit die Arbeit rund läuft und jeder sich verbessern kann, ist Feedback gefragt. Dazu gehört eine möglichst angstfreie Fehlerkultur. Die hängt wiederum sehr stark vom Führungsverhalten aller Führungskräfte in der Bibliothek ab.

Für die interne Kommunikation kann die Bibliothek für den Teilbereich „Umgang mit Lob" zum Beispiel solche Standards entwickeln:

Lob wird bei uns ausgesprochen.
Vorgesetzte nehmen sich Zeit, um Lob auszusprechen.
Sie sind in der Lage genau zu beschreiben, was sie an einer Arbeitserledigung oder am Verhalten des Mitarbeiters besonders gut fanden.

Man könnte auch von einer Lob- oder Ermutigungskultur sprechen. Es ist schade, wenn Mitarbeiter sich darüber beklagen, dass es für sie schon ein Lob ist, wenn nicht kritisiert wird.

Für das Kritikgespräch gelten die gleichen Bedingungen. Es dient dazu, insgesamt eine Fehlerkultur anzubahnen und aus Fehlern zu lernen. Dazu gehört, dass es nicht zu Gesichtsverlust führt, wenn Fehler angesprochen werden.

Ein Kritikgespräch hat das Ziel, eine Verhaltensänderung des Mitarbeiters zu veranlassen. Es geht dabei immer um die Lösung des Problems, nicht um die Benennung des Problems. Wenn dieser Gedanke das Gespräch leitet, dann ist es für beide Parteien auf eine verbesserte Situation in der Zukunft ausgerichtet, und es muss weniger um Verteidigung oder Rechtfertigung gehen.

Damit Kritik für den Kritisierten annehmbar wird, sollten Sie dabei diese vier Regeln beachten:

---

1. Äußern Sie konkret beobachtetes Verhalten und keine Wertungen oder Mutmaßungen.
2. Führen Sie zunächst die positiven, dann die negativen Verhaltensbeobachtungen an.
3. Äußern Sie die Beobachtungen persönlich und nicht allgemein: „Ich habe beobachtet…" „Mir ist aufgefallen…"
4. Beschreiben Sie nach den Beobachtungen die Folgen, die dieses Verhalten Ihrer Einschätzung nach hat.

Keinen Raum haben Beleidigungen, Verallgemeinerungen oder respektloses Verhalten.

Übung
Sie können sich mit Hilfe dieses Formulars auf ein konkretes Kritikgespräch vorbereiten.

Vorbereitungsbogen für ein Kritikgespräch

Name:

Funktion:

Anlass des Gesprächs:

Datum: Ort:

	Meine Notizen
1. Der Anlass	Was genau habe ich am Verhalten oder Handeln des Mitarbeiters wahrgenommen, das ich nicht in Ordnung finde.
2. Der genaue Sachverhalt	Um welche konkrete Situation geht es? Wie genau, wann genau, auf welche Art und Weise hat der Mitarbeiter sich verhalten? Konkrete Beispiele:
3. Die Auswirkungen	Diese Wirkung hat es auf mich... Diese Folgen hat es für... (das Arbeitsergebnis, die Kollegen, Kunden, die Bibliothek)
4. Die Veränderung	Wie sollte es sein? Bitte ändern!
5. Zukunft	Eine Verbesserung in der Zukunft: ab wann, bis wann...

4. Das jährliche Mitarbeitergespräch

In vielen Unternehmen und Organisationen wurde das jährliche Mitarbeitergespräch mit unterschiedlichen Ergebnissen eingeführt. Zum Teil wurde diese Gesprächsform sehr konsequent und mit positiven Rückmeldungen umgesetzt, zum Teil ist die Umsetzung stockend geschehen oder wurde nicht weiter verfolgt. Die Gründe dafür liegen oft in der mangelnden Konsequenz und Nachhaltigkeit der Einführung.

Wenn es um das Thema des jährlichen Mitarbeitergesprächs geht, dann höre ich oft den Einwand, dass doch ständig miteinander geredet wird. Einige fragen sich, wozu man ein so aufwendiges und künstliches Gespräch einmal im Jahr braucht. Andere begrüßen es, mit ihren Vorgesetzten in aller Ausführlichkeit die eigene Arbeit, Weiterbildungsmöglichkeiten und anderes zu besprechen.

Die Erfahrung hat gezeigt: Da, wo sich die Betroffenen schon gut verstanden haben, verläuft das jährliche Mitarbeitergespräch sehr gut. Zwischen Betroffenen, bei denen es bereits kriselte, verläuft das Gespräch eher schwierig.

Für manche dieser belasteten Beziehungen, hat sich das jährliche Mitarbeitergespräch als neue Chance für die Zusammenarbeit herausgestellt.

Sie finden im Folgenden einige Eckpunkte des jährlichen Mitarbeitergesprächs, und ich weise darauf hin, dass die Einführung ein eigenes Projekt ist, das unter anderem mit dem Personalrat geklärt werden muss. Die Einführung verläuft schrittweise, meist startend mit einer Kick Off Veranstaltung, über Schulungen der Führungskräfte und der Mitarbeiter.

a) Die Kurzbeschreibung: Was ist das jährliche Mitarbeitergespräch?

Das jährliche Mitarbeitergespräch ist ein vertrauliches „Vier-Augen-Gespräch", das regelmäßig einmal im Jahr zwischen Vorgesetzten und Mitarbeitern als gleichberechtigte Partner stattfindet. Es dient der wechselseitigen Rückmeldung über erlebtes und erwünschtes Verhalten und behandelt die jeweiligen Vorstellungen der Sachziele und der persönlichen Ziele.

Das Mitarbeitergespräch ersetzt nicht das Alltagsgespräch, und es ist nicht anlassbezogen. Losgelöst von aktuellen Vorgängen wird es einmal im Jahr geführt und dient der gemeinsamen Bilanzierung der Zusammenarbeit während des letzten Zeitraums. Hierbei steht die vom beiderseitigen Verhalten geprägte Arbeitsbeziehung im Vordergrund.

Das Gespräch behandelt nicht nur Vorgänge in der Vergangenheit, sondern Vorgesetzter und Mitarbeiter können auch Verhaltensweisen verabreden, die die Zusammenarbeit in der Zukunft fördern.

Das jährliche Mitarbeitergespräch wird von Unternehmen und Organisationen in unterschiedlicher Form eingeführt. Wenn eine Bibliothek diese Gesprächsform einführt, muss sie sich möglicherweise an Vorgaben der Stadtverwaltung oder der Hochschulverwaltung halten. Ansonsten gibt es einen Entscheidungsspielraum in der Ausgestaltung.

Deswegen können die Themenschwerpunkte des Gesprächs auch unterschiedlich sein. In der Regel sind dies die Themen des Gesprächs:
- Standortbestimmung
- Zielvereinbarung
- Leistungsfeedback
- Verbesserung der Zusammenarbeit
- Entwicklung und Weiterbildung
- Feedback an die Führungskraft

Informieren Sie sich über verschiedene Formen des Mitarbeitergesprächs:
Winkler, B. u. Hofbauer, H.:
Das Mitarbeitergespräch als
Führungsinstrument, München 2010

Die Themen können einmal jährlich in einem Gespräch bearbeitet werden. Es gibt aber auch die Möglichkeit, die Themen in einzelnen Gesprächen zu behandeln, zum Beispiel im Zielvereinbarungsgespräch oder im Entwicklungsgespräch.

b) Was sind die Ziele des jährlichen Mitarbeitergesprächs?
Im jährlichen Mitarbeitergespräch geht es darum:

- die Führungsverantwortung verstärkt wahrzunehmen.
- die Steuerungskompetenz zu verbessern.
- die Kommunikation und Kooperation zwischen Führungskraft und Mitarbeiter zu optimieren.
- die Eigenständigkeit, Eigenverantwortlichkeit und Arbeitsfreude der Mitarbeiterin zu steigern.
- den Mitarbeiter zu fördern und Entwicklungsmöglichkeiten zu erörtern.

c) Was ist das Besondere am jährlichen Mitarbeitergespräch?
Das jährliche Mitarbeitergespräch ist ein vertrauliches Einzelgespräch zwischen Führungskraft und Mitarbeiter und unterscheidet sich von der Alltagskommunikation durch seinen institutionellen Charakter. Es findet zu einem verabredeten Termin statt, beide Partner bereiten sich darauf vor, und die Ergebnisse werden festgehalten. Dadurch kann leicht der Eindruck eines formalisierten Gesprächs entstehen. Tatsächlich ist es eine Herausforderung für Mitarbeiter und Führungskräfte, ein zwar strukturiertes und ergebnisorientiertes aber nicht zu förmliches Gespräch zu führen.

d) Welche Möglichkeiten hat die Führungskraft?
Im Gespräch hat die Führungskraft die Möglichkeit, ihre Einschätzungen zu verschiedenen Themen zu äußern:

Leistungserwartung:	„Das erwarte ich von Ihnen"
Einschätzung der Arbeit:	„So bewerte ich Ihre Arbeit."
Entwicklung:	„Dahin könnten Sie sich bewegen."
Strategische Ziele:	„Das sind die Ziele der Abteilung, der Bibliothek."
Zusammenarbeit:	„So könnte die Zusammenarbeit (besser) aussehen."

e) Welche Möglichkeiten hat der Mitarbeiter?
Im Gespräch hat der Mitarbeiter die Möglichkeit, der Führungskraft Rückmeldungen zu verschiedenen Themen zu geben:

Führungsstil:	„So erlebe ich Ihren Führungsstil."
Zusammenarbeit mit unmittelbarem Vorgesetzten:	„So sehe ich unsere Zusammenarbeit."
Abteilung:	„So sehe ich die Zusammenarbeit in der Abteilung."
Veränderung:	„Das sind meine Ideen."
Entwicklung:	„Dahin würde ich mich gerne entwickeln, fortbilden."

Um die Vorbereitung auf das Gespräch und die Protokollierung für beide Parteien zu erleichtern, werden meist vorgefertigte Formulare eingesetzt. Die Dokumentation der Ergebnisse wird von beiden Partnern abgezeichnet. Der Verbleib des Protokolls wird unterschiedlich gehandhabt. Meist verbleibt es bis zum nächsten Gespräch bei den beiden Beteiligten und wird anschließend vernichtet. Das Formular über die Vereinbarung von Fortbildungs- und Entwicklungsmaßnahmen geht nach Einverständnis beider Partner an die Personalentwicklung.

Für viele Mitarbeiter ist es wichtig, dass die Protokolle nicht in der Personalakte abgelegt werden.

5.3.3 Die Führungskräfte untereinander

In Seminaren mit Führungskräften des mittleren Managements lässt sich immer wieder beobachten, wie wichtig der kollegiale Austausch der Führungskräfte untereinander ist. Es zeigt sich, dass sowohl über informelle wie über formelle Kanäle oftmals nicht genügend kommuniziert wird. Es fehlt den Führungskräften untereinander an Austausch über Projekte, abteilungsübergreifende Arbeit, über die Strategie der Bibliothek oder über Führungsprobleme.

Welche Möglichkeiten könnten mehr ausgeschöpft werden?

1. Regelmäßige Besprechungen auf der Ebene der Abteilungsleiter oder der Teamleiter.

Wenn eine Bibliothek sich in vielen Veränderungsprojekten neu finden muss, dann kann es schon einmal passieren, dass die Abteilungsleiterrunde sich in Projektgruppen auflöst und nicht mehr stattfindet. Werden die Zeiten wieder etwas entspannter, dann sollte unbedingt drauf geachtet werden, dass die horizontale Kommunikation in Form des Besprechungswesens wieder belebt wird. Näheres zum Thema Besprechungen finden Sie auch in Kapitel 3.

2. Bildung von Peer Groups

Menschen zu führen ist eine Herausforderung, bei der viele Führungskräfte sich alleine gelassen fühlen. Einige berichten in meinen Seminaren zum Beispiel von folgenden Situationen:

– „In meinem Team habe ich eine Mitarbeiterin, die ständig für Unruhe sorgt und die Gruppe spaltet."
– „Ein früher sehr motivierter und fähiger Mitarbeiter arbeitet nur noch lustlos und ist für kein Gespräch empfänglich."
– „Ein Mitarbeiter hält sich konsequent an keine Regeln, trotz mehrmaliger Aufforderungen und Ermahnungen."
– „Eine Mitarbeiterin ist immer dann krank, wenn ich sie um die Erledigung einer Aufgabe gebeten habe."
– „Mein neues Team lässt mich konsequent „auflaufen", in Besprechungen beteiligt sich keiner, und der Flurfunk brodelt."
– „Ich bin seit einem halben Jahr Teamleiter. Ein Kollege und sehr fähiger Mitarbeiter, der sich selbst auch für die Teamleiterstelle beworben hatte, boykottiert jetzt meine Arbeit."

Nicht immer haben Sie die Gelegenheit, solche oder ähnliche Themen mit Ihren nächsten Vorgesetzten zu besprechen.

Gegenseitiges Coaching in Peer Groups kann da Abhilfe schaffen. Hilfreich ist es, wenn die Gruppen in Folge eines Führungstrainings entstehen.

Der Begriff Peer Group stammt aus der amerikanischen Jugendsoziologie und bezeichnete dort eine Gruppe von gleichaltrigen Jugendlichen. Im übertragenen Sinn kann man heute auch eine Bezugsgruppe von Personen so nennen, die sich in einer ähnlichen Situation befinden.

Was können die Ziele solcher Peer Groups sein?
– Persönliche, soziale und strategische Kompetenzen und Fähigkeiten der Teilnehmer entwickeln.
– Aktuelle Situationen und Führungssituationen klären.
– Alltagstaugliche Lösungen erarbeiten.
– Führungswissen und Know-how vertiefen.
– Vernetzung der Teilnehmer untereinander schaffen.

Wie kann es umgesetzt werden?

- Startworkshop, bei der in die Methodik der Peer Groups eingeführt wird
- 4 bis max. 6 Teilnehmer je Gruppe aus einer Bibliothek oder aus anderen Bereichen der Verwaltung
- 6 Termine zu jeweils 4 Stunden über zirka 12 Monate
- Jeweils eine Person bereitet das Treffen vor
- Fallarbeit in der Gruppe/kollegiale Beratung
- Expertenberatung, bei der zu einem oder zwei Treffen Experten hinzugezogen werden können (aus der Personalabteilung, Rechtsberatung...)
- Gruppen-Coaching
- Rollenspiele und weitere Methoden, die erfahrungsbezogenes Lernen unterstützen

Welche Themen können angesprochen werden?

- Rollenklarheit und -flexibilität
- Persönlicher Umgang mit Verantwortung und Macht
- Kommunikation und Konfliktmanagement
- Mitarbeitermotivation
- Loyalität und Zusammenarbeit im Team
- Teamentwicklung
- Kundenorientierung
- Glaubwürdigkeit
- Visionen und langfristige Perspektiven
- Strategische Planungen
- Zeit- und Selbstmanagement
- Ziele setzen und verfolgen
- Werte und Wertemanagement
- Lebensziele und persönliche Karriere- und Lebensplanung

3. Bildung von Führungspatenschaften für junge Führungskräfte

Eine andere Form der Unterstützung bieten Patenschaften. Eine junge oder unerfahrene Führungskraft wird dabei von einer erfahreneren Führungskraft für eine begrenzte Zeit begleitet und beraten. Voraussetzung ist, dass beide aus verschiedenen Abteilungen kommen und keine gemeinsamen Aufgaben haben.

Die Ziele und Themen der Patenschaft können ähnlich denen der Peer Groups sein.

Grundsätze für eine Patenschaft:

Auftragsklärung
Wie viel Zeit wollen wir investieren?
Wie oft und wann treffen wir uns?
Welche Themen sind für uns und für die Bibliothek besonders wichtig?
Welche Ziele wollen wir uns setzen?

Praxis
Damit Entwicklung stattfinden kann, sollte die Patenschaft mindestens über ein Jahr bestehen, und die Treffen sollten mindestens alle sechs Wochen stattfinden, da sich Vertrauen erst mit der Zeit aufbauen lässt. Währenddessen können kleine Arbeitsaufträge und Aufgaben bei der Entwicklung helfen. Durch wertschätzendes Feedback kann der Beratene sein Tun reflektieren.

Vertraulichkeit
Ohne ein hohes Maß an Vertraulichkeit ist es unmöglich, sensible Themen zu bearbeiten. Zudem ist ein Vertrauensaufbau ohne Vertraulichkeit nicht möglich.

Offenheit
Nur wenn der Beratene bereit ist, seine Erfahrungen, Ziele und Wünsche mitzuteilen, und der Pate diese vorurteilsfrei annehmen kann, ist eine Entwicklung möglich.

4. Kurze Informationsveranstaltung für die mittlere Führungsebene

Weniger offiziell als die regelmäßige Besprechung findet diese Veranstaltung fast schon zwischen den Türen statt. Es geht darum, sich gegenseitig in Kurzform über den Stand von Projekten und Entwicklungen zu informieren. Gedacht ist an einen fachlichen Austausch, in dem es nicht um Beschlussfassung geht. Auf keinen Fall soll in vorhersehbarer Reihenfolge jeder ein Statement abgeben. Wichtig ist, dass miteinander geredet wird.

Die Rahmenbedingungen:

- das Treffen findet alle sechs bis acht Wochen statt
- es dauert 1–2 Stunden
- wenig Technik, Powerpoint-Präsentationen im Ausnahmefall, ansonsten Flipchart und Pinnwand
- 2–3 Berichte
- 50 % Vortrag, 50 % Diskussion
- kann im Stehen stattfinden, möglichst nicht in einem der üblichen manchmal zu statisch möblierten Besprechungsräume

5. Workshops für die Führungsebene

„Nie hat man die Zeit, mal in Ruhe miteinander über Zukunftsperspektiven oder interne Entwicklungen zu sprechen." So äußern sich viele Führungskräfte über ihre Möglichkeiten, sich über Visionäres oder Zukünftiges auszutauschen.

Das Alltagsgeschäft ist oft so zeitraubend, dass für diesen wichtigen Austausch keine Zeit bleibt.

In manchen Bibliotheken hat man diesen Mangel erkannt und veranstaltet einmal im Jahr eine Klausurtagung für die Führungsebene. Das kann in großen Bibliotheken auf die Abteilungsleiterebene beschränkt sein. Oder es ist die gesamte Führungsebene einer Bibliothek.

Die Rahmenbedingungen:

- 1–2 tägiger Workshop außerhaus
- extern moderiert
- Ein thematischer Schwerpunkt wird bearbeitet: vom internen Thema „Teamentwicklung" bis zu Themen wie „Strategische Planung".

5.4 Kommunikation als Führungsaufgabe

In den bisher dargestellten Formen der Kommunikation kommt die zentrale Aufgabe der Führungskräfte gegenüber ihren Mitarbeitern zum Ausdruck: die Vermittlung von Sinn. Mitarbeiter wollen wissen, wozu sie ihre Arbeit tun und wohin sie ihre Arbeit führt. Also geht es darum, den Mitarbeitern das nötige Hintergrundwissen zur Verfügung zu stellen, um die Zielrichtung ihrer Arbeit in ihrem Arbeitsumfeld und im Gesamtzusammenhang für die Bibliothek zu vermitteln.

Das ist ein Informations- und Motivationsauftrag. Selbst wenn Mitarbeiter heute per Internet und Intranet oft gut informiert sind, bleibt das Informieren eine Führungsaufgabe. Das hat sicherlich auch mit dem Wunsch von Mitarbeitern nach Kontakt, Bezug und der Bewertung der Information zu tun.

Systematisch angegangen, gilt es zu klären, für welche Informationen Mitarbeiter selber verantwortlich sind (Holschuld) und für welche Informationen die Führungskraft verantwortlich ist (Bringschuld).

5.4.1 Worüber informiere ich als Führungskraft? – die Inhalte

Mitarbeiter klagen besonders darüber, dass Informationen nicht aktuell genug sind oder dass sie den Informationsfluss als unregelmäßig und dadurch nicht zuverlässig erleben.

Die Informationsfelder, die eine Führungskraft gegenüber ihren Mitarbeitern abdecken sollte, sind folgende:

Grundinformationen:	Aufgaben- und Stellenbeschreibung, Verantwortlichkeiten des Mitarbeiters, Abläufe und Regelungen
Arbeitserfolg:	Rückmeldungen über erbrachte Leistungen
Laufende Informationen:	Entscheidungen, Veränderungen, Einflüsse von außen

In den Verantwortungsbereich der Führungskraft gehört es ebenfalls, die Bedeutung der Information für den Mitarbeiter einzuschätzen. Es gilt, nicht nur zu entscheiden, welche Informationen wie mitgeteilt werden, sondern auch, welche Informationen nicht mitgeteilt werden.

Damit bewegen wir uns in einem sensiblen Gebiet. Denn die Führungskraft muss verantwortlich unterscheiden zwischen dem Anspruch nach Transparenz und der Einschätzung, ob manche Informationen zu unerwünschten Reaktionen oder zur Verunsicherung der Mitarbeiter führen könnten.

Je nach Stil der Bibliothek bleibt es aber nicht nur beim Informationsauftrag, sondern es gehört zum kommunikativen Auftrag der Führungskraft, den Austausch mit und zwischen den Mitarbeitern zu gewährleisten. Sie sollte zu folgendem Austausch anregen:

- diskutieren
- nachfragen
- Kritik äußern
- anfragen
- kommentieren
- vorschlagen

Da Kommunikation ein wechselseitiger Beeinflussungsprozess ist, gehört das Sprechen miteinander und nicht nur Sprechen voreinander zu einer der zentralen Aufgaben der Führungskraft.

5.4.2 Wie kommuniziere ich? – Fragen des Stils

Nicht jede Führungskraft bringt von sich aus die Voraussetzungen für eine gelingende zwischenmenschliche Kommunikation mit. Und nicht jede Führungskraft ist in der Lage die vielen Rollen auszufüllen und dabei den jeweils richtigen Ton zu treffen. Als Moderator, Berater, Entscheider, oder entschlossen auftretende Macher braucht es eine Bandbreite an Verhaltensweisen.

Einige der typischen Fehler in der Führungskräftekommunikation finden Sie hier:

a) Neigung zu Proklamationen und Auftritten: Mit großem Auftritt vertritt die Führungskraft Entscheidungen. Appellativ und mit einem Drohszenario verbunden sollen Mitarbeiter bewegt werden.

Problem: Die Mitarbeiter können bei andauernder Dramatik nicht mehr unterscheiden, wann es wirklich ernst ist. Das Drohszenario und der große Auftritt wecken den Widerstand. Tendenziell nehmen Mitarbeiter solche Führungskräfte nicht sehr ernst.

b) Neigung zu defensiver Kommunikation aus dem Hintergrund: Die Führungskraft glaubt, dass sie besser still und aus dem Hintergrund die Fäden in der Hand halten kann.

Problem: Mitarbeiter wünschen sich auch eine Führungskraft, die für sie oder für eine Idee aufsteht. Sie fühlen sich von ihrer Führungskraft dann nicht repräsentiert und vertreten.

c) Neigung zu unfreundlichem, rüdem und beleidigendem Ton gegenüber den Mitarbeitern: Nach dem Motto „Beschimpfe und herrsche" versuchen sich diese Führungskräfte durchzusetzen.

Problem: Die Mitarbeiter werden versuchen, solchen Führungskräften möglichst selten zu begegnen. Wenn Menschen beleidigt werden, sind Motivation und Initiative meist verspielt. Nur wenige Menschen erleben diese Art des Verhaltens als Herausforderung.

d) Neigung zu überfreundlichem Verhalten: Diese Führungskräfte können nicht nein sagen, sie versuchen es allen recht zu machen und keinem auf die Füße zu treten.

Problem: Unangenehme Themen werden nicht ausgesprochen, und die Mitarbeiter verstehen schnell, welche Möglichkeiten sich durch eine zu nachgiebige Führungskraft ergeben.

e) Neigung zu besserwisserischem Verhalten: Solche Führungskräfte meinen, dass sie trotz der Menge an Informationen, die verarbeitet werden müssen, alles selber können und besser wissen müssen. Sie wirken belehrend und können das Wissen ihrer Mitarbeiter nicht wertschätzen.

Problem: Da Entscheidungen meist einsam von der Führungskraft getroffen werden, sind die Mitarbeiter schnell demotiviert und lassen es an Initiative fehlen.

Es ist Voraussetzung für jede Führungstätigkeit, die Fähigkeit zu haben oder zu entwickeln, sich selbst reflektieren zu können. Selbstkritisch sollten Führungskräfte sich beobachten und fragen, ob sie in eine dieser extremen Richtungen tendieren. Auch oder gerade nach vielen Jahren in der Führungsverantwortung ist das besonders wichtig.

Wenn es der Bibliotheksleitung ein Anliegen ist, dass ihre Führungskräfte in der Lage sind, kommunikative Prozesse mit Klarheit, Entschiedenheit und Einfühlsamkeit zu steuern, dann muss sie für deren Qualifikation sorgen.

Welche kommunikativen Fähigkeiten sind gefragt?
1. Sich sprachlich ausdrücken können.
2. Ein Gespräch strukturieren.
3. Feedback sachlich und individuell geben.
4. Mit Entschiedenheit auftreten.
5. Besprechungen ergebnisorientiert zu leiten.
6. Zwischen Mitarbeitern zu vermitteln.
7. Anschaulich und nachvollziehbar zu formulieren.

Neben diesen kommunikativen Fähigkeiten ist auch die Bereitschaft notwendig, sich auf interaktive Kommunikation einzulassen. Stimmt die Grundhaltung, ist Vieles erlernbar. Kommunikative Fähigkeiten lassen sich einüben.

Die Bibliotheksleitung kann dafür die richtigen Voraussetzungen schaffen:

Sie stellt die notwendige Infrastruktur zur Verfügung:

- Intranet Plattform, Blogs
- Orte für Besprechungen
- klassische Medien zum Unterstützung der Kommunikation wie Flipcharts, Pinnwände, Moderationskoffer
- neue Medien zur Unterstützung der Kommunikation wie Tablet Computer, Smartphones

Sie schult ihre Führungskräfte:

- Gesprächsführung
- Teambildung
- Führung
- u. a.

Sie entwickelt mit den Führungskräften gemeinsam:

- ein Führungsleitbild
- Eckpunkte der Unternehmenskultur
- ein Konzept der internen Kommunikation
- Leitlinien des Führens

5.4.3 Womit kommuniziere ich? – Wahl des Mediums

Als Mittel der Kommunikation stehen Ihnen als Führungskraft die drei Ebenen der internen Kommunikation zur Verfügung.

Die drei Ebenen der internen Kommunikation

Print	Digital	Persönlich
Mitarbeiterzeitschrift	Mail	Rede
Rundbrief	Blog	Zweiergespräch
Info am Schwarzen Brett	Intranet	Besprechung
Brief	Wiki	Chef-Befragung
	Newsletter	…
	Chat	
	Video	
	…	

Ein ausgewogener Mix an Kommunikationsformen
wirkt effektiv und motivierend.

Nach welchen Kriterien entscheidet die Führungskraft, welche Form der Kommunikation sie einsetzt?

Für manche Situationen gibt es ganz einfach Notwendigkeiten, die sich zusammen mit dem technisch Möglichen ergeben. So empfiehlt sich zum Beispiel die Videokonferenz mit den Leitungen der Zweigstellen, wenn die Entfernungen groß sind.

Weitere hilfreiche Kriterien können folgende sein:

Kriterium	Form
Beziehung und Beziehungspflege	Das Gespräch direkt oder per Telefon
Information als Einweg-Info	E-Mail, Vortrag
Information als Feedback-Info	Gespräch, Blog, E-Mail
Peer Produktion (Gemeinsames Erstellen von Dokumenten etc.)	Gemeinsames Wiki, andere Dienste zur Erstellung und Bearbeitung von Texten, Tabellen oder Präsentationen
Dringlichkeit	Telefongespräch, E-Mail
Entscheidungsfindung	Besprechung, Gespräch, Abfrage per Mail
Anweisung	Gespräch, E-Mail
Rückmeldung als Lob	Gespräch, E-Mail
Rückmeldung als Kritik	Gespräch

Übung
Prüfen Sie, welche Formen der Kommunikation sie bevorzugt nutzen, und wie zufrieden sie mit diesen Formen sind:

Wie kommunizieren Sie vorwiegend mit Ihren Mitarbeitern?	Wie zufrieden sind Sie mit dieser Form der Kommunikation?		
	Sehr zufrieden	Zufrieden	Nicht zufrieden

Gibt es Formen, mit denen Sie nicht zufrieden sind. Und wenn ja, wie könnten Sie verändern?

_____

_____

_____

_____

_____

_____

_____

5.5 Die persönliche Haltung und Verantwortung

Eine der wichtigsten Fragen, die man sich stellen sollte, wenn man für eine Führungsaufgabe angefragt wird ist: „Bin ich daran interessiert, Menschen zu führen?"

Sie verabschieden sich in dem Moment der Zusage von mancher vertrauter und erfolgreicher Sachaufgabe zugunsten von Mitarbeitergesprächen, Arbeitseinteilungen, Teamsitzungen und Motivations- oder Krisengesprächen.

Es kann Ihnen passieren, dass Sie es mit Verhaltensweisen zu tun haben, die sie absolut kindisch und übertrieben finden. Dennoch müssen Sie bereit sein, sich mit Konflikten genauso zu befassen wie mit der Sacharbeit.

Auch die Entwicklung von Vertrauen und Zutrauen ist eine Führungslektion. Manche Führungskräfte sind unsicher und wissen nicht, wie sie die konkrete Kommunikationssituation mit den Mitarbeitern steuern können. Sie befürchten, dass sie mit offener Kommunikation nur das Ventil für Meckerei und Klagen öffnen.

Damit unterschätzen sie die Fähigkeit vieler Mitarbeiter zum Mitdenken und zur Kreativität. Und sie stellen sich nicht den Fragen oder der Diskussion mit den Mitarbeitern.

Vielen Mitarbeitern ist auch der informelle Kontakt zu ihrem Vorgesetzten sehr wichtig, und die freuen sich durchaus über die Chefin, die durch die Abteilungen geht und sich danach umhört, wo der Schuh drückt oder wie es läuft. Eine Eigenschaft, die von Mitarbeitern bei Führungskräften sehr geschätzt wird, ist dementsprechend auch das Zuhören.

Auch bei der Informationsweitergabe hadern manche Führungskräfte, und Mitarbeiter fühlen sich nicht genügend informiert.

Was könnte Führungskräfte daran hindern, Informationen weiterzugeben?

– Angst davor, Wissen preiszugeben
– Zeitmangel
– Persönlich hemmende Einstellung (Statusdenken, Machtstreben)
– Eigenes Minderwertigkeitsgefühl
– Kontaktscheue
– Mängel am Informationssystem

Nicht jeder ist in eine Führungsposition gekommen, um Menschen zu führen. Für manche ist der Wechsel von der Sacharbeit hin zur organisatorischen Arbeit und Menschenführung ein sehr großer Schritt. Und erst nach und nach wird einigen klar, dass Führung von ihnen eine ganz andere Art der Präsenz erfordert. Sie müssen sich ihrer Rolle als Kommunikator bewusst sein und die Kommunikation nicht dem Zufall überlassen.

Übung
Prüfen Sie, wie hoch ihr Aufwand für kommunikative Aufgaben ist.

1. Wie viele Mitarbeiter führen Sie?

_____

_____

_____

2. Wie viel Prozent Ihrer Arbeitszeit verbringen Sie mit direkten Führungsaufgaben (anweisen, besprechen, fördern, kritisieren, …)

_____

_____

3. Wie ist Ihre Haltung zu diesen Führungsaufgaben:	Ja	nein
Ich führe gerne.	☐	☐
Ich muss mich selber dazu zwingen, tue es aber.	☐	☐
Ich würde mich lieber mit der Sach- und Facharbeit beschäftigen.	☐	☐
Ich weiche so oft es geht diesen Führungsaufgaben aus.	☐	☐

4. Welche Folgen hat Ihre Haltung zum Thema Führen für Ihre Abteilung, Ihr Team?

_____

_____

_____

_____

5. Was würden Sie gerne ändern?

_____

_____

_____

_____

6. Was würden Sie gerne beibehalten?

_____

_____

_____

_____

5.6 Plädoyer für den Dialog

Man kann den Dialog zwischen Menschen philosophisch mit Martin Buber betrachten, der betonte, dass der Mensch erst zum Ich wird im Kontakt mit einem anderen, oder man schaut auf den Sinn- oder Erkenntnisgewinn im Dialog.

Nach diesem Verständnis beginnt ein Mensch einen Dialog mit einem anderen als bewusst Handelnder, also absichtsvoll. Und im Dialog mit dem anderen entsteht aus dem gemeinsamen Handeln Sinn. Da kann es sein, dass zu Beginn des Gesprächs noch große Unklarheit über die Inhalte besteht. Erst im Gespräch entwickelt sich prozesshaft neue Erkenntnis. Das kennen sicher viele aus Arbeitsgesprächen, die mit einer Problemstellung beginnen, und in denen sich auf einmal eine Lösung abzeichnet, die vorher noch nicht ansatzweise zu erkennen war.

Der Sprechwissenschaftler Helmut Geißner sagt dazu: „Sinn lässt sich nur verstehen als im kommunikativen Prozess gemeinsam erzeugte Prozessqualität." (Helmut Geißner: Sprecherziehung. Didaktik und Methodik der mündlichen Kommunikation. Frankfurt 1986, S.12) Damit ist Sinn im Gespräch etwas, das entsteht und nicht vorausgesetzt ist.

Sie haben sicher schon fruchtbare Dialoge erlebt, in denen sich erst durch das ergänzende oder sich widersprechende Sprechen des anderen, eine neue Qualität oder eine neue Erkenntnis gezeigt hat.

Erst durch den Sprecherwechsel, durch Nachfragen, Feedback, Ergänzungen, Fragestellen oder Zustimmen lässt sich im Gespräch sicherstellen, dass wir uns verstanden haben, dass wir ein gemeinsames Sinnverständnis haben.

Der beste Weg, Missverständnisse zu verhindern ist das direkte Gespräch, in dem durch Körpersprache, sprachliche, sprecherische und stimmliche Zeichen die Verständigung unterstützt wird.

Sie kennen sicher Situationen, in denen sie, statt noch eine Mail zu verfassen dann doch lieber zum Telefonhörer gegriffen haben oder mal eben zur Kollegin rübergegangen sind. Von Angesicht zu Angesicht lassen sich manche Dinge direkter und zeitsparender klären.

Zumal auch der menschliche Kontakt, der damit einher geht, für die meisten ein wichtiger Motivationsfaktor bei der Arbeit ist.

„Ich werdend spreche ich du."
(Buber: Das dialogische Prinzip, Heidelberg 1984).

5.7 Vertiefung

Zur Vertiefung des Themas schlage ich Ihnen vor, die folgenden Fragen zu beantworten.

Welche Inhalte dieses Kapitels zum Thema Führungskommunikation haben mich in meiner Haltung bestätigt?

Welche neuen Ideen und Anregungen für die Kommunikation möchte ich gerne umsetzen oder ausprobieren?

_____

_____

_____

_____

_____

_____

Welchem Widerstand könnte ich begegnen?

_____

_____

_____

_____

_____

Wo sind Verbündete?

_____

_____

_____

_____

_____

6 Interne Kommunikation und Konfliktmanagement

6.1 Ein Beispiel

Frau Peters erlebt heute wieder eine dieser Situationen, die sich häufen seitdem die Bibliothek eine neue Leitung hat. In der Besprechung auf der Abteilungsleiterebene, die gerade eben stattgefunden hat, verkündete die neue Leitung, dass es in Zukunft eine neue Abteilungsstruktur geben wird. Dabei werden zwei Abteilungen zusammengefasst und außerdem entsteht eine ganz neue Abteilung im IT-Bereich.

Eigentlich findet sie die Entscheidung ganz vernünftig. Die Arbeit hat sich stark verlagert, und die Bibliothek muss ihre Strukturen den neuen Bedingungen anpassen. Aber sie ist, wie alle anderen Kollegen, von der Neuigkeit überrascht worden. Genau so hat die Arbeit der neuen Leitung begonnen. Wenn jemand Bedenken äußerte, wurde der Ton auch schon mal ruppiger. Die Worte „Es gibt auch noch andere Aufgaben für Sie hier", fielen in einem solchen Gespräch ebenfalls das eine oder andere Mal. Das hatte zur Folge, dass Bedenken nicht mehr offen geäußert wurden, sich dafür aber stiller Widerstand geregt hat. In den letzten sechs Monaten hat sich in der Folge die gesamte nachgeordnete Leitungsebene gegen die neue Leitung zusammengetan.

Sie hört das Gespräch eines der Abteilungsleiter mit einem seiner Mitarbeiter:

Mitarbeiter: Hallo Herr Franke, was gibt's denn Neues vom Jour Fixe? Wieder mal ne Bombe geplatzt?

Abteilungsleiter: Ach Herr Beier, eigentlich darf ich ja noch gar nicht drüber sprechen, aber der neue Zerberus muss ja unbedingt fürs eigene Renommee alles hier durcheinander bringen. Kein Stein bleibt auf dem anderen, und die Abteilungsstruktur wird sich völlig verändern. Als hätten wir nichts anderes zu tun. Da überleg ich mir noch, ob ich mir nicht was anderes suche. Die Kollegen sehen das alle ähnlich.

Mitarbeiter: Na das sind ja schöne Aussichten. Bleibt denn unsere Abteilung bestehen, oder müssen wir auch zittern?

Abteilungsleiter: Da ist das letzte Wort noch nicht gesprochen. Mal gespannt wie er das durchsetzen will. Von den Abteilungsleitern hat er auf jeden Fall nicht viel Unterstützung zu erwarten.

Die Stimmung in der ganzen Bibliothek ist geprägt durch den Konflikt zwischen der Leitung und den Abteilungsleitern. Das hat nun schon jeder Mitarbeiter mitbekommen. Die Gerüchteküche brodelt. Frau Peters hat von den anderen Abteilungsleitern bereits gehört, dass sie sich über die Leitung beschweren wollen. Sie halten die Situation für untragbar.

Damit ist eine Konfliktsituation entstanden, die zu eskalieren droht.

Frau Peters nimmt verschiedene Phänomene wahr:
1. Der Leitungskonflikt hat massive Auswirkungen auf die gesamte Kommunikation innerhalb der Bibliothek.
2. Der Konflikt hat sich stark ausgeweitet durch Gerüchte und unklare Informationen.
3. Es sind zwei Konfliktparteien entstanden: Die Leitung gegen die Gruppe der Abteilungsleiter der Bibliothek.
4. Meinungen, Bedenken oder Argumente werden nicht mehr offen geäußert.

6.2 Konfliktdimensionen

Konflikte werden von den meisten Menschen als Belastung empfunden. Bei Konflikten in Organisationen nehmen dabei Zufriedenheit und Arbeitsleistung stark ab. Beobachtet man zum Beispiel parallel arbeitende Arbeitsgruppen in Seminaren, so ist schnell erkennbar, dass die Leistung in der Gruppe, in der es zu Konflikten kommt, deutlich geringer als die in den konfliktfrei arbeitenden Gruppen ist. Die Stimmung wird schlechter, und die Motivation zu Ergebnissen zu kommen, lässt nach.

Da Konflikte oftmals die Folge von Missverständnissen oder mangelnder Kommunikation sind, sind sie auch eng verknüpft mit der internen Kommunikation.

Konflikte können da entstehen, wo Menschen zusammen arbeiten, sie sind Teil von sozialer Interaktion. Es stellt sich nur die Frage, wie man mit ihnen so umgehen kann, dass sie als weniger belastend empfunden werden, und dass die erfolgreiche Bewältigung eines Konfliktes das Gesamtgefüge und die Zusammenarbeit stärkt. Zu einer lernenden Organisation gehören auch Konflikte und ihre Bewältigung.

Konflikte in Organisationen können zwischen einzelnen Personen, zwischen Teams oder Abteilungen oder auch zwischen den Hierarchieebenen entstehen. Niemand schätzt diese offen ausgetragenen oder verdeckt schwelenden Konflikte. Sie sind nervenaufreibend und kräftezehrend. Oft wird unterschätzt, dass sie für eine Organisation auch gravierende wirtschaftliche Nachteile haben können. Die Motivation der Mitarbeiter sinkt, die Zusammenarbeit leidet, der Krankenstand erhöht sich, und die schlechte Stimmung führt zu schlechteren Arbeitsergebnissen.

Keine Organisation mag gerne eingestehen, dass es Konflikte gibt, und dass sich diese Konflikte auf die Arbeit auswirken. Da scheint es immer noch ein verschämtes Wegschauen zu geben. Dabei sind Konflikte im Arbeitstag alltäglich und es geht darum, sie wahrzunehmen und auch zu nutzen.

Um zu verstehen, wieso Konflikte entstehen, ist es lohnenswert, sich die Ursachen für das Entstehen von Konflikten anzuschauen.

Konfliktpotenzial in Organisationen entsteht durch:

die Organisation	die Organisationsmitglieder
– Wettbewerb – begrenzte Entscheidungsfunktionen – knappe Ressourcen – vorgegebene Strukturen – die Veränderung von Strukturen – Regeln und Verfahren der Arbeitserledigung – Ämterhierarchie	– Persönlichkeitsstrukturen – Motivation – Zusammentreffen der verschiedenen Persönlichkeiten
= Strukturindizierte Konflikte	= Verhaltensinduzierte Konflikte

Die Mitglieder einer Organisation bringen ihre persönlichen Eigenschaften und Persönlichkeitsmerkmale mit. Und jedes Mitglied muss sich an die vorgegebenen Strukturen der Organisation anpassen. Sowohl das Zusammentreffen unterschiedlicher Persönlichkeiten, wie auch die Notwendigkeit, sich an Strukturen anzupassen bergen Konfliktpotenzial.

Der Begriff „Konflikt" wird mit verschiedenen Emotionen verbunden, die auch schon etwas über den Umgang Einzelner mit Konflikten aussagen. Für manche ist ein Konflikt eine Herausforderung, für andere ist schon der Begriff angstbesetzt.

Die Assoziationen, die auf Nachfrage zum Begriff Konflikt in einem Seminar auf-tauchen sind folgende positiv, negativ oder neutral belegte Begriffe:

Positiv belegt	Negativ belegt	Neutral belegt
– Lösung	– Aggression	– Missverständnis
– Kompromiss	– Eskalation	– Gewichtung
– Vorankommen	– Unausgesprochene Konflikte	– Zeitfenster
– Sachlichkeit	– Unsachlichkeit	– Sichtweise
– Loslassen	– Schuld	– Kommunikation
– Toleranz	– Falsche Erwartungen	
	– Machtlosigkeit	
	– Sinnlosigkeit	
	– Unverständnis	
	– Ungeduld	
	– Verschlossenheit	
	– Nerven verlieren	
	– Verletzlichkeit	
	– Keine Lösung	
	– Gefühle wie Wut	
	– Antipathie	

Ob einer der Begriffe positiv oder negativ belegt ist, hängt ganz von der individuellen Betrachtungsweise ab und davon, welche Erfahrungen der Einzelne mit dem Thema Konflikt gemacht hat. In vielen Seminaren, in denen ich die Frage nach Assoziationen zum Begriff „Konflikt" gestellt habe, trat eine Häufung der negativ belegten Begriffe auf. Am seltensten wurden neutral belegte Begriffe genannt. Eins kann man sicher sagen: Konflikte lassen keinen kalt.

Die Haltung zum Konflikt wirkt sich wiederum stark auf die eigenen Bewälti-gungsstrategien aus (nach Berkel: Konflikttraining; S. 9).

Die Wahrnehmung:	Erkenne ich rechtzeitig, wo sich ein Konflikt abzeichnet, oder verleugne oder verdränge ich die Signale?
Die Gefühlslage:	Reagiere ich auf Konflikte ängstlich und hilflos, oder stelle ich mich ihnen mutig und entschlossen?
Das Verhalten:	Gehe ich einen Konflikt aktiv, offen und kooperativ an, oder weiche ich ihm aus, wehre ihn ab, reagiere aggressiv?

Aus der inneren Haltung entsteht im Rahmen des Konfliktgeschehens ein sich selbst verstärkender Kreislauf: Gehe ich ängstlich und mit großen Bedenken in die Ausein-andersetzung und bestätigen sich meine Bedenken, so ist das prägend für die nächste Konfliktsituation. Erst eine neue Erfahrung durchbricht diesen Kreislauf der Selbst-verstärkung.

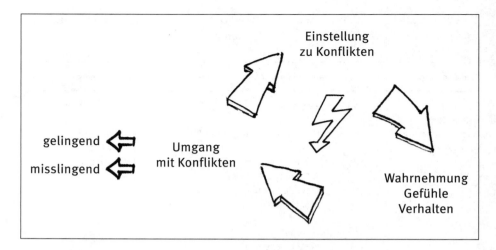

Abbildung 20: Kreislauf der Konfliktbewältigung.

Ähnlich wie beim Begriff „Mobbing" sollte man sicher auch mit dem Begriff „Konflikt" nicht inflationär umgehen. Darum ist es wichtig, klar zu unterscheiden, was kein Konflikt ist. Manche Menschen glauben, dass sie einen Konflikt mit jemandem haben, wenn sie unterschiedlicher Meinung sind. Doch nicht jede Situation, in der Menschen mit unterschiedlichen Interessen oder Meinungen aufeinander treffen, entwickelt sich zu einem Konflikt. Die Abgrenzung von den sogenannten Scheinkonflikten ist von Bedeutung. Scheinkonflikte sind:

1. Missverständnisse durch Kommunikationsstörungen: Lautliche, sprachliche oder gestische Missverständnisse, die schnell aus dem Weg geräumt werden können.
2. Eine Meinungsverschiedenheit: Argumente werden ausgetauscht, man überzeugt den anderen, wird überzeugt oder bleibt unterschiedlicher Meinung, ohne dass sich daraus ein Konflikt entwickelt.
3. Zu lösende Probleme: Probleme werden besprochen und miteinander gelöst.
4. Verhandlungen: Ein Preis wird ausgehandelt, oder es wird um eine knappe Ressource verhandelt. Die Interessenslage kann sehr unterschiedlich sein. Die Verhandlung kann auf eine Win-Win-Situation hinauslaufen oder sich durch die Benachteiligung einer Partei zum Konflikt entwickeln.
5. Wettbewerb und Konkurrenz: Parteien treten in den Wettstreit um eine Position. Das kann bei Fair Play ohne Konfliktpotenzial verlaufen.

6.3 Konflikttheorien

6.3.1 Was ist ein Konflikt?

Wenn ein Mensch sich in einer Konfliktsituation befindet, dann kann er den Gefühlszustand gut beschreiben. Im Konflikt ist die emotionale Beteiligung hoch, er geht den beteiligten Personen nah.

Mit etwas Reflexionsfähigkeit kann er auch noch beschreiben, ob er den Konflikt mit sich selbst hat, indem er zum Beispiel zwischen zwei Lösungen entscheiden muss oder ob er damit hadert, wie er sich verhalten soll. Solche Konflikte werden auch intrapsychische Konflikte genannt. Sie bewegen sich in der Person selbst.

Er kann auch noch unterscheiden, ob es die Beteiligung einer anderen Person gibt, durch die er sich in seinem Handeln beeinträchtigt fühlt. Dann bewegt er sich auf der Ebenen der zwischenmenschlichen Konflikte, die auch interpsychische Konflikte genannt werden. Diese wiederum können zwischen zwei Personen, aber auch zwischen Gruppen entstehen.

Als dritte Variante kann er noch unterscheiden, ob er den Konflikt mit einer Person oder eher mit einer Organisation, also der Umwelt hat. Dann steht eine Person vielleicht nur stellvertretend für die Regeln einer Organisation, mit denen er nicht einverstanden ist, und wir bewegen uns in einem extrapsychischen Konflikt.

Kurz zusammengefasst:

Intrapsychischer Konflikt	Konflikte im Inneren der Person
Interpsychischer Konflikt	Konflikte mit anderen (Personen oder Gruppen)
Extrapsychischer Konflikt	Konflikte mit der Umwelt

Bei den Gruppenkonflikten lässt sich weiterhin unterscheiden zwischen Konflikten, die sich innerhalb einer Gruppe entwickeln (Intra-System) und Konflikten, die sich zwischen der Gruppe und dem Vorgesetzten oder anderen Gruppen entwickeln können (Inter-System).

Für die Konflikte, die sich zwischen Menschen oder Gruppen entwickeln können, hat der Konfliktforscher Friedrich Glasl eine Definition entwickelt:

Ein Sozialer Konflikt ist eine Interaktion

– zwischen Aktoren (Individuen, Gruppen, Organisationen),
– wobei wenigstens ein Aktor
– Unvereinbarkeiten
    im Denken, Vorstellen, Wahrnehmen
        und/oder Fühlen
            und/oder Wollen
– mit dem anderen Aktor (den anderen Aktoren) in der Art erlebt,
– dass im Realisieren eine Beeinträchtigung
– durch einen Aktor erfolge.

Für das Vorhandensein des Konfliktes reicht es auch, wenn nur einer der beiden Kontrahenten das Gefühl einer Beeinträchtigung, also eines Konfliktes hat. Der andere kann davon völlig unberührt sei, oder es gar nicht wahrnehmen.

6.3.2 Konflikte verstehen: die Einteilung von Konflikten

Es gibt verschiedene Ansätze, Konflikte zu verstehen. Um Übersicht über ein emotionales Thema zu bekommen, ist die Einteilung und Beschreibung hilfreich. So kann man einen Konflikt ausgehend von seinem Streitgegenstand, von seiner Erscheinungsform oder von den Persönlichkeitsmerkmalen seiner Partner betrachten:

a) Der Streitgegenstand: Worum geht es?
b) Die Erscheinungsform: Wie wird gestritten? Wird überhaupt gestritten?
c) Die Persönlichkeitsmerkmale der Konfliktpartner: Wer ist in welcher Art beteiligt?

Für die spätere Lösung des Konfliktes ist es hilfreich, den Konflikt zu analysieren, um schon erste Strategien zur Bewältigung zu erkennen. In Anlehnung an Regnet (Regnet, E.: Konflikt und Kooperation, S. 7) finden Sie hier eine Tabelle zur Klassifikation von Konflikten nach den genannten Merkmalen:

Streitgegenstand	Erscheinungsform	Persönlichkeitsmerkmale der Konfliktpartner
Wert- und Zielkonflikt: Die Beteiligte haben unterschiedliche Werte (z.B. Freizeitorientierung versus beruflicher Ehrgeiz) oder Ziele (z.B. Controlling-Abteilung versus Marketing).	**„Echter" oder „Verschobener" Konflikt:** Wird der Streitpunkt offen angesprochen oder hinsichtlich des Themas, bzw. des Gegners verschoben?	**Konfliktbereitschaft und Konfliktfähigkeit** als persönliche Verhaltensdisposition: Versucht jemand Konflikte eher zu vermeiden oder werden sie direkt angesprochen?
Bewertungskonflikt: Der Nutzen eines Vorgehens wird unterschiedlich eingeschätzt, dies hängt u. U. auch mit einem unterschiedlichen Wissensstand zusammen.	**Latenter oder manifester Konflikt:** Ist der Konflikt bereits bewusst, virulent oder noch verborgen (= latent)?	**Konfliktpotenzial fördernde Persönlichkeitseigenschaften:** – Machstreben – Dominanz – Aggressivität – Unausgeglichenheit – Misstrauen/Vertrauen – Ambiguitätstoleranz (das Aushalten von Widersprüchlichkeit)
Verteilungskonflikt: Wer erhält die knappen Ressourcen, das begehrte Projekt, die Leitungsfunktion?	**Heiße oder kalte Austragung:** Läuft die Auseinandersetzung unter starker emotionaler Beteiligung oder formalisiert und indirekt (kalt) ab?	**Laufen die Konflikte symmetrisch,** d.h. auf gleicher Ebene (sogenannte laterale Konflikte) **oder asymmetrisch** zwischen verschiedenen hierarchischen Ebenen ab?
Beziehungskonflikt: Die Ursachen liegen in der Unvereinbarkeit der Persönlichkeiten, Antipathie.	**Erreichter Eskalationsgrad:** Werden noch kooperative win-win-Strategien verfolgt oder bereits Gewinner-Verlierer-Strategien, oder geht es bereits darum, dem anderen zu schaden?	

6.3.3 Woran erkennen Sie einen Konflikt?

Sie merken schnell, ob es sich bei einer Auseinandersetzung mit einem anderen um einen Konflikt oder vielleicht nur eine Meinungsverschiedenheit handelt. Zum einen ist Ihre emotionale Beteiligung sicherlich ein Hinweis, zum anderen verändert sich das kommunikative Verhalten, die Körpersprache und Sprache.

Merkmale, die auf einen Konflikt hindeuten, sind folgende:
1. Es wird verzerrt, irreführend kommuniziert, bewusst getäuscht.
2. Es wird viel schärfer wahrgenommen, was trennt, worin man verschieden, ja unvereinbar ist.
3. Es herrschen Misstrauen, Argwohn und offene Feinseligkeit.
4. Es arbeitet jeder für sich bzw. versucht, dem anderen sein Vorgehen aufzuzwingen.

Diese vier Merkmale ergänzen sich zum Konfliktsyndrom. Wenn in einer Beziehung oder Gruppe ein Merkmal auftritt, zieht es über kurz oder lang auch die anderen Symptome nach sich.

Friedrich Glasl spricht von der Eskalationstendenz von Konflikten. Zur Eskalation in Konflikten kommt es, wenn zu keinem Zeitpunkt des Konfliktes die Parteien zu einer konstruktiven Bewältigung bereit sind. In frühen Phasen von Konflikten, wenn es noch nicht zu verhärteten Standpunkten gekommen ist, sind viele Konflikte noch leichter zu bewältigen. Hat man diesen Moment verpasst, dann kann er sich weiter ausweiten.

Auch Zeitdruck, Stress und hoher Arbeitsdruck können zu einer Verschärfung führen. Die Verschärfung ist nach außen sichtbar durch immer emotionalere Austragungsformen wie Streit, auflaufen lassen, nur noch schriftliche Kommunikation, Intrigen oder das Vorenthalten von Informationen. Man kann sich vorstellen, dass der Weg zu einer gütlichen Einigung jetzt immer schwerer wird.

In Glasls Modell der Eskalation von Konflikten, gibt es drei Schwellen, die überschritten werden:

Schwelle 1: Beide können noch gewinnen.
Schwelle 2: Nur noch einer kann gewinnen.
Schwelle 3: Beide verlieren, der Schaden des anderen ist das Ziel.

Die jeweils nächste höhere Stufe in der Eskalation wird erreicht, wenn sich der Konflikt nicht löst, oder wenn neue Verhaltensweisen der Beteiligten auftreten.

Der Ablauf der Konflikteskalation nach Glasl (nach Regnet, S. 57):

Wahrnehmungs- und Handlungsmuster
Konfliktintervention

Hauptphase 1 Gewinner-Gewinner-Strategie
Schwelle 1: Beide können noch gewinnen.

1. Stufe **Verhärtung**	Beidseitige Kooperationsbemühungen, nur gelegentlich Spannungen und Reibungen, die die eigene Position verbessern sollen. Erste Verhärtungen und Vorbehalte entstehen. Gemeinsames Handeln und Zusammenarbeit werden nicht in Frage gestellt.
2. Stufe **Debatte, Polemik**	Polarisierung im Denken und Fühlen, man will die eigene Sicht durchsetzen und argumentiert, um den anderen in die Enge zu treiben. Kaum noch inhaltliches Eingehen auf die Argumente der anderen Partei, es geht darum, „Recht zu haben".
3. Stufe **Taten statt Worte**	Da Diskussionen zu nichts geführt haben, folgt nun die Eskalation durch Taten. Neu ist, dass es nun nicht mehr nur um die Durchsetzung der eigenen Ziele geht, sondern darum, die der anderen Partei zu verhindern. Es werden Tatsachen geschaffen. Die Einfühlung in die Haltung des andern ist kaum noch möglich.

Hauptphase 2: Gewinner-Verlierer-Strategie
Schwelle 2: Nur noch einer kann gewinnen.

4. Stufe **Images und** **Koalitionen**	Das jeweilige Feindbild der Gegenseite festigt sich, gegenteilige Aussagen werden nicht mehr als Korrektur des Bildes genutzt. Nur noch bestätigende Erfahrungen werden wahrgenommen. Es wird gezielt provoziert, um die eigene Meinung dann bestätigt zu finden. Anhänger der eigenen Position werden gesucht, so dass sich der Konflikt ausweitet.

Wahrnehmungs- und Handlungsmuster	Konfliktintervention

Hauptphase 2: Gewinner-Verlierer-Strategie
Schwelle 2: Nur noch einer kann gewinnen.

5. Stufe **Gesichtsverlust**	Vertrauen ist nicht mehr vorhanden, man glaubt, die wahren destruktiven Absichten der Gegenpartei erkannt zu haben. Es kann zu öffentlichen, direkten Angriffen und Schlägen unter der Gürtellinie kommen. Man erwartet nichts Gutes mehr vom anderen, Kompromisse werden nicht mehr akzeptiert. Rückwirkend wird das Verhalten des anderen unter diesem Eindruck interpretiert. Der andere soll vor den anderen sein Gesicht verlieren und seine Glaubwürdigkeit einbüßen.
6. Stufe **Drohstrategien**	Die andere Partei soll durch Drohungen zum Nachgeben gezwungen werden. Jeder strebt danach, die Gegenseite zu kontrollieren und zu besiegen. Die Lösung des Sachproblems ist inzwischen unwichtig geworden.

Hauptphase 3: Verlierer-Verlierer-Strategie
Schwelle 3: Beide verlieren, der Schaden des anderen ist das Ziel.

7. Stufe **Begrenzte** **Vernichtungsschläge**	Drohungen werden in Taten umgesetzt. Man versucht, sich zu schützen, indem man die „Waffen" des Gegners zerstört.
8. Stufe **Zersplitterung des** **Feindes**	Es geht nun immer massiver darum, dem anderen zu schaden: Gezielte Angriffe auf das Nervensystem des anderen.
9. Stufe **Gemeinsam in den** **Abgrund**	Es gibt keinen Weg zurück mehr. Wenn der Preis der Vernichtung des anderen die eigene Vernichtung ist, dann wird der Preis in Kauf genommen.

Die letzten Phasen der Eskalation ab Hauptphase 3 treten in Organisationen selten auf, da der Konflikt vorher autoritär gelöst wird.

Für den Umgang mit Konflikten ist es wichtig, zu erkennen, in welcher Phase die Konfliktparteien noch selber in der Lage sind, den Konflikt zu bewältigen. Ab Phase 4, spätestens ab Phase 6 können die Beteiligten die Konfliktsituation nicht mehr ohne externe Hilfe lösen.

Beispiel:
In der Abteilung gibt es einen neuen Teamleiter. Eine Mitarbeiterin, die vorher kommissarisch die Teamleitung inne hatte, torpediert jede Entscheidung des neuen Teamleiters. Das tut sie so lautstark, so dass bald jeder von der Fehde weiß.
Die Vorgesetzte stärkt dem Teamleiter den Rücken und bittet beide, sich gütlich zu einigen. Zu einer Einigung kommen beide nicht. Andere Mitarbeiter haben mittlerweile Partei ergriffen und diese Ausweitung verschärft den Konflikt. Es machen Gerüchte über jeweilige Verhaltensweisen die Runde. Nachdem es schon mehrere Vermittlungsgespräche gegeben hat, und die Situation weiter eskaliert, spricht die Vorgesetzte ein Machtwort und entscheidet, dass die Mitarbeiterin das Team verlässt.

Kommt es zu einer Eskalation und keine konstruktive Lösung in Sicht ist, dann werden viele Konflikte, wie in unserem Beispiel, durch das Machtwort einer Führungskraft gelöst. Wenn die Führungskraft erkannt hat, dass es keine Bereitschaft zu einem konstruktiven Umgang mit dem Konflikt gibt, dann entscheidet sie.

Die Androhung eines Machtwortes kann in manchen Konfliktsituationen die beiden Konfliktparteien auch wieder in Bewegung bringen. Voraussetzung dafür ist eine konsequente Haltung der Führungskraft. Sie muss sich mit allen Konsequenzen der Entscheidung vorher auseinandergesetzt haben.

6.3.4 Schwelende Konflikte

Für die Bedrohlichkeit eines unterschwelligen Konfliktes, gibt es viele Metaphern: der Konflikt schwelt, glimmt, brodelt, ist neu aufgeflammt, wird geschürt oder angefacht. Die Feuermetaphorik zeigt den Charakter solcher Konflikte. Offenbar ist genügend schwelendes Potenzial vorhanden, der Ausbruch steht noch bevor.

Oft wird von außen schon das Konfliktpotenzial gesehen und gespürt, auch wenn es die Beteiligten noch nicht realisiert haben. So kann es sich bei einem schwelenden Konflikt entweder um eine Situation handeln, bei der den Beteiligten der Gegensatz noch nicht bewusst ist, bzw. erst allmählich bewusst wird. Oder es ist eine Situation, bei der das Konfliktpotenzial noch nicht in Handlung umgesetzt wurde.

Beispielsweise sprechen Mitarbeiter den Konflikt mit ihren Vorgesetzten nicht an, weil sie sich vor möglichen Konsequenzen fürchten. Also wird geschwiegen auf die Gefahr hin, dass der Vorgesetzte das Schweigen völlig anders interpretiert. Er hält das Schweigen für Unwilligkeit, Schüchternheit, oder das Unvermögen zu kommunizieren. Der Konflikt schwelt so immer weiter.

Einige Symptome für einen schwelenden Konflikt:
- Beteiligte sind ungeduldig miteinander
- Ideen werden schnell angegriffen
- Beteiligte beharren auf Standpunkten
- Vorschläge des anderen werden nicht akzeptiert
- Aggressiver Unterton
- Ironische Bemerkungen übereinander
- Abfällige Körpersprache und Blicke
- Beteiligte beklagen, dass sie den anderen nicht verstehen
- Beiträge des anderen werden verdreht dargestellt
- Subtile Angriffe

Das Risiko schwelender Konflikte liegt darin, dass sie dauerhaft die Zusammenarbeit gefährden und keine Aussicht auf Lösung besteht, da sie nicht angesprochen werden.

6.3.5 Die dysfunktionale Wirkung von Konflikten

Wenn es zu keinem konstruktiven Umgang mit Konflikten kommt, dann können die Folgen von Konflikten für eine Organisation teuer sein. Typisches Verhalten von Menschen in Organisationen, wenn Konflikte unbewältigt bleiben sind Ängste, Rückzug, Krankheit oder ein hohes Aggressionspotenzial.

Mögliche Folgen:
- das Ausscheiden von Mitarbeitern
- hoher Krankenstand
- hoher Energieeinsatz für das Austragen der Konflikte
- hoher Gruppendruck, dadurch Spaltungstendenzen

– Gefährdung der Geheimhaltung von Interna
– Identitätsverlust mit der Organisation
– Absinken der Leistungsmotivation
– Durchsetzen des Stärkeren

Auch die Langzeitfolgen solcher Konflikte sind nicht zu unterschätzen. Selbst nach einigen Jahren hält sich in manchen Abteilungen hartnäckig der Glaube daran, dass Auseinandersetzungen immer negative Folgen haben, so dass sich keine Streitkultur entwickeln kann.

Zu beobachten sind dann Phänomene wie Überkonformität, Schweigen, Dienst nach Vorschrift und eine stark angestiegene Gerüchtekultur.

6.3.6 Die Chance im Konflikt

Konflikte weisen aber nicht nur negative oder destruktive Aspekte auf, sondern sie können auch positive Auswirkungen haben.

Wandel betrifft alle gesellschaftlichen Gruppen und Unternehmen, so auch Bibliotheken. Wandel wiederum ist ohne Auseinandersetzungen, ohne Konflikte nicht denkbar. Interessengegensätze müssen ausgehandelt werden, es prallen Lebensanschauungen und Persönlichkeiten aufeinander.

Aus dieser Auseinandersetzung kann Neues entstehen, können Organisationen zusammenwachsen. Konfliktbewältigung lässt sich somit als einen Kompetenzzuwachs betrachten.

So kann ein bewältigter Konflikt das Gruppenbewusstsein und die Gruppenidentität stärken. Das Gleichgewicht zwischen den Konfliktparteien, ob Einzelpersonen oder Gruppen, wird dabei hergestellt.

Man weiß, was man voneinander erwarten kann, wer welche Position bezieht, und worauf man sich verlassen kann. Man hat die Empfindlichkeiten kennen gelernt und kann somit Rücksicht nehmen.

Offen ausgetragene Konflikte ermöglichen es, falsche Harmonievorstellungen zu erkennen und die Gegensätze deutlich zu machen und auszuhalten. Konflikte zwischen bestimmten Parteien können zudem den Wettbewerb fördern und zur Steigerung der Leistungsmotivation führen.

„Konflikte können nicht ausgemerzt, aber geregelt werden."
(Hugo-Becker, S.93)

6.4 Phasen der Konfliktbewältigung

Bevor wir uns den Umgang mit den verschiedenen Konfliktkonstellationen in Organisationen anschauen, beschäftigen wir uns zunächst mit den grundsätzlichen Schritten der Konfliktbewältigung. Dazu gehört als erstes die Überprüfung und Übung der Wahrnehmung eines Konfliktes.

6.4.1 Die Wahrnehmung des Konfliktes

Nehmen Sie eine Konfliktsituation in Ihrer Umgebung und prüfen Sie, ob Sie die die Signale eines Konfliktes erkennen (nach F. Glasl, Selbsthilfe in Konflikten).

Übung
Erkennen Sie die Signale eines Konfliktes (nach F. Glasl, Selbsthilfe in Konflikten)?

Welche Hauptmerkmale sind für mich direkt erkennbar? Wofür habe ich direkte Hinweise?

Bei welchen Punkten bin ich mir nicht sicher? Welche Vermutungen habe ich?

Vergleichen Sie Ihre Situationsbeschreibung mit Ihren Vermutungen. Was spricht für, was gegen Ihre Vermutungen? Überprüfen Sie Ihre Vermutungen.

Geht es um sachliche oder persönliche Differenzen? Um welche sachlichen Differenzen geht es?

Um welche persönlichen Differenzen geht es?

_____

_____

_____

_____

_____

_____

In welcher Eskalationsstufe bewegt sich der Konflikt?
Wie hoch ist der Erregungszustand der Parteien?

_____

_____

_____

_____

_____

Und schließlich: Überprüfen Sie, inwieweit Sie selbst die Konfliktsituationen evtl. über- oder unterbewerten.

_____

_____

_____

_____

_____

_____

Ob Sie selbst Beteiligter im Konflikt sind, oder ob Sie sich als Vorgesetzte für die Klärung der Konfliktsituationen verantwortlich fühlen, macht einen großen Unterschied. Für beide Fälle gelten aber bestimmte Phasen und aktive Schritte in der Bewältigung der Konfliktsituation.

6.4.2 Schritte in der Konfliktbewältigung

Die Phasen einer kooperativen Konfliktlösung im Überblick

1. Schritt: Kontrolle der eigenen Erregung und wenn möglich der des anderen Beteiligten.
2. Schritt: Vertrauen herstellen.
3. Schritt: Offen kommunizieren.
4. Schritt: Problem lösen.
5. Schritt: Klare und verbindliche Vereinbarungen treffen.
6. Schritt: Persönlich verarbeiten.

Die Schritte im Einzelnen:

1. Kontrolle der Erregung
Jede Konfliktsituation löst bei den Beteiligten Emotionen und Handlungsimpulse aus. Dies drückt sich zum Beispiel durch böse Blicke, Zuschlagen von Türen, Schimpfen, Beleidigen oder Rückzug aus.

Zwei extreme und gegensätzliche Formen der Reaktion auf Reize von außen sind entweder die Wut, die sich direkt äußert, oder die Verdrängung des Konfliktes.

Beide Reaktionen sind für die Klärung des Konfliktes nicht hilfreich. Beiden gemeinsam ist, dass sich Denken und Fühlen trennen. Beim Wütenden hat das Gefühl das Steuer übernommen und beim Verdrängenden das Denken. Sowohl denken als auch fühlen sind aber für einen konstruktiven Umgang mit Konflikten wichtig.

Der Wütende muss seine Emotionen unter Kontrolle bringen, und der Verdrängende muss seine Gefühle überhaupt erst zulassen.

Das Innehalten vor der nächsten Aktion ist die Voraussetzung für die Konfliktklärung. Das kann zum Beispiel so aussehen, dass ich mir vor der Aktion, wie zum Beispiel dem Anschreien meiner Kollegin, kurz die Folgen meines Handelns vor Augen führe. Was geschieht, wenn ich diesem Impuls jetzt nachgebe? Der andere schreit zurück, ich fühle mich möglicherweise unterlegen und gebe klein bei.

Die eigene Erregung zu kontrollieren ist schon schwer genug, den anderen dazu zu bringen, dass er seine Erregung kontrolliert, ist noch schwieriger. Man kann den anderen ruhig bitten, bestimmt auftreten, offene Fragen nach Vorschlägen stellen oder ihm einfach einen Moment Zeit geben.

Es gehören aber auch Fantasie und Mut dazu, in solchen schwierigen Situationen, eine entwaffnende Bemerkung zu machen. Eine Möglichkeit besteht darin, eine innere Diskrepanz beim anderen hervorzurufen und damit den Mechanismus von Schlag – Gegenschlag, Wort – Widerwort zu durchbrechen:

„Bei der Verdrängung nimmt die Person zwar wahr, dass sie von jemandem behindert wird, aber ihr ist nichts von einem Gefühl von Ärger oder Zorn bewusst."
(Berkel, S. 54)

„Die Emotionen sollen nicht unterdrückt oder negiert werden, sie müssen allerdings kontrolliert werden, um angemessen kommunizieren zu können.
(Regnet: Konflikt und Kooperation, S. 62)

Möglichkeiten, eine Diskrepanz hervorzurufen:
– Humor
– Wertschätzung signalisieren
– Verbal grob sein und gleichzeitig ein Angebot machen
– Wertschätzung für die Person und gleichzeitig Ablehnung des derzeitigen Verhaltens

2. Vertrauen herstellen
Damit wieder miteinander kommuniziert werden kann und die echte Bereitschaft für eine Klärung des Konfliktes entstehen kann, braucht es den Wiederaufbau des verlorenen Vertrauens. Denn mit der Klärung sind Risiken verbunden, die man nur eingeht, wenn Vertrauen da ist.

Vertraut der Vorgesetzte beispielsweise ein zweites Mal seinem Mitarbeiter, der ihn schon einmal bei der Erledigung einer wichtigen Aufgabe enttäuscht hat, dann braucht es einen neuen Vertrauensvorschuss. Damit geht der Vorgesetzte ein Risiko ein und macht sich, was die möglichen Folgen angeht, verletzbar.

Wer schon einmal bei einem Konfliktgespräch dabei war, der weiß, wie um das Vertrauen gerungen werden muss. Wer macht den ersten Schritt und riskiert etwas?

Möglichkeiten, Vertrauen zu schaffen:

– Selber Fehler zugeben
– Eigene Beteiligung eingestehen
– Den anderen schonen, keine weiteren eskalierenden Äußerungen
– Verabredung, dass es zu keinen weiteren eskalierenden Handlungen oder Äußerungen kommen
  wird.

3. Offen kommunizieren

Damit eine Annäherung der Parteien stattfinden kann, ist es wichtig, dass beide es schaffen, offen zu kommunizieren. Zur Offenheit gehört es, die eigenen Motive darzustellen, zu beschreiben, wie man die Situation erlebt und insgesamt lösungsorientiert zu sprechen.

Wenig hilfreich ist, weiterhin zu bewerten, zu kritisieren, zu drohen oder die eigene Machtposition auszuspielen.

Sollten Sie zwischen zwei Parteien vermitteln, so ist das Einhalten dieses Gesprächsverhalten eine grundlegende Bedingung für die Konfliktklärung.

Das ist umso schwerer, je erhitzter die Gemüter sind oder je tiefgehender der Konflikt ist.

Hilfreich ist es dabei, aus der eigenen Perspektive in die Perspektive des anderen zu wechseln. Verstehen Sie, was die Beweggründe des anderen für sein Handeln waren, dann ist Annäherung oft wieder möglich.

4. Problem lösen

Die ersten Phasen der Konfliktklärung dienen der Vorbereitung des Terrains und sind extrem wichtig, damit wieder Bewegung in festgefahrene Positionen kommt.

Jetzt lässt sich das Problem zwischen den beiden Parteien überhaupt erst beschreiben:

1. Worin genau besteht das Problem? – Was ist die Sachebene?
2. Wie kann das Problem gelöst werden?
3. Zu welcher Entscheidung können wir kommen?

Berkel (Berkel, Konflikttraining; S. 76) hat eine hilfreiche Checkliste für den Lösungsprozess entwickelt:

1. Ist das Problem klar und verständlich definiert?
2. Gibt es mehrere Definitionen des Problems?
3. Sind die sachlichen und persönlichen Aspekte des Problems berücksichtigt?
4. Haben sich die Parteien Zeit genommen, alle notwendigen Informationen zu sammeln und auszutauschen?
5. Sind die Zielvorstellungen der Parteien allen klar und verständlich?
6. Sind die Parteien bereit, verschiedene Lösungswege zu erarbeiten?
7. Sind die Parteien bereit, zäh und ausdauernd nach einer gemeinsam befriedigenden Lösung zu suchen?
8. Herrscht Übereinstimmung über die Präferenzen bei der Bewertung einer Lösung?
9. Wird bei der Entscheidung für eine Lösung berücksichtigt, ob sie neuartig ist, Kompensationen enthält oder Kompromisse zulässt?
10. Sind alle Beteiligten bereit, die Entscheidung zu akzeptieren und mitzutragen?

Bei der Suche nach Lösungen für ein Problem sind zunächst beide Seiten auf die für sie vorteilhafte Lösung fixiert. Zudem drängt es die Beteiligten zu einem schnellen Schluss zu kommen. Folgende Möglichkeiten können diese Fixierung aufbrechen und die Augen für andere mögliche Lösungswege öffnen:

1. Meinungen anderer erfragen und um Rat suchen.
2. Die Gesamtlösung vertagen und zunächst einen ersten Schritt, eine Teillösung anstreben.
3. Statt Positionen über Interessen sprechen: Von „Ich will unbedingt…" zu „Mein Interesse besteht darin, dass…"
4. Über Kompensationen für die durch die Lösung benachteiligte Seite sprechen.
5. Einmaligkeit dieser Lösung betonen: Es entsteht dadurch kein Präzedenzfall.
6. Problem zerlegen und für jeden Aspekt eine Lösung suchen. Es entstehen so möglicherweise wechselseitige Zugeständnisse.

5. Klare und verbindliche Vereinbarungen treffen

Nach einer solchen Kraftanstrengung ist es wichtig, das kostbare Ergebnis zu sichern und zu verbindlichen Vereinbarungen zu kommen. Wenn es nicht schriftlich festgehalten wird, dann sollte doch zumindest noch einmal deutlich formuliert werden, zu welchen Ergebnissen man gekommen ist.

Die Einigung beinhaltet, was genau jede der Parteien in Zukunft, bzw. wann oder bis wann genau tut oder unterlässt. Diese Verabredung kann protokolliert und unterschrieben werden.

Erfahrungsgemäß gibt es ein Risiko des Rückschrittes bei schwerwiegenden Konflikten, und die Beteiligten fallen wieder in alte Verhaltensmuster zurück. Dann muss eine neue Runde der Konfliktbewältigung eröffnet werden.

6. Persönlich verarbeiten

Die eigentliche Bewältigung des Konfliktes findet in der Person der Beteiligten statt. Entweder ist für sie der Konflikt beendet und sie sind nicht weiter durch den Konflikt beeinträchtigt, oder eben nicht. In der Verarbeitung sind Menschen sehr unterschiedlich, machen können die Situation schnell vergessen, andere denken noch oft an die belastende Situation. Auch die unterschiedliche Konfliktverarbeitung kann zu einem erneuten Konflikt führen: „Ich denke immer noch darüber nach, während Sie schon zur Tagesordnung übergegangen sein."

Es ist ebenso möglich, dass der Konflikt wieder auflebt. Dann gehen die Parteien in eine erneute Runde der Konfliktklärung.

6.5 Konflikte in Gruppen

Ein Beispiel:

Frau Kaiser führt ein Team in der Benutzungsabteilung. Sie kennt das Team schon seit fünf Jahren und hat es als ein „schwieriges" Team übernommen. Ihre Vorgängerin hatte ihr schon erzählt, dass es alte Feindseligkeiten gebe. Das hat sie auch sofort so erlebt.

Sie hat es schon geschafft, dass die eisige, manchmal aber auch plötzlich hitzige Atmosphäre sich langsam verbessert hat.

Das lag vor allem daran, dass einige der langjährigen Mitarbeiter in Pension gegangen sind, und dass sie einen der „Hauprädelsführer" in eine andere Abteilung verabschieden konnte. Seit drei Jahren bemüht sie sich um eine neue Mischung der Gruppe durch jüngere Neuzugänge. Die bringen auch frischen Wind und vor allem eine engagierte Serviceorientierung mit, die sie bei den langjährigen Mitarbeitern sehr vermisst.

Nun haben sich Fraktionen gebildet, die auch intern die „alten Hasen" und das „junge Gemüse" genannt werden.

Sie möchte endlich weg von diesen Fraktionen, da auch die Arbeitseinteilung und die Erstellung der Dienstpläne für sie dadurch schwierig werden.

Kürzlich haben sich Kunden darüber beschwert, dass Streitigkeiten zwischen Mitarbeitern ausgetragen wurden, und der Ton insgesamt unfreundlich war.

Wenn Menschen eng zusammen arbeiten kommt es zu Spannungen durch unterschiedliche Auffassungen der Arbeit oder auch persönliche Animositäten. In diesem Team kommen offenbar beide Ursachen zusammen. Die Teamkonflikte haben bereits eine Dimension erreicht, die auch nach außen unangenehm auffällt.

6.5.1 Das Konfliktpotenzial in Gruppen

Das Potenzial für Konflikte in Gruppen verstärkt sich durch sach- oder arbeitsbezogene Faktoren wie:

Ursachen	Auswirkungen
Komplexe oder neuartige Aufgaben mit geringer Standardisierung und Formalisierung der Abläufe.	– Alles muss immer wieder besprochen und ausdiskutiert werden. – Unterschiedliche Meinungen und Arbeitsweisen prallen aufeinander.
Oder das Gegenteil: durch stark formalisierte Abläufe ohne eigene Entscheidungsmöglichkeiten.	– Wenig Befriedigung durch Selbstverantwortlichkeit. – Konfliktpotenzial durch „Langeweile".
Je größer die Partizipationsmöglichkeiten und je größer die Rangunterschiede, desto konfliktanfälliger eine Gruppe.	– Aufgaben und Entscheidungen müssen besprochen werden, da wenige Vorgaben gemacht werden.
Häufige Veränderungen, Reorganisation und wechselnde Teamzusammensetzung.	– Ständige Anpassungsleistungen an Veränderungen, wenig Gewöhnung an Personen und Routinen bei der Arbeit können entstehen.
Aufgabenbezogene Abhängigkeiten.	– Es entsteht ein hoher Abstimmungsbedarf, Potenzial für Konflikt, wenn Arbeitsablaufe voneinander abhängen.

– **Die Kommunikation im Fluss halten:** regelmäßigen Austausch über die Qualität der Arbeit und die Qualität der Zusammenarbeit sicherstellen.
– **Störungen in der Zusammenarbeit thematisieren:** diesbezügliche Wünsche, sachlich-fachliche Themen oder auch persönliche Anliegen, die sich auf die Arbeit auswirken aussprechen lassen.
– **Zwischenbilanz ziehen:** Teilergebnisse austauschen.
– **Auszeiten ermöglichen:** Situationen der Entspannung schaffen.
– **Erfolge thematisieren und feiern.**

Probleme in Gruppen treten auch dann gehäuft auf, wenn die Gruppen extrem heterogen sind. Je unterschiedlicher die Gruppenmitglieder sind, desto mehr Diskussionsfelder gibt es.

Zusammenfassend lässt sich sagen, dass es weniger Konflikte bei weniger Vielfalt gibt. Damit ist Reibung der Preis für die Unterschiedlichkeit und für Partizipation und Kreativität.

Gerade in der Auseinandersetzung durch verschiedene Meinungen und verschiedene Persönlichkeiten liegt aber die kreative Chance in Organisationen. Also: statt Friedhofsruhe lieber fruchtbares Streiten.

6.5.2 Prävention

Es ist sicher nicht das Ziel, Konflikte in Gruppen vollständig auszuschließen, aber unnötige, auf Missverständnissen beruhende Konflikte lassen sich durch einige präventive Maßnahmen verhindern.

Den Führungskräften kommen dabei besondere Aufgaben zu:

- seine Mitarbeiter klar zu informieren.
- sein Verhalten aus den eigenen Rollenanforderungen heraus transparent zu machen.
- seine Erwartungen an die einzelnen Mitarbeiter und deren Aufgabenerfüllung klar zu kommunizieren und mit ihnen auszuhandeln.
- Symptome für sich anbahnende Konflikte frühzeitig zu erkennen und Konfliktklärungsgespräche selbst zu führen oder sie zu delegieren.
- bei der Moderation von Besprechungen Störungen rechtzeitig wahrzunehmen und nachhaltig zu beheben.
- Offene Ansprache durch die Führungskraft – direktes Thematisieren von Spannung im richtigen Maß (nichts aufblasen).

6.5.3 Mögliche Interventionen

Gruppen haben grundsätzlich die Fähigkeit, ihre Konflikte selbst zu regulieren. Systemisch betrachtet hat das System die Fähigkeit des Selbsterhalts. Bedingung dafür ist, dass es klare Grenzen zwischen der Gruppe und dem umgebenden Systemen gibt, und dass in den Untersystemen, also den Mitgliedern des Systems diese Fähigkeit angelegt ist. Die Teammitglieder müssen das System für bedeutsam und erhaltenswert halten.

Welche Bedeutung hat das für mögliche Interventionsstrategien?

Man muss zu allererst auf die Fähigkeit der Gruppe setzten, ihren Konflikt selbst zu regulieren. Bemerken Sie als Führungskraft einen Konflikt innerhalb Ihres Team, sollten Sie darauf aufmerksam machen, was Sie wahrgenommen haben und das Team auffordern, miteinander das Problem zu lösen.

Wenn Sie feststellen, dass es keine Handlungsimpulse aus dem Team zur Lösung des Konfliktes gibt, dann müssen sie intervenieren. Ihre Aufgabe ist es, wieder für die Arbeitsfähigkeit des Teams zu sorgen.

Dabei ist wieder der erste Schritt die eigene Beobachtung und Bewertung des Konfliktes:

Fragestellungen zur Diagnostik:
- Wie äußert sich der Konflikt (heiß oder kalt)?
- Worum geht es? Was ist das Thema des Konfliktes?
- Gibt es eine Vorgeschichte? Ist diese wichtig?
- Wer sind die Beteiligten (Einzelpersonen, Gruppen)?
- Wie ist der bisherige Konfliktverlauf?
- Wurden Lösungsansätze versucht?
- Wie schätzen Sie den Stand der Konfliktdynamik ein? Ist noch eine win-win-Lösung möglich oder gibt es gar kein Interesse mehr an einer Kooperation?

Die weiteren Schritte in der Intervention der Führungskraft:

Zeitliche Reihenfolge	Handlungsoptionen
1. Klären	Gibt es eine eigene Verstrickung in den Konflikt? Bin ich Teil des Konfliktes?
	Dann: Externe Hilfe hinzuziehen oder transparent damit umgehen.
2. Vorbereiten	Vorgespräche mit den identifizierten Konfliktparteien führen. Dabei das Konflikt- und Lösungspotenzial erkennen. Erkennen, welche Ausweitung der Konflikt genommen hat, wer die Beteiligten sind.

Zeitliche Reihenfolge	Handlungsoptionen
3. Methode sichern	Klären, ob es zu einem von Ihnen moderierten Teamgespräch oder zu einem von Ihnen moderierten Gespräch zwischen den beiden Konfliktparteien kommen sollte.
4. Gespräch führen	Im Gespräch zu einer Vereinbarung zur Zusammenarbeit kommen. Dabei prüfen, ob die Arbeitsfähigkeit wieder herzustellen ist.
5. Entscheiden	Falls es zu keiner Lösung kommt, die das Team wieder arbeitsfähig macht, haben Sie als Führungskraft die Option des Machtwortes und der Entscheidung.

Die Wirkung des angekündigten Machtwortes ist nicht zu unterschätzen, allerdings auch nicht inflationär zu nutzen. Es kann Bewegung in verhärtete Fronten bringen.

6.6 Konflikte zwischen Gruppen

Beispiel

In der jungen IT-Abteilung der Hochschulbibliothek brodelt es. Immer wenn neue Ideen entwickelt werden, funkt die Verwaltung dazwischen. Gerne hätte man schon viele neue Dienstleistungen angeboten, aber die Verwaltung schießt quer, indem sie Vorgänge stoppt, die Finanzen mehrmals prüft und so den Schwung aus der Arbeit nimmt.

In der IT-Abteilung glaubt man mittlerweile, dass man absichtlich boykottiert wird. Diese junge, dynamische Abteilung ist der Verwaltung anscheinend nicht geheuer. „Die verstehen gar nicht, wovon wir sprechen", beklagen sich Mitarbeiter der IT-Abteilung. „Die haben gar keine Ahnung von den Abläufen, an die wir uns hier halten müssen. Die glauben alles ginge einfach mal so eben", denken die Mitarbeiter der Verwaltung.

6.6.1 Das Konfliktpotenzial zwischen Gruppen

Das Konfliktpotenzial in den verschiedenen Gruppen einer Organisation entsteht schon alleine durch die verschiedenen Aufgaben der Gruppen. Auch wenn alle Gruppen auf ein Ziel der Organisation hinarbeiten, haben sie doch verschiedene Interessen und unterschiedliche Positionen oder Arbeitsweisen. Das heißt, die Einzelinteressen von IT, Verwaltung, Bestandsaufbau, Benutzung oder anderen Abteilungen der Bibliothek können sich widersprechen. Innerbetriebliche Entscheidungen können aus verschiedenen Blickwinkeln betrachtet werden. Konfliktpotenzial ist bereits in der Sachlage angelegt.

Das Gleichgewicht zwischen den unterschiedlichen Interessen von Abteilungen, Teams und der Leitung muss immer wieder neu ausbalanciert werden.

Es können auch Feindseligkeiten zwischen Gruppen auf der zwischenmenschlichen Ebenen entstehen:

– Die beiden Team- oder Abteilungsleiter mögen sich nicht, die Gruppen ziehen mit.
– Mitarbeiter wechseln von einer zur anderen Gruppe und bringen persönliche Feindseligkeiten mit.
– Es gibt Konkurrenzdruck zwischen den Gruppen.
– Kulturen in den Gruppen haben sich sehr unterschiedlich entwickelt, die Mitarbeiter mögen sich nicht, Persönlichkeiten mit ihren Eigenarten prallen aufeinander.
– Unausgesprochene frühere Konflikte.
– u. a. m.

Wenn zusätzlich zu diesen Interessensgegensätzen auch noch ungünstiges Eingreifen der Leitung dazu kommt, dann können Konflikte zwischen Gruppen entstehen. Ungünstiges Eingreifen kann zum Beispiel folgendes sein:

Erzeugen von Konkurrenzdruck:

– Im Glauben daran, dass Wettbewerb die Leistung steigert, werden Gruppen gegeneinander ausgespielt, indem man ihnen zum Beispiel parallel die gleiche Aufgabe gibt.
– Eine Gruppe wird durch Belobigungen hervorgehoben, eine andere dafür ignoriert.

Erzeugen von Gefühlen der Ungerechtigkeit:

– Ressourcen werden ungerecht und mehrfach zum Vorteil einer Gruppe vergeben, ohne dass es einen vernünftigen und transparenten Grund dafür gibt.
– Eine Gruppe wird mehrfach durch die Folgen von Veränderungs- oder Umbauprojekten betroffen, eine andere wird geschont.
– Die Leitung einer Gruppe wechselt häufig und ohne ersichtlichen Grund.

Wettbewerb wirkt nur begrenzt leistungssteigernd, er senkt auch die Bereitschaft zur Kooperation. Besonders die Folgen für die unterlegene Gruppe sind oft schwerwiegend.

Durch solche übertrieben wettbewerbsorientierte Maßnahmen kann der „Ressort-Egoismus" gefördert, sowie solidarisches und gemeinschaftliches Handeln verhindert werden.

Die Folgen von Konflikten zwischen Gruppen können für eine Organisation fatal sein: Informationen werden nicht weitergegeben oder bewusst verfälscht, es entsteht eine lähmende Atmosphäre, die Arbeit bleibt liegen, der Krankenstand erhöht sich. Kunden erleben Feindseligkeiten oder erhalten gegensätzliche Informationen.

6.6.2 Prävention

Um Ressort-Egoismus und Konflikte zwischen den Gruppen der Organisation zu verhindern, ist es wichtig, die Kommunikation zwischen den Gruppen zu fördern.

Präventiv bieten sich folgende Maßnahmen an:

– Regelmäßige ressortübergreifende Sitzungen
– Gemischte Teams in Projekten
– Gemeinsame Veranstaltungen
– Regelmäßige Jobrotationen
– Übergreifende Teamtrainings und Workshops

6.6.3 Mögliche Interventionen

Wenn die verfeindeten Führungskräfte die Ursache für die verfeindeten Lager der Teams sind, dann sind die Abteilungsleitungen oder die Leitung der Bibliothek gefragt.

Bevor eine Situation zwischen den Gruppen eskaliert, oder die Arbeit stark behindert wird, sollte das Gespräch mit den beiden Leitungen gesucht werden.

Andernfalls sollten die beiden Führungskräfte der Teams eine gemeinsame Strategie entwickeln, um den Konflikt zu klären.

6.7 Konflikte zwischen Vorgesetzten und der Gruppe

Beispiel

Das Fernleihteam in der Hochschulbibliothek ist ein Team von vier Mitarbeiterinnen. Zu viert haben sie sich gut miteinander arrangiert, sind fachlich sehr versiert, und die Arbeit funktioniert gut. Das Team war jetzt ein Jahr lang ohne Leitung und hat alle Entscheidungen kooperativ getroffen. Nach außen wurde das Team jeweils rotierend von einer der Mitarbeiterinnen vertreten. Seit einem Monat gibt es jetzt nach langem Bewerbungsverfahren eine neue Leitung. Es ist eine Kollegin ebenfalls aus der Benutzung geworden.

Ihr war klar, dass ihre Mitarbeiterinnen fachlich besser sind als sie selbst, und sie hat auf Kooperation gesetzt. Das hat überhaupt nicht funktioniert und jetzt herrscht Funkstille zwischen ihr und dem Team. Unglücklicherweise hat sie aus lauter Verzweiflung ein paar harsche Mails geschrieben, die das Klima noch eisiger gemacht haben.

Jetzt weiß sie sich keinen Rat mehr und will schon aufgeben.

6.7.1 Konfliktpotenzial zwischen Vorgesetzten und Gruppen

Konfliktpotenzial entsteht bereits durch die Rollensituation der Vorgesetzten. Sie sitzen in der bekannten Sandwichposition zwischen den Stühlen:

Erwartungen Ihrer Vorgesetzten	Erwartungen Ihrer Mitarbeiter
– Leistungserfüllung	– Information
– Reibungsloser Ablauf	– Verlässliche Ziele
– Umsetzung von Anweisungen der Leitung	– Gerechte Arbeitsverteilung
– Motivation der Mitarbeiter	– Gerechte Beurteilung
– Akzeptanz von Veränderungen bewirken	– Weiterbildung und Förderung
– Innovation	– Rücken stärken gegenüber der Leitung
	– Schutz vor manchen Veränderungen und Anweisungen

Zwischen diesen sich widersprechenden Anforderungen müssen die Führungskräfte vermitteln und den Ausgleich schaffen. Manchmal haben sie die Wahl, sich entweder bei ihrem eigenen Vorgesetzten oder bei ihren Mitarbeitern unbeliebt zu machen.

In ihrer Funktion als Vorgesetzte liegen ebenfalls strukturell angelegte Konfliktpotenziale. Es gehört zu ihren Aufgaben, zu beurteilen, zu kontrollieren, anzuordnen und Aufgaben zu vergeben. In diesem Rahmen können Unstimmigkeiten zwischen Führungskraft und einzelnen Mitarbeitern oder dem Team zu Konflikten führen.

6.7.2 Prävention

Damit es möglichst nicht zu unlösbaren Konflikten zwischen einer Führungskraft und dem eigenen Team kommt, gibt es Vorsorgemöglichkeiten auf den verschiedenen Ebenen:

Stärkung der Führungskraft durch:

- Begleitung durch die eigene Führungskraft
- rechtzeitige Mitarbeitergespräche
- Frühwarnsystem einführen
- Coaching der Führungskraft, wenn sie ein schwieriges Team übernimmt
- rechtzeitig über die Vorgeschichte eines Teams informieren

Und schließlich ist es entscheidend, die richtige Führungskraft für das Team auszuwählen.

Stärkung des Teams durch:

- Inforunden über Ansprechpartner im Konfliktfall
- Einsetzen der übergeordneten Führungskraft als Ansprechpartner für das Team
- Einführung eines Frühwarnsystems

Die Führungskraft selbst kann möglichst frühzeitig intervenieren, wenn sich ein Konflikt abzeichnet:

Die Führungskraft selbst:

- ist in der Lage, die Situation im Team wahrzunehmen und einzuschätzen.
- ist in der Lage, ihre eigene Beteiligung am Konflikt zu verstehen.
- führt frühzeitig klärende Gespräche.
- ist in der Lage die Eskalation durch Einzelgespräche aufzufangen.

6.7.3 Mögliche Interventionen

Wenn es tatsächlich zu einem Konflikt zwischen einem Vorgesetzten und seinem Team gekommen ist, der sich nicht mehr intern lösen lässt, gibt es vor der Trennung noch verschiedene Vermittlungsversuche:

Je nach Schwere des Konfliktes sollte man sich gut überlegen, ob zu diesem Zeitpunkt eine externe Vermittlung, bzw. ein Mediator zu Hilfe geholt wird.

- Getrennte Vorgespräche mit dem Team und dem Vorgesetzten mit dem Ziel herauszufinden, wo der Konflikt liegt und welche Bereitschaft zur Klärung noch vorhanden ist. Klären, ob das gesamte Team einig ist, oder ob es unterschiedliche Positionen gibt.
- Vermittlungsgespräch zwischen Team und Vorgesetztem mit klaren Vereinbarungen und Verbindlichkeiten für beide Seiten.
- Erprobungsphase der Vereinbarungen.
- Coaching des Vorgesetzten

Wenn es zu keiner Vereinbarung zwischen Team und Vorgesetzten kommt und wenn die Beziehung nachhaltig zerrüttet ist, müssen sich Team und Vorgesetzte trennen.

6.8 Konflikte zwischen Einzelpersonen

Ein Beispiel:

Herr Bieber ist Leiter der Stadtbibliothek in einer Stadt mit 75.000 Einwohnern. Sein Team besteht aus 15 Mitarbeitern und einer Auszubildenden. Hier sind alle Hände gefragt, denn der Stadtverwaltung ist die Bibliothek wichtig. Also soll sie auch sichtbar sein und viele Veranstaltungen stemmen. In seinem Team hat er eine Mitarbeiterin, die er schon lange kennt, und die eigentlich immer gute Arbeit getan hat. Seit einem Jahr sind ihre Motivation und die Arbeitsqualität gesunken. Er weiß, dass es im persönlichen Umfeld einige Krisen gegeben hat. Nun hat er bei der Vergabe des Stellvertreterpostens, die Position an eine jüngere und sehr engagierte Mitarbeiterin vergeben. Eigentlich wäre Frau Z. an der Reihe gewesen. Aber auf sie kann er sich zurzeit nicht verlassen.
Frau Z. ist tief gekränkt und wettert bei jeder Gelegenheit gegen den Chef.

Konflikte zwischen einzelnen Mitgliedern einer Organisation können folgende sein:

- Zwischen zwei Führungskräften
- Zwischen zwei Mitarbeitern einer Gruppe
- Zwischen zwei Mitarbeiter unterschiedlicher Gruppen
- Zwischen Führungskraft und Mitarbeiter

Bei Konflikten zwischen Einzelpersonen in einer Organisation sind verschiedene Fragestellungen von Bedeutung:

1. Handelt es sich um einen persönlichen oder einen Funktionskonflikt oder eine Mischung aus beiden?
2. Welche Auswirkungen hat der Konflikt auf die übrigen Organisationsmitglieder? Droht evtl. eine Ausweitung des Konfliktes?
3. Sind die Personen in der Lage, den Konflikt alleine zu bewältigen?

In unserem Beispiel wäre es Aufgabe des Leiters der Stadtbibliothek, der Mitarbeiterin im Gespräch die Vergabe der Stelle zu erläutern und gleichzeitig zu ergründen, wie die derzeitige Krise zu bewältigen ist. Die Krise hätte aber sicherlich schon in einem vorherigen Gespräch thematisiert werden müssen. Dazu dient auch das jährliche Mitarbeitergespräch, durch das eine Verhärtung zu einem Konflikt möglichst vorher schon verhindert werden kann.

6.8.1 Bewältigungsstrategien

Sind die beiden Konfliktparteien nicht in der Lage, den Konflikt alleine zu bewältigen, dann lässt sich Unterstützung in folgenden Formen umsetzen:

- Unterstützung der Führungskraft durch den eigenen Vorgesetzten oder durch Coaching.
- Unterstützung des Mitarbeiters durch Beratung (Ombudsperson, Personalrat).
- Mediation durch interne oder externe Mediatoren.

6.9 Bausteine einer Konfliktkultur

Konflikte sind Teil der Zusammenarbeit und ergeben sich, wie wir gesehen haben aus strukturellen Bedingungen und persönlichen Eigenschaften. Ein Team oder zwei Menschen, die miteinander einen Konflikt bewältigt haben, gehen meist gestärkt aus der Situation hervor.

Wie kann die Bibliothek es schaffen, mit Konflikten konstruktiv umzugehen und eine Kultur des Lernens aus Konflikten zu etablieren? Je nach Größe und Organisation einer Bibliothek kann der Aufbau eines Konfliktmanagementsystems einfach und pragmatisch oder komplexer angelegt sein.

1. Schritt: Orte / Personen schaffen, die als Anlaufstellen für Konflikte für alle Mitarbeiter und Führungskräfte zu erkennen und aufzusuchen sind. In Absprache mit dem Personalrat lässt sich zum Beispiel die Position einer Ombudsperson einrichten.
2. Schritt: Kompetenzaufbau: Mitarbeiter und Führungskräfte lernen in Schulungen und Workshops, wie sie Konflikte so bewältigen können, dass Zusammenarbeit und Atmosphäre sich verbessern.
3. Schritt: Aus Konflikten lernen
   Für die Beauftragten für die interne Kommunikation bedeutet das, sie befassen sich mit den folgenden Themen:

---

1. Das Konfliktpotenzial in der Bibliothek identifizieren.
2. Konfliktverständnis etablieren nach dem Motto: „Auseinandersetzung ist gut und erwünscht."
3. Entscheidung über Konfliktmethodik: Wie gehen wir mit Konflikten um? Erstellung von Abläufen, Handreichungen und Gesprächsleitfäden.
4. Verfahrensstandards entwickeln und veröffentlichen:
   Was tun, wenn?
   Bei Problemen mit ... wenden Sie sich an ...
5. Frühwarnsystem einführen: Besonders in Veränderungsprozessen müssen Mitarbeiter wissen, an wen sie sich frühzeitig wenden können, wenn Situationen schwierig werden.
6. Einrichtung von Anlaufstellen im Konfliktfall.

Es geht um die Entwicklung einer Konfliktkultur als Prozess und als Teil der internen Kommunikation.

6.9.1 Konfliktmanagement als Bestandteil der Unternehmenskultur

Die Unternehmenskultur zeigt sich im Wesentlichen in der internen Kommunikation, unter anderem im Umgang mit Konflikten. Welche Werte werden durch den Umgang mit Konflikten transportiert? Zeigt sich eine offene und der Auseinandersetzung zugeneigte Kultur oder weicht man Auseinandersetzungen eher aus?

Damit der Anspruch einer eigenen Konfliktkultur nicht nur auf dem Papier steht, sondern tatsächlich umgesetzt wird, müssen die Führungskräfte Vorbild sein. Das zeigt sich in allen Kommunikationssituationen, wie Besprechungen oder Mitarbeitergesprächen. Es setzt bei ganz konkreten Verhaltensweisen an, zum Beispiel:

- Wie werden Fehler angesprochen?
- Wie werden unterschiedliche Meinungen ausgetauscht?
- Wie ist der Diskussionsstil?

In gemeinsamen Schulungen kann man sich zum Beispiel auf folgendes Vorgehen verständigen. Bevor man sich über eine Äußerung eines anderen aufregt, lohnt es sich, folgende Schritte zu tun:

1. Gut zuhören.
2. Nachfragen, wie es gemeint ist.
3. Die Auswirkungen schildern, die die Aussage für mich oder für die Sache hat.
4. Eigene Sichtweise schildern.
5. Unterschiede und Gemeinsamkeiten deutlich machen.
6. Lösungen ausloten.

Meist sind es die ganz einfachen Dinge, die man sich merken kann, und die eine große Wirkung haben. So kann man in Krisen und konflikthaften Situationen solche Verhaltensweisen gut brauchen:

– Ruhe bewahren
– Empathie zeigen
– den Konflikt offen ansprechen
– auch mal fünf gerade sein lassen
– Eigenen Standpunkt vertreten.

Die Bereitschaft zu konstruktiven Strategien der Konfliktbewältigung zeigt sich aber nicht nur in einer Gesprächskultur, sondern auch darin, ob auch die Konfliktursachen angegangen werden.

6.9.2 Leitlinien für ein Konfliktmanagement

Wenn eine Bibliothek sich dafür entscheidet, ein Konfliktmanagementsystem einzuführen, dann sollte klar sein, dass es nicht darum geht, in Zukunft Konflikte zu verhindern. Das primäre Ziel kann nicht „Ruhe in der Abteilung" sein. Viele folgen immer noch der Idee, dass alles gut läuft, wenn man nichts hört. Es ist viel mehr die Fähigkeit, Konflikte konstruktiv zu klären und Lösungen zu entwickeln.

Dazu braucht es Fähigkeiten, die gefördert werden können, wie:

– etwas aushandeln
– argumentieren
– aushalten, dass andere meine Meinungen nicht teilen
– und Probleme gemeinsam lösen.

So benötigt zum Beispiel die Peer-Produktion, also das gemeinsame Bearbeiten von Dokumenten, die Fähigkeit, zu diskutieren und auszuhalten, dass andere am „eigenen" Text arbeiten oder ihn kritisieren.

Checkliste für ein Konfliktmanagement in der Bibliothek:

Leitlinie	Umsetzungsidee
Auseinandersetzung und Aushandeln als Teil der Unternehmenskultur etablieren.	Leitsätze aushandeln und formulieren.
Führungskräfte haben Vorbildcharakter.	Die Führungskräfte lernen durch gemeinsame Sitzungen und Diskussionsrunden, über den Abteilungsrahmen hinaus miteinander zu diskutieren und sich abzustimmen.
Führungskräfte schulen: Konfliktmanagement ist Teil ihrer Aufgabe.	Führungskräfteschulungen: Führung, Konfliktmanagement
Mitarbeiter schulen: Konflikte gehören zur Zusammenarbeit.	Gesprächsführung, Konfliktmanagement
Veranstaltungen zum Austausch etablieren.	Siehe Veranstaltungen im Kapitel „Veränderungsprozesse"
Fähigkeiten der schriftlichen Kommunikation fördern.	Standards für die Mail, bzw. Internetkommunikation etablieren, Workshops veranstalten. Peerproduktion einüben.
Regeln und Verfahren einführen.	Handreichungen formulieren und allen Mitarbeitern zur Verfügung stellen.
Mediatoren, Konfliktlotsen einführen.	Auswahl und Schulung der Mitarbeiter.
Schlichtungsstelle einrichten.	
Personalrat einbinden.	Personalrat in alle Etappen der Entwicklung einbinden.

6.10 Vertiefung

Zur Vertiefung des Themas schlage ich Ihnen vor, die folgenden Fragen zu beantworten.

Welche präventiven Maßnahmen zur Verhinderung von Konflikten würden Sie gerne umsetzen (in Gruppen, zwischen Gruppen, zwischen Vorgesetzten und Gruppe)?

_____

_____

_____

_____

_____

_____

Welche Schritte für den Umgang mit Konflikten würden Sie in Ihrer Bibliothek gerne einführen?

_____

_____

_____

_____

_____

_____

Lohnt sich aus Ihrer Sicht die Einführung eines strukturierten Konfliktmanagements in Ihrer Bibliothek (Aufwand / Nutzen)?

_____

_____

_____

_____

_____

_____

7 Die Macht des Informellen

7.1 Ein Beispiel

Frau Peters, die wir schon aus verschiedenen Situationen kennen, geht nur selten in die Kaffeeküche oder den Sozialraum. Sie hat den Eindruck, dass ihr dadurch manchmal wesentliche Informationen entgehen. Aber sie findet einfach nicht die Zeit, sich unter die Kollegen zu mischen.
Heute spricht eine junge Kollegin, die erst seit vier Monaten in der Bibliothek arbeitet, Frau Peters an.

Kollegin: Frau Peters, ich muss Sie mal was fragen: die Kolleginnen haben mir berichtet, dass wir in Zukunft überhaupt keine Auskunftsplätze mehr haben werden. Mit dem Umbau der Bibliothek fallen alle Auskunftsplätze weg. Stimmt das eigentlich? Und dann werden wir alle andere Aufgaben bekommen?

Frau Peters ist schockiert, sie fragt sich, woher diese Halbinformation nur kommt und fragt zurück.

Frau Peters: Sagen Sie mal, woher haben Sie denn diese Information?

Kollegin: Ach, da sprechen die Kolleginnen im Pausenraum immer drüber, einige haben sich schon vorgenommen, zum Personalrat zu gehen. Sie sagen, so lassen sie nicht mit sich umgehen.
Frau Peters beruhigt die junge Kollegin und sagt ihr, dass es weiterhin Auskunftsplätze geben wird, und dass sie das in der nächsten gemeinsamen Sitzungen für alle klarstellen wird.

Nun ist sie besorgt. Sie hatte sich schon gewundert, dass die Stimmung so gereizt war. Der geplante Umbau hat offenbar viele Gerüchte erzeugt. Sie weiß ja selbst, dass die Informationen über das Bauprojekt nur sehr zögerlich und in kleinen Portionen an die Mitarbeiter weitergegeben werden. Sie selbst bekommt auch nur die Informationen, die ihren Bereich betreffen.

Frau Peters hat festgestellt, dass es offenbar wichtig ist, ab und zu mal bei den Kolleginnen im Pausenraum vorbeizuschauen. Heute macht sie sich dort einen Tee, als zwei Kolleginnen im Gespräch in den Pausenraum kommen.

Kollegin A: Ach ja, dann hat Carola noch gesagt, dass wir uns schon mal Gedanken darüber machen können, wie wir den Dienst in der nächsten Woche verteilen. Am Dienstag tagt ja das „Team Umbau" und am Mittwoch haben wir die große Teambesprechung.

Kollegin B: Da muss ich noch klären, wann ich die Kinder in der nächsten Woche abholen kann, dann bin ich etwas flexibler. Worum soll es denn in der Teambesprechung überhaupt gehen?
Nun entdeckt sie Frau Peters im Pausenraum. Und fragt sie:

Kollegin B: Ach, Frau Peters, Sie sind ja auch da. Da können wir sie ja gleich fragen. Was steht denn in der Teambesprechung an?
Frau Peters ist erfreut über das Interesse und erzählt, was ansteht. Sie kündigt an, dass es noch per Mail eine Einladung geben wird. Und übrigens hat sie von der Direktion gehört, dass die Bibliothek im Ranking gut abgeschnitten hat. Das ist doch mal was erfreuliches, oder?

Frau Peters geht ganz beschwingt aus ihrer Pause wieder an den Arbeitsplatz. Sie hat sich über das Gespräch mit den Kolleginnen gefreut. Vor allem darüber, dass sie so viel Eigeninitiative entwickeln. Meist verbringt sie ihre Pausen am PC und liest dann noch ein paar Mails. Sie beschließt, doch öfter im Pausenraum vorbeizuschauen.

Nach diesen beiden sehr unterschiedlichen Erfahrungen zur informellen Kommunikation stellt sie sich einige Fragen:

Sollte und kann der Flurfunk besser eingedämmt oder gefördert werden?
Wie kann man es schaffen, dass nicht ständig Fehl- oder Halbinformationen die Runde machen?
Wieso raunt es ausgerechnet jetzt, kurz vor dem Umbauprojekt, so besonders in den Fluren?

7.2 Das System „informelle Kommunikation"

Die sogenannte organisierte Regelkommunikation in einer Bibliothek lässt sich leicht beschreiben. Formale Abläufe sind dokumentiert, der Rhythmus und die Anzahl von Besprechungen sind nachvollziehbar, die Informationen, die Top down durch die Hierarchien weitergeleitet werden, sind strukturiert, und das Intranet ist mit seinen Instrumenten transparent.

Ganz anders ist es mit der informellen Kommunikation. Sie ist kaum greifbar, ihre Protagonisten und Orte wechseln, die Inhalte sind nicht vorhersehbar, sie findet spontan und ungeplant statt. Das Typischste an der informellen Kommunikation ist demnach ihre Variabilität. Informelle Kommunikation existiert ohne feste Beziehungsstrukturen, ohne inhaltliche Festschreibung. Es gibt keine Verantwortlichkeiten, keine Protokolle und keine Weisungen. Unter informeller Kommunikation soll hier alle Kommunikation außerhalb der geregelten Dienstwege und Kommunikationsformen verstanden werden.

Über diesen schnellen Kommunikationsweg verbreiten sich sowohl Informationen als auch Gerüchte und Stimmungen. Lange Zeit wurde die informelle Kommunikation als etwas Schädliches, da nicht Steuerbares betrachtet. Heute schenkt man dem informellen Austausch im Unternehmen mehr Bedeutung. Seine beziehungsstiftende und erhaltende Funktion wird durchaus geschätzt.

7.2.1 Informelle Kommunikation über betriebliche Inhalte

Verschaffen wir uns zunächst einen Überblick darüber, welche Arten von Informationen in Organisationen überhaupt weitergegeben werden. Es gibt Informationen, die die Aufgabe der Mitarbeiterinnen betreffen, und es gibt Informationen, die eher das Arbeitsumfeld und nicht direkt die Aufgaben betreffen.

Informationen in der Bibliothek	
aufgabenbezogen betreffen	**nicht-aufgabenbezogen** betreffen
– den Arbeitsplatz – die Arbeitsorganisation – die individuellen Arbeitsbedingungen – die berufsbezogene Fort- und Weiterbildung – die Aufstiegs- und Entwicklungsmöglichkeiten – die Arbeitsaufgaben	– die Geschäftspolitik – die Ziele der Bibliothek – die Marktsituation und Marktprobleme – die Maßnahmen und Strategien der Direktion – die Haltung der Direktion zu aktuellen Fragen – die Zusammenhänge zwischen der eigenen Arbeit und der Arbeit der Kolleginnen
⇩ unmittelbar mitarbeiterbezogene Informationen	⇩ mittelbar mitarbeiterbezogene Informationen

Besonders das Interesse der Mitarbeiterschaft an nicht-aufgabenbezogenen Informationen ist erfahrungsgemäß sehr hoch. Man will einfach wissen, wohin das Unternehmen gesteuert wird, und in welchem Zusammenhang die eigene Tätigkeit damit steht. Wie anfangs schon erwähnt, ist dies eine Frage der Sinngebung: Wozu tue ich meine Arbeit und wohin führt uns das? Wird in einer Bibliothek der Bedarf an Informationen aus dem Feld der nicht-aufgabenbezogenen Informationen nicht gedeckt, wird dies von Mitarbeitern als Defizit empfunden. Das kann dann ein Nährboden für das Entstehen von Gerüchten und Halbinformationen sein.

Um keine Missverständnisse aufkommen zu lassen. Es wird niemals eine komplette Befriedigung des Informationswunsches von Mitarbeitern geben. Immer bleibt ein mehr oder weniger großes Rest-Informationsdefizit.

Weitere betriebliche Themen, über die sich Mitarbeiter informell austauschen sind auch solche, die die unmittelbare Zusammenarbeit betreffen:

- Arbeitsfortschritt
- Neuigkeiten
- Rat und Hilfe von Kollegen
- Koordination von Arbeitstätigkeiten
- Austausch von Dokumenten
- Meinungsaustausch

„Wenn mehr offiziell informiert wird, dann versiegt der Flurfunk." Diese Schlussfolgerung ist nur zum Teil zutreffend. Sie impliziert, dass die informelle Kommunikation eine Störung der formellen Kommunikation darstellt und zu unterbinden ist. Besonders wenn Sie sich die oben genannten Themen des informellen Austausches ansehen, bekommt man den Eindruck, dass dieser Austausch der Kitt ist, der alles zusammenhält.

Der Austausch von Wissen, der manchmal nebenbei geschieht, ist auch im Blick auf das Wissensmanagement in einer Organisation wichtig.

Eine Atmosphäre von Wertschätzung macht es leichter, Wissen auszutauschen, sich gegenseitig um Rat zu fragen oder anderen Tipps zu geben.

Das Bedürfnis von Mitarbeitern, sich auch außerhalb der formellen Dienstwege auszutauschen, wird es immer geben. Und man weiß heute um die positive sinn- und beziehungsstiftende Funktion dieser informellen Kommunikation. Es geht eher um die Frage, wie man ihre negativen Seiten und Auswirkungen begrenzen kann.

7.2.2 Informelle Kommunikation und der persönliche Austausch

Ein weiteres inhaltliches Themenfeld, das weder arbeitsbezogen noch umfeldbezogen ist, ist das der gesamten privaten Kommunikation. Hier geht es um persönliche Informationen über Erlebnisse, Beziehungen, Befindlichkeiten und vieles mehr. Mitarbeiter möchten auch wissen, wie es persönlich um ihre Vorgesetzten und Kollegen bestellt ist.

1. Privates bei der Arbeit
Die längste Zeit am Tag verbringen Mitarbeiter bei der Arbeit. Da ist es nicht erstaunlich, dass Beziehungen entstehen. Beziehungen leben vom Austausch auch auf der privaten Ebene. Neben seiner funktionalen Rolle in der Organisation bleibt der Mensch ein Individuum. Das zeigt sich in dem Bedürfnis, das Private auch in den Betrieb einzubringen. Geburtstage werden gefeiert, Abschiede zelebriert, man besucht sich, kennt die Lebensbedingungen der anderen. Es entstehen Rituale, Cliquen gehen gemeinsam zum Mittagessen oder machen Spaziergänge. Ein Teil der informellen Kommunikation hat entsprechend private Themen.

Unternehmen ist dies bewusst, und in manchen Organisationen wird der Kontakt untereinander durchaus gefördert. Da entstehen gemütliche Sitzecken, Kaffeeküchen und Pausenräume werden schön gestaltet. Das Private wird durch die Möglichkeit, die Büros individuell zu gestalten, ermöglicht.

„Die persönliche Beziehung zwischen Organisationsmitgliedern wird maßgeblich durch informelle Kommunikation moderiert; das Ausmaß an gegenseitiger Wertschätzung zwischen Interaktionspartnern ist mit entscheidend dafür, inwieweit Informationen gemeinsam entwickelt, geteilt und genutzt werden."
(Held, M. u. Lindenthal, M.: Wissensmanagement und informelle Kommunikation, S. 35)

2. Bewertung von Arbeit

Das schnellste Feedback zu internen Prozessen und Veränderungen wird nicht in offiziellen Sitzungen geäußert, sondern auf den Fluren und in den Büros. Will eine Führungskraft wissen, wie etwas angekommen ist, sollte sie sich in die Kaffeeküche oder die Raucherecke begeben.

Wenn der formale Druck fällt, äußern sich Mitarbeiter offener. Es wird nichts dokumentiert, und es wird auch keine unangenehmen Folgen haben. Es wird geschimpft, sich gefreut, oder es werden Lösungen entwickelt, von denen in offiziellen Sitzungen nie etwas zu hören ist.

Damit hat die informelle Kommunikation für viele Mitarbeiter auch eine Entlastungsfunktion. Die Emotionalität hat ihre guten wie ihre schlechten Seiten. So kann das gemeinsame Schimpfen über Entscheidungen die Stimmung insgesamt verschlechtern und es entsteht Druck auf andere, sich der schlechten Stimmung anzuschließen.

3. Privatheit

Tonfall, Wortwahl und körpersprachliches Verhalten unterscheiden sich ebenfalls von der offiziellen Kommunikation. Umgangssprachliche Wortwahl, mehr Gestik und mehr Melodie können Anzeichen von der Privatheit der Unterhaltung sein.

Stilmittel in der privaten Kommunikation sind auch Humor, Narratives, Ironie oder Übertreibungen.

„Das ‚grapevine‘ wird als die ‚informelle‘, von den organisationalen Kommunikationsstrukturen unabhängige und abweichende Weitergabe von Informationen verstanden.“
(Von Thenen Menna Barreto: Wie relevant S. 36)

7.2.3 Kennzeichen der informellen Kommunikation

Informelle Kommunikation in Organisationen wird auch mit dem Ausdruck „grapevine" beschrieben. Gemeint ist damit nicht der inhaltliche Aspekt der Information, sondern der Weg, den die Information nimmt. Die Bezeichnung geht zurück auf die netzwerkartig verbundenen Telegrafenkabel zur Zeit des amerikanischen Bürgerkrieges, die an das verschlungene Geäst eines Weinstocks erinnern. Diesen ähnlich sind die Übertragungswege nicht geordnet, sondern zufällig und chaotisch.

Diese Netze sind oft instabil und werden immer wieder neu verknüpft und sind damit ein deutliches Merkmal, das die informelle von der formellen Kommunikation unterscheidet.

– Die weitergegebene Information wird meist nicht dokumentiert und kann von jedem Teilnehmer verändert werden. Zudem kann sich unabhängig von Status und Funktion jeder beteiligen. Für die Bedeutung und Bewertung der Inhalte spielt der Status der mitteilenden Person allerdings eine große Rolle. Wenn eine bedeutende Person etwas informell sagt, wird es für bedeutsamer gehalten.

Formelle Kommunikation Eher aufgabenbezogener Charakter	Informelle Kommunikation Eher beziehungsorientierter Charakter
– vorab geplant	– spontan
– formelle Organisationsstruktur	– unorganisiert
– linear	– ungeregelt in Netzwerken
– in Rollen und Funktionen	– keine zwingende Rollen- und Funktionsbindung
– funktionsbedingt	– beziehungsbedingt
– geplante Themen	– ungeplante Themen
– geschäftsmäßiger, formaler Sprachstil	– umgangssprachlicher Stil
– offizieller Charakter	– weniger offizieller Charakter

Informelle und formelle Kommunikation sind nicht scharf voneinander abgrenzbar. Die Themenfelder und Orte überlappen sich. So kann es eine Spontan-Besprechung auf dem Gang geben. Oder in einer offiziellen Besprechung wird auch Privates ausgetauscht.

Versuchen Sie herauszufinden, wie bedeutsam für Ihre Arbeit die Informationen sind, die Sie aus den verschiedenen Informationskanälen erhalten.

Übung: Meine Informationswege
Bitte kreuzen Sie für jeden Kanal an:

Wieviel an Informationen erhalten Sie durch

Informelle Informationswege	sehr wenig	wenig	mittel	viel	sehr viel
1. Persönliche, informelle, spontane Gespräche	☐	☐	☐	☐	☐
2. Telefongespräche	☐	☐	☐	☐	☐
4. Intranet-Plattform (interaktiv)	☐	☐	☐	☐	☐
5. E-Mails	☐	☐	☐	☐	☐
6. Treffen außerhalb der Bibliothek	☐	☐	☐	☐	☐

Formelle Informationswege	sehr wenig	wenig	mittel	viel	sehr viel
7. E-Mails	☐	☐	☐	☐	☐
8. Dienstliche Telefongespräche	☐	☐	☐	☐	☐
9. Intranet-Plattform (interaktiv)	☐	☐	☐	☐	☐
10. Aushänge, Schwarzes Brett	☐	☐	☐	☐	☐
11. Rundschreiben, Mitarbeiterzeitungen	☐	☐	☐	☐	☐
12. Intranet	☐	☐	☐	☐	☐
13. Broschüren, Fachliche Handbücher	☐	☐	☐	☐	☐
14. Allgemeine Zeitungen, Zeitschriften	☐	☐	☐	☐	☐
15. Gemeinsamen elektronischen Terminplaner	☐	☐	☐	☐	☐
16. Interne Seminare und Workshops	☐	☐	☐	☐	☐
17. Audio- und Videokonferenzen	☐	☐	☐	☐	☐
18. Informationsveranstaltungen	☐	☐	☐	☐	☐
19. Meetings mit Vorgesetzten	☐	☐	☐	☐	☐

Für wie wichtig halten Sie die Informationen, die Sie über informelle Kommunikationsweg erhalten?

Übung
In wieweit sind Sie darauf angewiesen, sich wichtige Informationen über informelle Kanäle zu holen?

_____

_____

_____

_____

Welche Schlussfolgerungen ziehen Sie daraus für sich?

_____

_____

_____

_____

_____

7.2.4 Chancen: der Flurfunk als Katalysator

Vor kurzem beklagte sich die Leiterin einer Hochschulbibliothek bei mir darüber, dass sich in den großen Runden und Besprechungen keiner äußert. Wenn man dann mit den Einzelnen in weniger formaler Atmosphäre zusammenträfe, hätten sie sowohl eine Meinung als auch kreative Ideen zur Lösung von Problemen. Sie fragte sich nun, wie sie Besprechungen so gestalten könne, dass mit mehr Mut und Engagement und weniger Angst gesprochen werden kann und, wie die Kreativität der lockeren Pausengespräche zu nutzen sei.

Die Beobachtung der Leiterin ist sicher kein Einzelfall. Zurückhaltung in der Regelkommunikation wird in vielen Bibliotheken beobachtet. Hintergrund ist eine zum Teil ungeübte, da bisher unübliche Beteiligungspraxis.

Damit kann es durch informelle Kommunikation auch gelingen, die Mitarbeiterinnen zu aktivieren und zu motivieren, ihre Meinung zu äußern. Auch das, was auf den Fluren und in den Kaffeeküchen gesprochen wird, kann wichtig sein.

Chance 1: Förderung der Beziehung und der Zusammenarbeit
Durch informelle Unterhaltungen am Arbeitsplatz erlernen Mitarbeiter soziale Konventionen und Konfliktfähigkeit. Gewohnte und geschätzte Kommunikation führt zu besserer gegenseitiger Information. Ein Informationsvorsprung ist kein Vorteil mehr, den es zu schützen gilt. Es sind eher die Zusammenarbeit und das geteilte Wissen, die zu besseren gemeinsamen Ergebnissen führen, wenn solche gemeinsamen Leistungen auch gewünscht und gewürdigt werden.

Dann werden auch Teambildungsprozesse durch informelle Kommunikation unterstützt.

Auch Fertigkeiten, die nicht unmittelbar mit der Arbeit in Zusammenhang stehen müssen, werden geschätzt, was zu mehr Selbstbewusstsein von Mitarbeitern führt.

Zudem wirkt der informelle Umgang mit Kollegen auch als Korrektiv für das soziale Verhalten der Mitarbeiter untereinander. Man kann das eigene Bild von sich selbst in einer sozialen Umgebung überprüfen.

Chance 2: Identifikation mit der Bibliothek

Informelle Kommunikation stützt das Wir-Gefühl in einer Organisation. Das Zugehörigkeitsempfinden der Mitarbeiter steigt, wenn sie nicht nur als ökonomische Größe in der Bibliothek präsent sind, sondern auch als soziales Wesen dort zuhause sind.

Bei Besuchen in Bibliotheken wird mir oft mit Stolz die neue Ausstattung der Kaffeeküche gezeigt oder die schöne Terrasse, auf der man sich trifft und auf die Stadt schauen kann.

Chance 3: Transparenz und Verständnis von Prozessen

Über informelle und daher oft stressfreie Kommunikation, wird häufig nebenbei die Zusammenarbeit koordiniert und erleichtert. Mitarbeiter tauschen sich über das aus, was sie an Prozessen und Abläufen nicht verstanden haben. Das ermöglicht die Orientierung und macht Prozesse am Arbeitsplatz besser verständlich.

Chance 4: Die lernende Bibliothek

Stimmt die Stimmung, und Orte und Gelegenheiten sind geschaffen, dann befragen sich Mitarbeiter gegenseitig bei Problemen. Ein kurzer Anruf oder eine kurze Anfrage bei der Kollegin sind oft die effektivere Lösung als langes Recherchieren.

Will man das Wissen in einer Bibliothek erhalten, ausbauen und zugänglich machen, dann ist ein Baustein dazu sicher, die informellen und schnellen Kommunikationswege zu ermöglichen.

Chance 5: Kurze Wege

Die informelle Kommunikation lässt Informationen blitzschnell durch eine Organisation laufen, weil sie nicht an formale, komplizierte oder mühsame Prozesse gebunden ist.

„Wie kann eine Organisation Wissen effektiv vermitteln? Die kurze – und beste – Antwort lautet: Man stelle gescheite Leute ein und lasse sie miteinander reden."
(Davenport u. Prusak zitiert in: Held, J. u. a.: Wissensmanagement…, S. 33)

7.2.5 Risiken: der Flurfunk als Zeitfresser und Trendsetter

Wir haben gesehen, wie wichtig die informelle Kommunikation in der Bibliothek sein kann, und dass es sich lohnt, sie zu unterstützen und ihr Raum zu geben.

Natürlich kennt auch jeder Beispiele, in denen durch informelle, nicht autorisierte Informationen Nachteile entstanden sind.

Eine negative Spielart der informellen Kommunikation werden wir uns noch genauer anschauen: die Gerüchte (Kap. 7.3).

Werden zu viele und zu lange Gespräche in den Sozialräumen und den Fluren geführt, dann ist das schlichtweg auch ein Zeitfresser, und die Arbeit bleibt liegen.

Wenn Mitarbeiter den Eindruck haben, dass sie dazu gezwungen sind, sich die wichtigsten Informationen über den Flurfunk holen zu müssen, dann stimmt etwas mit der formalen Kommunikation nicht.

Das Problem ist, dass zum einen die gute oder schlechte Beziehung zu den Kollegen dann die entscheidende Komponente dafür ist, ob man informiert ist oder nicht. Zum anderen verändert sich durch die Weitergabe von Informationen über den Flurfunk auch der Inhalt. Die informelle Kommunikation kann immer nur als Ergänzung der formellen Kommunikation existieren und sie nicht aushebeln.

Nimmt die informelle Kommunikation besonders in Krisenzeiten zu, kann das auch zur Störungen des Betriebsfriedens führen. Es können bewusst Falschinformationen weitergegeben werden. Die Stimmung unter den Mitarbeitern kann gezielt angeheizt werden.

Zudem kann die informelle Kommunikation ein effektives Instrument für Mobbing sein. Gestreute Gerüchte können zur Diffamierung von Arbeitskollegen führen.

7.3 Sonderfall: Das Gerücht

Kollege A zu Kollege B: Hast du schon gehört, die wollen den kompletten Eingangsbereich renovieren. Es heißt, es geht um eine Asbestsanierung.

Kollege B zu Kollege C: Im Eingangsbereich wird die komplette Decke runtergerissen, und dann atmen wir hier den asbesthaltigen Staub ein. Das plant mal wieder einer, der keine Ahnung von Bausicherheit hat. Hoffentlich arbeiten die wenigstens mit Schutzmasken.

Kollege C zu Kollege D: Hör mal, B hat mir erzählt, dass der Eingangsbereich total asbestverseucht ist. Wenn hier renoviert wird, müssen wir wahrscheinlich mit Mundschutz arbeiten, weil der Staub ja so gefährlich ist.

Kollege D zu Kollege E: Kannst du dir das vorstellen, wenn hier renoviert wird, müssen wir wahrscheinlich in Schutzkleidung arbeiten. Anstatt die Bibliothek in der Zeit zuzumachen. Aber es geht ja immer nur um Benutzerzahlen. Unsere Sicherheit ist denen doch völlig egal.

Wir können nur ahnen, wie sich dieses Gerücht weiterentwickeln wird. Zur Natur von Gerüchten gehört, dass sie sich mit jedem Austausch zwischen Sender und Empfänger in der Kommunikation erweitern und verändern.

Damit sind sie eine Form der Kommunikation, die nicht kontrollierbar oder steuerbar ist.

Gleichzeitig fungieren sie wie ein Stimmungsbarometer in einer Organisation. Je unsicherer oder uninformierter sich Menschen in der Organisation fühlen, und je weniger Vertrauen sie in die Leitung haben, desto eher treten Gerüchte auf.

7.3.1 Die Kennzeichen eines Gerüchts

Abbildung 21: Das Gerücht.

Gerüchte zu beschreiben, ist nicht leicht. Diese besondere Kommunikationsform entzieht sich immer wieder normativen Einordnungen.

„Der Flurfunk gibt die Nachrichten weiter, die die Menschen im Unternehmen für wahr halten."
(Ulrich E. Hinsen in Dörfel: Instrumente und Techniken der Internen Kommunikation, Bd. 1, S. 68)

1. Kriterium: Wahrheitsgehalt
Ob Gerüchte wahr oder unwahr sind, lässt sich nicht ohne weiteres beschreiben. Immerhin lässt sich aber sagen, dass sie von vielen Mitarbeitern für wahr gehalten werden. Der Spruch „Ohne Rauch kein Feuer" überzeugt viele in der Annahme, dass schon irgendetwas dran sein muss.

Gerüchte können sowohl wahr, wie auch unwahr sein. Sie können auch nur eine Teilwahrheit abbilden oder ein Gemisch aus Fantasie und Fakten sein.

2. Kriterium: Form der Übertragung
Gerüchte werden typischerweise mündlich weitergegeben. Die Möglichkeiten, die sich durch Instant Messaging, also durch schnellen internetbasierten Nachrichtenaustausch ergeben, lassen die Gerüchteküche auch digital brodeln.

Die digitale Form ist umso wirkungsvoller, als dass sie auch bleibende nachlesbare Spuren bei aller Anonymität der Sender hinterlässt.

Bei der mündlichen und digitalen Form der Weitergabe bleibt die ungewisse Herkunft der Information das gemeinsame Merkmal. Keiner weiß, wer es ursprünglich gesagt oder geschrieben hat.

3. Kriterium: Geschwindigkeit
Gerüchte beziehen sich meist auf ein interessantes aktuelles Thema. Gerüchte über die Vergangenheit haben längst nicht so viele Rezipienten. Durch Verzögerungen verlieren sie an Wert, deshalb müssen sie schnell weitergegeben werden. Ist die Information erst einmal veraltet, ist der Reiz des Neuen, vielleicht Geheimen verschwunden. Sobald es alle kennen, ist es kein Gerücht mehr.

Gerüchte sind daher in ihrer Verbreitung schnell und kurzlebig. Wenn sie veraltet sind oder von einer echten Information eingeholt werden, dann ist ihre Lebensdauer beendet.

4. Kriterium: Beziehung zwischen Sender und Empfänger
Der Status des Informationsgebers eines Gerüchtes ist hoch. Schließlich hat er exklusive Informationen, die die anderen nicht haben. Daraus lässt sich für viele auch ein Motiv für die Weitergabe ableiten. Derjenige, der etwas Interessantes weiß, erscheint auch interessant.

Zu Beginn der Weitergabe bleibt der Kreis der „Vertrauten" noch klein, dann erweitert er sich auch auf die nicht unmittelbaren Kollegen. Das Gerücht zieht seine Kreise.

Oder „Das Gerücht macht die Runde". Die Personifizierung des Begriffs zeigt ein weiteres typisches Merkmal: Die Urheberschaft ist nicht nachvollziehbar. Der Sender des Gerüchts ist nicht Zeuge des Geschehens, von dem er berichtet, denn er hat es ja nur als Gerücht gehört.

5. Kriterium: Hierarchie
Das Gerücht hält keine formalen Wege ein, es muss nicht in der Linie weitergegeben werden, sondern ist völlig unabhängig von der Organisationsstruktur. Es lebt ausschließlich durch das Beziehungsgeflecht. Es kann sich auch zunächst innerhalb der naheliegenden Arbeitsbeziehungen verbreiten, aber der Informationsgeber muss sich nicht an die Hierarchie halten.

6.   Kriterium: Akzeptanz
Interessanterweise wird dem Gerücht häufig mehr geglaubt, als den Verlautbarungen von oben. Es zieht die offizielle Verlautbarung in Zweifel und hat dadurch auch etwas Rebellisches. Im Untergrund raunt man sich etwas gegen „die da oben" zu. Je geringer das Vertrauen in die Organisation oder in die Führungskräfte ist, desto glaubhafter ist das Gerücht.

7.   Kriterium: Wechselseitigkeit
Das Gerücht befriedigt vor allem den Wunsch nach Beteiligung und Dialog. Es wird weniger verlautbart in dem Sinn, dass einer dem anderen zuhören muss. Stattdessen wird ergänzend und bestätigend miteinander gesprochen. Zu dem, was der eine berichtet, hat der andere noch ein weiteres Detail hinzuzufügen.

7.3.2 Wie Gerüchte entstehen

Der Ursprung eines Gerüchtes kann ein reales Ereignis sein, über das hinaus dann Spekulationen entstehen. Die Tatsache, dass wegen der Asbestbelastung ein Gebäudeteil renoviert werden muss, ist an sich richtig. Verbunden mit diesem realen Ereignis starten jetzt die Spekulationen über Zeit, Dauer, Belastung oder Absicht.
      Ein Gerücht kann auch komplett aus der Fantasie entstehen und die Motive für die Weitergabe können unterschiedlich sein:

a)   Bedeutung:
„George Clooney verkauft seine Villa am Comer See", weiß die Süddeutsche Zeitung am 4. Juli 2015 zu berichten. Doch der interviewte Bürgermeister kann nichts bestätigen. Dennoch glauben wir zu wissen, dass die nächste Information in der Zeitung, die über den tatsächlichen Verkauf seiner Villa sein wird. Wie kommt das?
      Es muss einen Bedarf nach dieser Information geben, sie muss attraktiv sein und unsere Neugier befriedigen, an einem berühmten Leben teilzuhaben. Oder die Information ist für uns wichtig, weil wir vielleicht Nachbarn am See sind, wir sind Betroffene.

b)   Defizit:
Von offizieller Seite sind keine Informationen zu bekommen. Kein Pressesprecher hat offiziell bestätigt, was uns interessiert.

c)   Kontakt:
Ein netter Plausch auf dem Flur mit dem Kollegen trägt zudem zur Kontaktpflege bei. Sich gemeinsam über etwas aufzuregen oder zu erregen, schafft Verbundenheit, manchmal so etwas wie augenzwinkernde Komplizenschaft, kurz: es verbindet.

d)   Wissensvorsprung:
Wenn einer etwas weiß, von dem die anderen noch nichts wissen, dann verschafft dieser Informationsvorsprung Bedeutung. Der Informationsgeber ist gefragt und wird immer wieder angesprochen. Da ist jemand, der irgendwie an der Quelle sitzt. Die bedeutsame Quelle färbt auf den Überbringer der Botschaft ab.

e)   Misstrauen:
Wir trauen offiziellen Verlautbarungen nicht mehr. Hintergrund sind viele Erfahrungen, die Menschen in Politik, Gesellschaft, aber auch in Organisationen gemacht haben. „Nein, das Unternehmen wird nicht verkauft, nein, es werden keine Mitarbeiter entlassen, nein, durch technische Neuerungen wird nicht weniger Personal gebraucht."

Eine der berühmtesten Unwahrheiten, die offiziell verlautbart wurden, ist die von Walter Ulbricht am 15. Juni 1961, als er auf einer Pressekonferenz den Satz sagte „Niemand hat die Absicht, eine Mauer zu errichten." Am 13. August 1961 wurde mit dem Bau der Mauer begonnen.

Der Zweifel am Wahrheitsgehalt offizieller Informationen ist ein Vertrauensproblem. Informationen von offizieller Seite werden in einer Belegschaft (einem Staat) erfahrungsgemäß dann weniger geglaubt, wenn es Enttäuschungen über Unwahrheiten in der Vergangenheit schon gegeben hat.

Menschen werden ebenfalls misstrauisch, wenn Kritisches in einer Arbeitssituation oder in einem Veränderungsprojekt nicht mitgeteilt wird. Alle wissen es, aber offiziell sagt niemand etwas dazu.

Auch Nicht-Information ist Kommunikation und wird manchmal als „beredtes Schweigen" verstanden. Wenn nichts gesagt wird, ist auch das eine Botschaft.

Gerüchte sind in Zeiten von Veränderungsprozessen, wenn über die offiziellen Wege keine Antworten gegeben werden, ein Gegengewicht. Die herrschende Unruhe ist der Nährboden für Verkaufsgerüchte, Personalgerüchte oder Gerüchte, die die Strukturen betreffen.

Walter Ulbricht, nachzuhören bei https://www.youtube.com/ watch?v=YjgKKOdVRx4

Wird Kritisches verschwiegen oder werden Informationen geschönt, bietet das den Nährboden für die Gerüchteküche.

7.3.3 Der Lebenszyklus eines Gerüchts

Die Verbreitung von Gerüchten hat etwas Chaotisches und Unwägbares. An manchen Orten verbreitet es sich in Windeseile, an anderen wird es gar nicht wahrgenommen. Die Kommunikation von Gerüchten funktioniert nicht linear, sondern eher wie in einem zufälligen Netzwerk. Es werden Informationen weitergegeben, im Gespräch ergänzt und mit diesen Ergänzungen trägt der Informant das Gerücht weiter. So kann es viele Durchläufe von Gerüchten geben.

Schneller als jede Regelkommunikation bahnt sich die Information einen Weg, der auch nicht nachvollziehbar ist: Was war die Ursprungsinformation, wer hat damit angefangen. Da bleiben alle meist ratlos.

Das Gerücht bauscht sich auf, es wird zu einer „Story", die eine eigene Dramatik aufweist. Jeder möchte es jetzt genau wissen und viele haben noch einen Beitrag dazu, der das Gerücht würzt.

So schnell wie es sich aufgebaut hat, kann es auch schon wieder in sich zusammenfallen. Wenn eine überprüfbare echte Information geliefert wird oder der beraunte Zustand eingetroffen ist, hat die Realität das Gerücht überholt. Dann ist es ganz schnell von vorgestern und wird nicht mehr weiter kolportiert.

Eine nächste Runde mit einem neuen Gerücht oder einer Wiederaufwärmung des alten Gerüchtes mit Zusatzinformationen kann eingeläutet werden.

In Laborstudien mit dem Spiel „stille Post" haben die amerikanischen Psychologen Gordon Williard Allport und Leo Postman (1947) drei Prozesse entdeckt, die mit der Weitergabe von Gerüchten verbunden sind:

Gordon Williard Allport und Leo Postman: The psychology of rumor, 1947

Levelling:	Das Gerücht wird in der Weitergabe schnell kürzer, weniger detailliert und weniger komplex. Feinheiten, wie Namen, Orte oder Zeiten werden in der Erzählung weggelassen oder ersetzt. Nach mehreren Durchläufen des Gerüchts weiß niemand mehr die genauen Details.
Sharpening:	Bestimmte Aspekte des Gerüchts werden selektiv betont und übertrieben. Die Information wird zugespitzt und vereinfacht.
Assimilation:	Das Gerücht wird in Einklang mit den bereits existierenden Vorurteilen und Interessen verzerrt. Man hört, was zu der eigenen vorgefassten Meinung passt.

Abbildung 22: Das Gerücht ist in der Welt.

In der ersten Phase der Entstehung von Gerüchten wird zum einen verdichtet, die Information muss schnell weitergegeben werden. Zum anderen wird ausgeschmückt. Viele Details sollen die Dringlichkeit deutlich machen und den Zuhörer überzeugen.

Die Mechanismen, die in der Wachstumsphase von Gerüchten wirken, beschreibt Hinsen (Ulrich E. Hinsen, in Dörfel S. 69) folgendermaßen:

Kondensation	Verkürzung der Nachricht
Ergänzung	Früher Gehörtes tritt zu neuen Informationen hinzu
Assoziation	Eigene Betroffenheit vom Inhalt der Information
Erinnerungen	Folgenschwere Ereignisse aus der Vergangenheit
Entscheidungsdruck	Der Informationsempfänger muss handeln

7.3.4 Was wird verbreitet? – die Inhalte

Für ein wirkungsvolles Gerücht reicht es nicht, dass irgendetwas von irgendwem berichtet wird. Hohe Bedeutsamkeit bekommt ein Gerücht durch folgende Faktoren:

Wer:	die Person muss eine gute Quelle sein, wichtig oder erfahrungsgemäß vertrauenswürdig
Was:	der Inhalt muss bedeutsam und für viele wichtig sein
Wie:	es muss nachvollziehbar, mit Details angereichert, dramatisch sein

Was können die Themen von Gerüchten in Unternehmen sein? Ein Gerücht gibt zunächst einmal wieder, was Menschen für möglich halten.
- Persönliches über Einzelne
- Strategische Unternehmensentscheidungen
- Personalien: Wer wechselt wohin?
- Warnungen vor Gefahren
- Moralische Übertretungen
- Veränderungen der gewohnten Umgebung

Welche wichtige strategische oder organisatorische Information haben Sie im letzten Jahr zuerst über den Flurfunk als Gerücht gehört?

Welche Wirkung hatte das bei Ihnen, bei den Mitarbeitern?

7.3.5 Lancierte Gerüchte

Ein Merkmal von Gerüchten ist, dass sie meist schnell und ohne Hintergedanken verbreitet werden. Jemand hat etwas gehört und gibt es weiter.

Manchmal ist es einfach Gedankenlosigkeit, mit der Fehl- oder Halbinformationen weitergegeben werden.

Absichtsvoll wird es, wenn Gerüchte bewusst gestreut werden. Wenn zum Beispiel durch ein lanciertes Gerücht eine offizielle Stelle wie die Direktion oder der Personalrat diskreditiert oder zu einer Reaktion gezwungen werden soll.

Oder wenn die Leitung der Bibliothek bewusst ein Gerücht streut, um Reaktionen der Belegschaft auf geplante kritische Entscheidungen zu testen. Wenn dann allerding das Gerücht von der Leitung offiziell bestätigt wird, ist das Vertrauen der Belegschaft in die Direktion stark untergraben.

Durch ständige Verbreitung von Gerüchten wird im Laufe der Zeit das Vertrauen in die offizielle Kommunikation abnehmen.

7.3.6 Wie geht man am besten mit Gerüchten um?

Um zu vermeiden, dass die Gerüchteküche zunimmt und das Vertrauen in die offizielle Kommunikation abnimmt, muss die Organisation eine Kommunikationspolitik praktizieren, die auf Transparenz und Vertrauen aufgebaut ist.

„Unsicherheit und mangelnde Informationen über Alternativen sind eine Hauptursache für Probleme beim Management des Wandels."
(Meckel, Unternehmenskommunikation, S. 419)

Führungsentscheidungen müssen offen kommuniziert und über Veränderungen im Unternehmen muss glaubwürdig, umfassend, regelmäßig und möglichst aktuell informiert werden. So können Gerüchte bereits zu Beginn der Verbreitung gestoppt werden.

Wenn das Gerücht aber bereits im Umlauf ist, sollte man sich die Reaktion genau überlegen. Manchen Gerüchten schenkt man durch ein Dementi erst die richtige Aufmerksamkeit.

Zunächst gilt es zu unterscheiden, ob es sich um folgenschwere oder harmlose Gerüchte handelt. Harmlos sind zum Beispiel Gerüchte über Menschen, die über jeden Zweifel erhaben sind. Ihr guter Ruf spricht für sich. Jegliche Reaktion würde wie eine Rechtfertigung wirken.

Das gilt ebenso für Gerüchte über Maßnahmen und Veränderungen. Manche sind an sich so unglaubwürdig, dass es besser ist, sie sich selbst zu überlassen und die Fakten für sich sprechen zu lassen.

Bei den harmloseren Gerüchten empfiehlt sich demnach folgende Strategie:

Harmlose Gerüchte

- sich selbst überlassen
- ihnen keine weitere Bedeutung geben
- ins Leere laufen lassen (wenn nichts dran ist)
- nur auf Nachfrage reagieren
- gelassen bleiben

Natürlich gibt es auch Gerüchte, denen man mit einer Richtigstellung begegnen muss. Schwerwiegende Gerüchte können zum Beispiel die Schließung von Standorten, persönliches Fehlverhalten von Führungskräften oder auch die Zusammenlegung oder Stilllegung von Abteilungen sein. Wenn die Folgen der Weiterverbreitung eines unwahren Gerüchtes zu starker Unruhe und Demotivation führen, sollte man offensiv damit umgehen.

Schwerwiegenden Gerüchten begegnen:

- Das Gerücht nicht inhaltlich erwähnen, stattdessen die positive Meldung formulieren, mit der das Gerücht indirekt widerlegt wird.
- In einem offiziellen Kommunikationsakt von oberster Stelle klipp und klar deutlich machen, welche Informationen richtig, welche falsch sind.
- Erklären, warum Mitarbeiter an das Gerücht geglaubt haben, Verständnis dafür ausdrücken und gegebenenfalls Fehler in der Kommunikationspolitik eingestehen. Besserung deutlich machen.
- Richtigstellung ins Intranet stellen.
- Deutlich machen, warum man zu einem bestimmten Zeitpunkt noch keine Informationen veröffentlichen kann oder konnte.

7.4 Keine Angst vor der informellen Kommunikation

Es geht in einer Organisation nicht darum, die informelle Kommunikation zu unterbinden. Wenn der von Mitarbeitern empfundene Freiraum der informellen Kommunikation unterbunden oder instrumentalisiert wird, nutzen Mitarbeiter andere Wege. Da die informelle Kommunikation immer Bestandteil der Zusammenarbeit von Menschen sein wird, sollte man sie nicht verbannen. Im Gegenteil, es ist wichtig, ihr den gehörigen Platz einzuräumen und damit diesen informellen Informationsaustausch zu würdigen.

Informelle Kommunikation ist Teil der Unternehmenskultur und Mitarbeiter bemerken schnell, ob es erwünscht oder unerwünscht ist, dass sie sich auch informell austauschen. Damit besteht die Aufgabe des Managements darin, eine Atmosphäre von Offenheit für den Dialog zu schaffen.

Was kann man tun, um dem Bedarf an ungesteuerter Information den notwendigen Raum zu verschaffen.

1. Vorgesetzte suchen selbst die informelle Kommunikation

In der Managementliteratur wird diese Form der Führungskommunikation mit dem Begriff „Management by walking around" beschrieben. Das ist nichts anderes als der bewusste Weg der Führungskräfte an die Orte der informellen Kommunikation.

Die Vorgesetzte trifft ihre Mitarbeiter in deren Büro, kommt auf einen Kaffee in den Sozialraum oder ist auf jeden Fall bei der nächsten Geburtstagsfeier dabei. Der Small Talk vor der Sitzung gehört genauso dazu, wie ein kurzer Stopp auf dem Gang, um zu hören, wie es geht.

2. Orte für Begegnungen schaffen

Menschen kommunizieren an unterschiedlichen Orten informell miteinander. Raucher tun es an den für sie eingerichteten oder inoffiziellen Raucherplätzen. Es wird auf Gängen, in den Kaffeeküchen, in den Büros oder Pausenräumen inoffiziell kommuniziert. Und das sind nur die Orte der face-to-face-Kommunikation. Außerdem wird online informell kommuniziert, im Blog, Chat oder auf Facebook.

Es fließen viele Informationen über solche inoffiziellen Kanäle. Und anstatt jeglichen Informationsfluss zu kanalisieren, sollte man mit viel Vertrauen in die Mitarbeiter, dem Gesprächsbedarf untereinander einen Ort geben.

Im Neubau eines großen Unternehmens, den ich vor kurzem besichtigen konnte, wurde genau das berücksichtigt. In jeder Etage des fünfstöckigen Gebäudes gibt es ganz zentral zwischen zwei Abteilungen gelegen eine große Kaffeeküche mit einer langen Theke und hohen Stühlen. Man kann gut hineinschauen und sehen, ob gerade jemand drin sitzt, den man vielleicht kurz treffen möchte. Ein Mitarbeiter sagte zu mir: „Ich wusste gar nicht dass die benachbarte Abteilung so groß ist, viele habe ich vorher noch nie gesehen."

3. Arbeitsstrukturen schaffen

In Teams und Projektgruppen wird informell kommuniziert. Diese Strukturen kann die Leitung der Bibliothek fördern. Auch durch Kommunikationsformen wie Blogs oder gemeinsame Workshops, die sie den Gruppen zur Verfügung stellen kann.

4. Kommunikation über den Arbeitsalltag hinaus fördern

Das soziale Gefüge einer Organisation fördert man dadurch, dass man Gelegenheiten für den Austausch nicht nur im Arbeitsalltag schafft, sondern auch in besonderen Situationen. Hierzu eignen sich folgende Maßnahmen:
- Open Space Veranstaltungen
- Seminare und Workshops inhouse veranstalten
- Flurfunk Party
- Feste und Betriebsausflüge

Wenig hilfreich dagegen ist es, wenn man versucht den informellen Austausch durch drakonische Maßnahmen zu unterbinden. Da fallen manchen Führungskräften absurde Ideen ein: die Abschaffung von Aschenbechern an den Ausgängen, der Zwang, sich für die Pausen auszustempeln oder die Abschaffung von Kaffeemaschinen.

7.5 Vertiefung

Zur Vertiefung des Themas schlage ich Ihnen vor, die folgenden Fragen zu beantworten.

Was spricht dafür, informelle Kommunikation zu fördern?

_____

_____

_____

_____

_____

Was können Sie persönlich dafür tun, um ausufernde Gerüchte zu verhindern?

1. _____

2. _____

3. _____

4. _____

5. _____

8 Flexibilität üben – die Zusammenarbeit in Veränderungsprozessen

8.1 Ein Beispiel

Jetzt wartet eine neue Herausforderung auf Frau Peters. Im Rahmen des Umzugs der Bibliothek in ein neues Gebäude soll sich das Benutzungsteam neu aufstellen. In dem neuen Gebäude werden sich auch Arbeitsabläufe ändern. Die Bibliothek wird der Eingang für den gesamten Bereich der studentischen Dienstleistungen sein. Da bekommt das Auskunftsteam noch ganz neue Aufgaben. Die Bibliothek wird für die Studierenden die zentrale Anlaufstelle werden. Die Rede ist von kundenorientiertem Verhalten und ganz neuen Servicemöglichkeiten.

Zur Vorbereitung des Umzugs und zur Planung der neuen Dienstleistungssituation sind Teams entstanden, die sich mit der Planung befassen sollen.

Frau Peters hat den Eindruck, dass ihre Mitarbeiterinnen in der Benutzungsabteilung sich eigentlich auf das neue Gebäude freuen und die Vorbereitung in Teams auch ganz vernünftig finden. Nur ist ihnen gar nicht klar, wie ihre Aufgaben in Zukunft genau aussehen werden. Sie hatten bisher in der Benutzungsabteilung einen eigenen Spielraum und hatten einen guten Kontakt zu ihren Kunden. In diesem Freiraum haben sie oft Ermessensentscheidungen treffen können. Das hat zur Motivation aller Kolleginnen beigetragen. Wie es in Zukunft aussehen wird, können sie sich noch nicht vorstellen.

Die Stimmung ist insgesamt eher niedergeschlagen. Alle Kollegen haben das Gefühl, dass mit dem Umzug und der Neuplanung ihres Aufgabengebietes ihre vorherige Arbeit in Frage gestellt wird. Haben sie denn vorher etwa nicht kundenorientiert gearbeitet?

Bei der Betrachtung der Situation spürt Frau Peters die ganze bunte Mischung an Bedenken, Ängsten und Unsicherheiten, die zusammenkommt, wenn Veränderungen sich anbahnen. Ihr ist ja selber nicht klar, wie sich die Situation entwickeln wird. Nur dass sie vermutlich sehr gefordert sein wird, das kann sie sich schon vorstellen. Denn die Mitarbeiter haben schon jetzt angemeldet, dass sie auf dem Laufenden gehalten werden wollen, und dass sie von ihr erwarten, sich ihrer Sorgen anzunehmen.

Sie überlegt sich, was ihr in einer solchen Umbruchphase wichtig wäre zu wissen.

Wer wird von der Veränderung betroffen sein?
Wie ist der zeitliche Rahmen?
Wie ist der angestrebte Soll-Zustand nach dem Veränderungsprozess?
Wird sich mein Aufgabenbereich oder der meiner Mitarbeiter verändern?
Wie sind im Laufe des Veränderungsprozesses die Informationen zugänglich?
An wen wende ich mich bei Fragen?

Sie hat bereits einige Veränderungsprozesse in der Bibliothek erlebt. Manche endeten mit einem positiven Ergebnis, wie die Einführung von Teamarbeit. Das hat der Bibliothek insgesamt einen neuen Schwung gegeben. Andere waren schwieriger, wie die Einführung neuer Führungsleitlinien. Der Prozess war aufwendig und nicht konfliktfrei und die Auswirkungen schwer zu beurteilen. Sie fragt sich, wovon Erfolg oder Misserfolg des Wandels abhängen.

8.2 Typische Veränderungsprozesse

Veränderungsprozesse in der Bibliothek können kleinere oder größere Dimensionen annehmen. Von der Zusammenlegung zweier Bibliotheken bis zu einem Führungswechsel an der Spitze können grundlegende Veränderungsprozesse ausgehen.

Von einem aktuellen Zustand (Ist) soll ein neuer verbesserter Zustand (Soll) erreicht werden. Das Ziel ist eine veränderte Unternehmenswirklichkeit.

In der Zeit der Veränderung, in diesem Prozess des Übergangs, kann man von einer hohen Instabilität der Organisation ausgehen. Beginnend mit den ersten Gerüchten über die anstehende Veränderung bis zur konkreten Umsetzung ist es somit verstärkt notwendig, Sicherheit zu geben.

Die solchen Prozessen immanente Verunsicherung der Beteiligten und auch die reelle Möglichkeit des Scheiterns erfordern also eine hohe Steuerungsfähigkeit der Führungskräfte.

Die Reaktionen von Menschen auf Veränderungen sind sehr unterschiedlich. Es gibt Menschen, deren Streben nach Veränderung und Wandel groß ist. Das sind die Mitarbeiter, die sich auf die Veränderung freuen. Und es gibt Menschen, denen Stabilität und Dauer ein hoher Wert sind. Diese werden am schwersten zu gewinnen sein. Der Zustand nach der Veränderung wird nicht der gleiche, wie vor der Veränderung sein. Ein Abschied von gewohnten Verhaltensweisen und Abläufen ist unumgänglich.

8.2.1 Dimensionen von Veränderung

Veränderungsprozesse haben eine unterschiedliche Intensität und Dimension. Es gibt Veränderungen, die nur einzelne Bereiche der Organisation betreffen oder bei denen nur wenige Mitarbeiter involviert sind. Andere betreffen die Gesamtorganisation und alle Mitarbeiterinnen und Mitarbeiter.

Was aber versteht man überhaupt unter einem Veränderungsprozess, welche Gegebenheiten müssen vorhanden sein, damit man von einem solchen Prozess sprechen kann?

Jede Organisation steht vor der Aufgabe, bestimmte Rahmenbedingungen und Voraussetzungen zu schaffen, um auf politischen, ökonomischen oder gesellschaftlichen Wandel zu reagieren, bzw. pro-aktiv zu steuern.

Man kann heute davon ausgehen, dass eine Bibliothek sich immer wieder wandeln muss, um ihre Existenz zu sichern und bestehen zu bleiben. Somit ist Wandel die Voraussetzung für die Existenz und gleichzeitig Normalität. Das ist für das Management eine große Herausforderung, da es gezwungen ist, nicht nur auf Entwicklungen zu reagieren, sondern Veränderung als permanente Aufgabe zu sehen.

Dazu gehört, diesen Veränderungsdruck und die daraus entstehenden nicht immer beliebten Veränderungen als notwendige Maßnahme zur Existenzsicherung an die Mitarbeiter zu vermitteln. Veränderung ist keine Ausnahme, sondern die Regel.

In ihrer Intensität und in ihrem Umfang unterscheiden sich Veränderungsprozesse deutlich voneinander. Das „Zwiebelmodell der Transformation" zeigt, welche Schichten der Organisation Veränderungsprozesse berühren können. Ähnlich dem Aufbau einer Zwiebel berühren von außen nach innen die Veränderungen immer mehr den unternehmerischen Kern. Das Ausmaß des Wandels nimmt von innen nach außen zu.

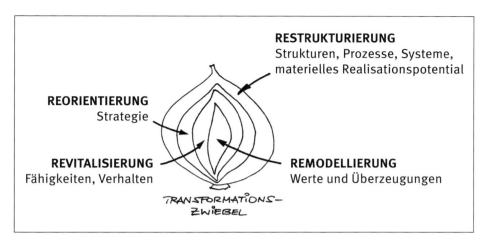

Abbildung 23: Zwiebelmodell nach Krüger (in Meckel, S 406).

Veränderungsprozess	Inhalte	Beispiele
Restrukturierung (hard facts)	Setzt an bei: – Prozessen – Strukturen – Systemen	Die Veränderung von Geschäftsprozessen und Abläufen
Reorientierung (hard facts)	Setzt an bei: – der Unternehmensstrategie – strategischen Allianzen – der Veränderung des Portfolios	Umgestaltung des Dienstleistungsangebotes, Aufgabe alter und Entwicklung neuer Geschäftsfelder
Revitalisierung (soft facts)	Setzt an bei: – den Fähigkeiten der Mitarbeiter – Verhaltensveränderung	Abbau von Führungsebenen Einführung eines neuen Führungsstils, Kundenorientierung
Remodellierung (soft facts)	Setzt an bei: – dem Selbstverständnis der Organisation – Werten und Überzeugungen	Umformulierung der Corporate Identity

Der Veränderungsbedarf von Organisationen lässt sich auch nach inhaltlichen Schwerpunkten aufteilen. Ausgangspunkt ist eine instabile Situation im Unternehmen in den folgenden Bereichen.

Kultur
Führung, Kommunikation

Strategie
Vision, Leitbild, Geschäftsstrategie

Organisation
Strukturen, Prozesse

Technologie
Methoden, Verfahren

Übung
Was trifft auf Ihre Bibliothek zu?

Sie führen neue Technologien oder Organisationsformen ein?
Standardisierung IT, Inter-/ Intranet, neue Arbeits- oder Kooperationsformen...

Sie fusionieren oder strukturieren Bereiche um oder gestalten sie neu?
Konzentrationsprozesse, Globalisierung, Neugestaltung von Geschäftsprozessen...

Sie stoßen in für Sie neue Märkte und Dienstleistungsangebote vor?
Neue Dienstleistungen und Produkte, Erweiterung der Segmente...

Auf Ihren Führungsebenen finden starke Wechselbewegungen statt?
Hohe Fluktuation, Nachfolgeregelungen, Alterspyramiden...

Ihr Markt unterliegt einer besonderen Änderungsdynamik?
Schnell wechselnder Bedarf der Kunden, schnell wechselnde Kundenströme, hoher Konkurrenzdruck, Wertewandel, Technologiewandel, ...

8.2.2 Beispiele für Veränderungsprozesse in Bibliotheken

Sie haben sicher in den letzten Jahren schon einige Veränderungsprozesse in Bibliotheken erlebt. Hier nur einige Beispiele:

Restrukturierung
– Die Zusammenführung von zwei Abteilungen zu einer „Integrierten Medienbearbeitung".
– Projekt „Demografischer Wandel": Umstrukturierung in Folge der Pensionierung vieler Mitarbeiter.

Reorientierung
– Die Anpassung der Hochschulbibliothek an die Gesamtstrategie der Hochschule (Neuorientierung, Überprüfung der Angebotspalette, Kundenorientierung).
– Bibliotheksumbau oder Bibliotheksneubau mit damit verbundener Neuorientierung (Überprüfung des Dienstleistungsangebotes).
– Die Einführung des Mitarbeitergesprächs.
– Integration eines Teams, das bisher Projektstatus hatte, in die Bibliothek.

Revitalisierung
- Organisationsentwicklung in der Bibliothek
- Einführung von Teamarbeit
- Abschaffung von Hierarchieebenen
- Entwicklung neuer Führungsleitlinien

Remodellierung
- Neuausrichtung der Aufgabe der Bibliothek, zum Beispiel im Rahmen einer hochschulinternen Umorganisation, die Bibliothek wird Teil des Zentralen Servicecenter rund ums Studium, zusammen mit dem Studienbüro, der Studienberatung und dem Rechenzentrum.

Sollten Sie den Eindruck haben, dass bei aller Anstrengung die eigene Betriebsblindheit zu groß ist, um innovative Ideen in einem Change-Prozess zu entwickeln, dann hilft der Blick von außen.

https://www.uni-muenster.de/AFO/
projekte/ideen_mining/index.html

Die Westfälische Wilhelmsuniversität in Münster bietet mit dem Projekt Ideenmining die Möglichkeit an, andere Kreative für sich arbeiten zu lassen. Einen Tag lang entwickelt ein interdisziplinäres Team Ideen für Ihre Fragestellung.

8.3 Die Bedeutung von Kommunikation in Veränderungs- prozessen – Change Communication

Wenn wir an das Beispiel vom Beginn denken, wird schnell klar, von welcher zentralen Bedeutung die Kommunikation in Veränderungsprozessen ist. Schon wenn es die ersten Gerüchte über mögliche Veränderungen gibt, hat die gesteuerte Kommunikation versagt.

„Change Communication bezeichnet das Kommunikations- und Verhaltensmanagement zur Unterstützung tiefgreifender Veränderungsprozesse von Unternehmensstrategien und -strukturen an aktualisierte Rahmenbedingungen."
(http://wirtschaftslexikon.gabler.de/Definition/change-communications.html)

Das Misstrauen wächst, denn statt klarer Information gibt es Vermutungen und Befürchtungen, der Flurfunk setzt die Zeichen. Dabei ist die eindeutige, klare und wertschätzende Kommunikation zu und mit den Beteiligten die Grundvoraussetzung für das Gelingen eines Veränderungsprozesses.

Nicht zu vergessen ist, dass das Ziel von Veränderungsprozessen eine Verbesserung der bisherigen Situation ist. Dazu braucht es eine offene und angstfreie Kommunikation, um auch Fehler in den bisherigen Prozessen offen zu legen. Das funktioniert sehr schlecht in einer Atmosphäre von Angst und Befürchtungen, in der jeder die Informationen zurückhält, die möglicherweise ein schlechtes Bild auf ihn werfen können. Also gehört zur Kommunikation in Veränderungsprozessen auch die Bereitschaft Fehler einzugestehen und aus Fehlern zu lernen.

Bei der Kommunikation in Veränderungsprozessen geht es darum, den Prozess der Veränderung zu steuern und Einfluss auf die weichen, menschlichen Faktoren wie Stimmungen, Befürchtungen, Ängste und Widerstand zu nehmen. Denn in einem Veränderungsprozess geht es für die Mitarbeiterinnen um zwei Zielrichtungen:

1. Die Veränderung von Verhalten
   Bisherige Verhaltensweisen müssen abgelegt und neue Verhaltensweisen eingeübt werden. Zudem sollen Verhaltensweisen befördert werden, die den Wandel unterstützen.
2. Die Veränderung der Einstellung
   Überzeugungsarbeit ist zu leisten, um eine positive Einstellung im Blick auf die Veränderung zu erzeugen.

Solche Veränderungsziele sind für viele Mitarbeiter kritisch, sie bedrohen möglicherweise das Selbstbild und brauchen eine enge kommunikative Begleitung.

Denn Mitarbeiter, die gegen den Wandel arbeiten, offenen Widerstand zeigen oder auch nur gleichgültig sind, gefährden die Zukunft des Unternehmens.
(Meckel: Unternehmenskommunikation, S. 407)

Die kommunikative Begleitung des Veränderungsprozesses konzentriert sich auf folgende drei Ebenen:

1. Die informative Ebene: Was geschieht überhaupt?
2. Die edukative Ebene: Was bedeutet das für die Mitarbeiter?
3. Die emotionale Ebene: Was fühlen die Betroffenen?

Damit berührt Change Communication das, was von vielen Führungskräften bei Veränderungsprozessen unterschätzt wird, die weichen Faktoren.

8.4 Phasen in Veränderungsprozessen und die kommunikative Herausforderung

Um die Dynamik von Veränderungsprozessen zu verstehen und damit Abläufe auch vorhersehen zu können, wurden entsprechende Modelle entwickelt.

Kurt Lewin, Feldtheorie in den Sozialwissenschaften, Huber 1963

8.4.1 Phasen der Veränderung nach Kurt Lewin

Als einer der ersten entwickelte Kurt Lewin, Psychologe und Sozialpsychologe, 1947 ein strukturiertes Modell der Veränderung in drei Phasen.

Hintergrund für seine Überlegungen war die Fragestellung, wie sich soziale Konflikte lösen lassen.

Er beschrieb die drei Phasen folgendermaßen:

---

1. Phase: **Auftauen – unfreezing**
Die Veränderung wird vorbereitet:
Pläne werden mitgeteilt, Betroffene einbezogen. Das bisherige Gleichgewicht wird aufgelöst, die Beteiligten für die Veränderung interessiert und motiviert. Besonders die Personen, die dem Wandel positiv gegenüberstehen werden aktiviert.
Ziel: Bereitschaft zum Wandel erzeugen.

2. Phase: **Bewegen – moving**
Die eigentliche Veränderung findet statt:
Workshops zur Einführung und Schulungen werden abgehalten. Neue organisatorische Abläufe werden geplant, umgesetzt und eingeübt.
Ziel: Den Veränderungsprozess in Gang setzen.

3. Phase: **Einfrieren – freezing**
Die letzte Phase dient der Etablierung der Veränderung:
Neues Verhalten soll verfestigt werden, da ansonsten ein Rückfall in Verhalten oder Verfahren der Zeit vor der Veränderung drohen.
Ziel: Erreichte Veränderung auf Dauer stabilisieren.

Lewin ging davon aus, dass man zu Beginn des Veränderungsprozesses die Betroffenen aus ihrer gewohnten Situation quasi auftauen muss. Nach dem Veränderungsprozess braucht es wieder eine Phase der Stabilisierung, damit die Veränderung sich etablieren kann.

8.4.2 Phasen der Veränderung nach Kübler-Ross

Die Psychiaterin Elisabeth Kübler-Ross befasste sich mit dem Thema Tod und Sterben und ist die Begründerin der Sterbeforschung. In Interviews mit 200 Sterbenden hat sie festgestellt, dass der Trauerprozess nach einem immer ähnlichen Muster verläuft.

Dieser Prozess, den sie in fünf Phasen unterteilt hat, ist heute die Grundlage, um grundsätzlich den Prozess des Abschieds oder eines Verlustes zu verstehen.

Dabei kann es um den Verlust eines Arbeitsplatzes, einer Beziehung oder auch den Verlust von Freiheit gehen. Die fünf Phasen, die sie dabei entwickelt hat, können sich in ihrer Dynamik und in ihrem Auftreten durchaus unterschiedlich zeigen. Einzelne Phasen können auch entfallen und müssen nicht zwingend in dieser Reihenfolge auftreten.

Phase 1: **Nicht wahrhaben wollen und Isolierung (Denial)**

In dieser Phase, die auch Schockphase genannt wird, versucht der Betroffene die Nachricht der Veränderung von sich abzuwehren. Er hält inne, fällt in eine Starre und kann zunächst nicht glauben, was geschieht. Diese Phase hält nicht lange an, denn die Realität lässt das Leugnen oft nur kurz zu.

Phase 2: **Zorn (Anger)**

In der Phase des Zorns machen Betroffene ihrem Ärger Luft. Manche verspüren Neid auf alle Nicht-Betroffenen, die in Ruhe so weitermachen können wie bisher. Dabei kann sich die Wut je nach Persönlichkeit nach außen oder nach innen wenden. Es können sich Wutausbrüche gegen die Verursacher oder Autoaggressivität zeigen. Es können Schuldgefühle auftreten. Manche glauben, etwas falsch gemacht zu haben und selbst schuld an der Situation zu sein.

Phase 3: **Verhandeln (Bargaining)**

In dieser kurzen Phase versucht der Betroffene durch einen Handel die für ihn negative Veränderung noch zu verhindern. „Wenn ich mich auf eine bestimmte Art verhalte, kann ich das Unglück noch abwenden."

Phase 4: **Depression (Depression)**

In dieser Phase wird klar, dass es keinen Weg mehr zurück gibt. Der Betroffene versteht, dass das Bisherige verloren ist, und er sich auf etwas Neues und Anderes einstellen muss. Die Energie, die zunächst noch da war, um sich gegen die veränderte Situation zur Wehr zu setzen, fällt ab. Lustlosigkeit und Depression treten auf. Es ist keine Energie mehr für die Abwehr vorhanden, aber auch noch keine Energie für das Anpacken des Neuen.

Phase 5: **Akzeptanz (Acceptance)**

Nach Neid, Zorn und Depression folgt die Akzeptanz des Unausweichlichen. Jetzt ist die Bereitschaft da, sich mit der Veränderung auseinander zu setzen. Der Blick zurück auf das vorherige Bessere wechselt ab mit einem Blick nach vorn, auf das Mögliche. Es beginnt die Suche nach einem möglichen Umgang mit der neuen Situation.

Die Kenntnis dieser Hintergründe hilft Führungskräften zunächst dabei, zu verstehen, dass mit jeder Veränderung alle Mitarbeiter einen eigenen Verarbeitungsprozess durchlaufen. Jede Phase dieses Prozesses hat ihre eigenen kommunikativen Auswirkungen und beinhaltet auch die Herausforderung ihn kommunikativ zu begleiten.

Jede Veränderung, ob positiv oder negativ empfunden, bedeutet auch einen Abschied vom Bisherigen. Damit schärft das Modell nach Kübler-Ross unsere Aufmerksamkeit dafür, dass auch Trauer ein Teil der Veränderung ist. Menschen verabschieden sich von gewohnten Verhaltensweisen oder von Räumen, von gewohnten Abläufen oder auch von Kolleginnen und Kollegen. Dies sollte sicher gewürdigt werden.

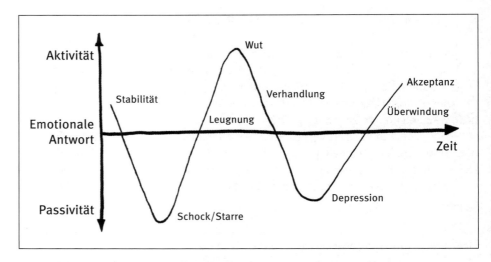

Abbildung 24: Trauerphasen nach Kübler-Ross.

Vorsicht ist geboten, wenn das Modell dazu genutzt wird, schlechte Nachrichten zu überbringen und dabei die Reaktionen der Mitarbeiter als kalkulierbar und steuerbar zu betrachten. In der Literatur tauchen dazu kühle Begriffe wie „Management der Emotionen" auf. Zudem ist nicht jede Veränderung für Mitarbeiter ein Schock, im Gegenteil: Es gibt Veränderungsprozesse, auf die Mitarbeiter sich schon lange freuen. Es hängt also bei der Betrachtung der Reaktion von Mitarbeitern grundsätzlich davon ab, ob die Veränderung vom Großteil der Belegschaft als positiv oder negativ gesehen wird.

8.4.3 Das Tichy-Modell der Veränderung

Dass Neuordnung und Wandel bestimmten Gesetzmäßigkeiten unterliegen, haben wir schon sehen können. Mit dem Modell der Veränderung nach Noel M. Tichy lassen sich weitere Erkenntnisse gewinnen:

---

a)   Wandel braucht einen Impuls, eine kreative Störung.
b)   Im Wandel bewegt man sich von einem Zustand der Stabilität zunächst in einen Zustand der Instabilität.
c)   Stabile Zustände sind selbsterhaltend, und der Wunsch im bisherigen Zustand zu bleiben, zeigt sich durch eine starke Beharrungskraft.
d)   Der angestrebte Zustand ist wieder ein Zustand der Stabilität.

Phase a) Notwendigkeit der Veränderung – Kreative Störung

Damit ein Prozess der Veränderung starten kann, braucht es einen Impuls. Der Impuls kann von außen oder von innen kommen. Man kann diesen Impuls auch eine kreative Störung nennen. Denn damit wir uns verändern muss die Notwendigkeit dazu entstehen in Form von Instabilität. Solche instabilen Zustände können folgende sein:
–   Eine Krise (Geldgeber ziehen ihre Unterstützung zurück, Einbruch der Benutzerzahlen, knappe Kassen der Kommunen, massiver Stellenabbau...)
–   Die Strategieentwicklung der Hochschule, in deren Folge auch die Bibliothek eine eigene Strategie entwickeln muss, um ihren Fortbestand zu sichern.

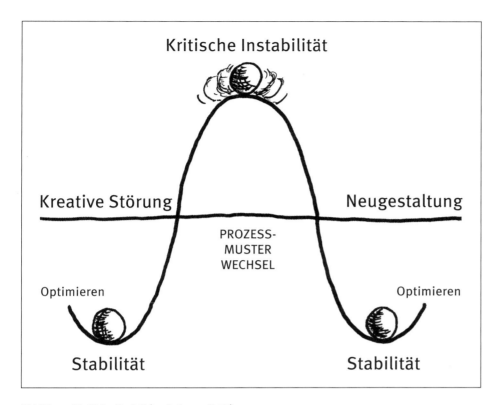

Abbildung 25: Tichy Modell (nach Kruse, S. 57).

- Eine Kundenbefragung, die eindeutig anzeigt, dass sich der Bedarf der Kunden deutlich verändert hat.
- Sehr eingeschliffenes Mitarbeiterverhalten, mit dem nicht mehr auf die anstehenden Aufgaben reagiert werden kann.

Zustand der Mitarbeiter:
Unglaube, Misstrauen, Verdrängung, Schock

Phase b) Sicherheitserleben im derzeitigen Zustand – Stabilität

Auch wenn die Situation der Bibliothek schwierig sein kann, wenn die Arbeitsplätze bedroht sind, bzw. das Überleben der Bibliothek in Frage steht, erleben die Mitarbeiterinnen und Mitarbeiter ihre eigene Situation oft als stabil. Alles geht seinen gewohnten Gang, Abläufe und Routinen sind vertraut.

Es gibt Bibliotheken, in denen sich die Gefährdungssituation, die regelmäßig auftritt, als eine stabile Größe entwickelt hat wie zum Beispiel stetig auftretende Budgetkürzungen oder die wiederkehrende Infragestellung der Weiterexistenz. Da bisher doch immer alles noch gut gegangen ist, vermuten in dieser Phase misstrauische Mitarbeiter hinter den Impulsen für die Veränderung auch noch andere Motive.

Wozu soll man etwas verändern, wenn es doch auch ohne Veränderung irgendwie funktioniert.

Zustand der Mitarbeiter:
Verteidigung des Status Quo, Argumentation gegen die Veränderung, Ärger und Wut über die Veränderung.

Phase c) Kritische Instabilität

c-1 Vorwärtsbewegung: ohne Sicht auf das angestrebte Ergebnis

Diese Zeit ist besonders kritisch. Der Prozess der Veränderung hat begonnen. Es hat eine Kick off-Veranstaltung gegeben, die ersten Workshops haben möglicherweise stattgefunden, man hat sich an eine Zielbeschreibung gemacht. Hier reicht oft die Vorstellungskraft nicht aus, sich den Zustand nach der Veränderung wirklich als einen besseren als den bisherigen vorzustellen. Man kann das gut mit einer Renovierung vergleichen. Zunächst wird alles abgerissen, es entstehen rohe Wände, der Boden ist staubbedeckt, der vielleicht „marode" aber doch vorherige intakte Zustand ist nicht mehr zu erkennen. Aber auch das Bild von den frisch gestrichenen Wänden und dem neuen Fußboden will sich noch nicht einstellen. Diese Phase geht dann nahtlos in die nächste über.

Zustand der Mitarbeiter:
Aktionismus, Blockade, Katastrophenfantasien

c-2 Rückwärtstendenz: Blick zurück

Es gibt die Tendenz, den alten Zustand wieder herzustellen. Man bereut, dass man überhaupt angefangen hat. Es entstehen die ersten Mythen über den vorherigen Zustand. Alles war besser als dieses Chaos jetzt. Wehmütig schaut man zurück, und die Energie für die Veränderung sinkt. Wenn man jetzt zurückrudert, ist noch kein zu großer Schaden entstanden.

Zustand der Mitarbeiter
Krisenhaft, Konflikte können auftreten, die Energie für die Veränderung sinkt, Blockade, Gerüchte...

c-3 Zenit: Sicht auf die neue Situation

Schließlich kommt der Wendepunkt in allen Veränderungsprozessen. Es kündigen sich die Veränderungen konkret an. Der neue Zustand wird nun sichtbar. Alles was vorher nur Befürchtung oder Wunschvorstellung war, zeigt sich.
    Diese Phase kann gekennzeichnet sein durch Enttäuschung, wenn sich der neue Zustand nicht so abzeichnet wie erhofft. Oder durch Euphorie, findet man z.B. die neue Möblierung des Service-Centers schöner und funktionaler als erhofft.

Zustand der Mitarbeiter:
Wandel der Stimmung, erste Entspannung, Pläne können geschmiedet werden.

Phase d) Neugestalten

Ein Zurück gibt es in dieser Phase nicht mehr. Die Weichen für die Veränderung sind gestellt und auch deutlich spürbar. Beim Umzug einer Bibliothek ist das der Moment, in dem die neuen Büros bezogen werden. Anlagen werden aufgebaut, Programme installiert, Prozesse umgesetzt.

Zustand der Mitarbeiter:
Aktive Beteiligung, positive Stimmung, Freude am Neuen, Energie

Phase e) Stabilität – Optimieren

Die Veränderung beginnt sich zu festigen. Der Eindruck von Ordnung, wo vorher Unklarheit war, wird stärker. Prozesse werden weiter eingeübt. Neue Routinen sind entstanden.

Zustand der Mitarbeiter:
Entspannung, und Erleichterung darüber, dass die Veränderung geschafft ist. Die Energiekurve sinkt wieder. Die Frage entsteht, wie es denn jetzt weitergeht. Manche vermuten, dass es direkt mit der nächsten Veränderung weitergeht.

Instabilität ist zwar eine Voraussetzung für Veränderung, sie ist aber nur als Übergangsstadium in eine neue stabile Situation sinnvoll.

Selbst wenn sich Organisationen im stetigen Wandel befinden, so muss immer wieder Stabilität erzeugt werden. Dauerhafte Instabilität erleben Mitarbeiter in Organisationen, in denen ein Veränderungsprojekt das andere jagt.

Der Stoßseufzer einer leitenden Mitarbeiterin einer großen Bibliothek ist mir noch im Ohr:

„Gerade haben wir uns an das eine gewöhnt, kommt schon das nächste."

Instabilität ist ein Zwischenstadium und darf im unternehmerischen Gefüge nicht zum Dauerzustand werden.

8.4.4 Die Herausforderung: kommunikative Ziele und Aufgaben im Veränderungsprozess

Alle Veränderungsbewegungen lösen Emotionen aus. Emotionen bewegen Menschen zum Handeln. Deshalb ist es wichtig, sich über die wechselnden Emotionen innerhalb eines Veränderungsprozesses im Klaren zu sein.

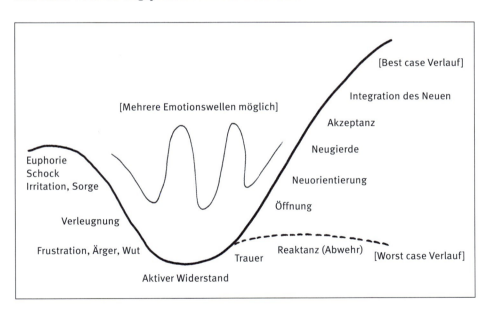

Abbildung 26: Emotionen im Veränderungsprozess.

Angelehnt an die Phasen der Veränderung nach Kübler-Ross stellt diese Kurve einen emotionalen Verlauf des Veränderungsprozesses dar.

Bisher sind wir davon ausgegangen, dass die Veränderung am Ende von allen akzeptiert wird. Das wäre die bestmögliche Entwicklung. Im schlechtesten Fall gibt es nach der Veränderung einen Zustand dauerhafter Reaktanz, also der Abwehr und Ablehnung der Veränderung. Umso wichtiger ist es, den Veränderungsprozess über die Umsetzungsphase hinaus gut zu begleiten und Mitarbeiterinnen und Mitarbeiter einzubeziehen.

In Zeiten der Instabilität einer Organisation hat die Kommunikation zwei Zielrichtungen: Es geht darum, emotionale und kognitive Unsicherheiten möglichst zu reduzieren.

„Mitarbeiten kann nur, wer mitdenken kann, mitdenken kann nur, wer informiert ist."
(M. Kalmus zitiert in: Richter, N: Interne Kommunikation im Krisenmanagement, 2007, S. 43)

Dabei gibt es vier wegweisende Grundprinzipien:

1. Die Offenheit und Klarheit von Aussagen: keine Mehrdeutigkeiten, vage Formulierungen, Überfülle an unnötigen Informationen.
2. Die Sicherheit der Kommunikationswege: verlässliche Informationen über verlässliche Wege.
3. Austausch und Feedback: Sicher stellen, dass wechselseitige Kommunikation stattfinden kann. Reaktionsmöglichkeiten schaffen, Teilhabe und partizipative Prozesse entwickeln.
4. Viel direkte zwischenmenschliche Kommunikation ermöglichen. Mix der Kommunikationswerkzeuge.

Inhaltlich geht es darum, fünf zentrale Fragestellungen zu beantworten:

1. Warum soll die Veränderung stattfinden? (Erläuterung der Notwendigkeit)
2. Wie soll die Zukunft aussehen? (Zukunftsvision skizzieren)
3. Mit welchen Schritten wollen wir dorthin kommen? (Phasen)
4. Warum ich daran glaube, dass es machbar ist. (Vertrauen in die Machbarkeit)
5. Was erwarte ich von Ihnen? (eindeutige Klärung der Erwartungen)

Wenn Sie die Informationen gewichten, dann ist es für die Betroffenen meist noch wichtiger zu wissen **Was** genau sich verändern wird, als zu wissen **Warum** sich etwas verändern wird. Wenn die Lage angespannt ist, interessiert die Menschen das Naheliegende, nämlich wie sieht die Zukunft aus?

In jeder dieser Phasen ist eine eigene Kommunikationsstrategie notwendig. Was brauchen Mitarbeiter in welcher Phase. Wie sind die Führungskräfte in den einzelnen Phasen gefragt?

Gewichten Sie je nach Lage die Informationen:
Ist die Lage angespannt, ist es für die Mitarbeiter wichtiger zu wissen, was sich verändert, als zu viel über das Warum der Veränderung zu erfahren.

Die Kommunikationsrichtungen, die besonders im Wandel zu beachten sind:

die Abwärts-Kommunikation:	von den Führungskräften zu den Mitarbeitern
die Aufwärts-Kommunikation:	von den Mitarbeitern zu den Führungskräften
Die horizontale Kommunikation:	auf der jeweils gleichen Ebene der Hierarchie
Die Gesamtkommunikation:	alle kommunizieren mit allen

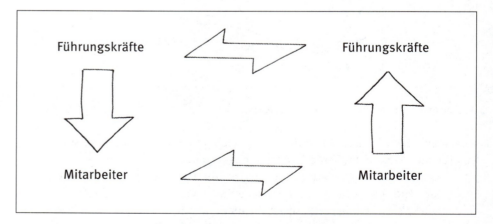

Abbildung 27: Richtungen der Kommunikation im Wandel.

Die Kommunikationskultur ist Teil der Unternehmenskultur. Da ist es einerseits wichtig, die gewohnten Kommunikationswege zu nutzen. Hier ist der Zugang leicht und eingeübt. Andererseits sollte man in Veränderungszeiten auch bewusst einen Kontrapunkt zum Gewohnten setzen.

Die außergewöhnliche Situation erfordert auch außergewöhnliche Methoden, die die besondere Aufmerksamkeit der Mitarbeiter auf sich ziehen. Es braucht einen Mix aus Bekanntem und Neuem.

Ein weiterer Aspekt ist die Kontinuität von Medium und Frequenz. Regelmäßige Informationen über nicht ständig wechselnde Medien schaffen Vertrauen und erleichtern den Zugang zu den Informationen.

Einer der wichtigsten Aspekte ist die strikte Dialogorientierung im Laufe des Wandels. Es muss deutlich gemacht werden, dass es im gesamten Prozess darum geht, im Gespräch zu sein und zu bleiben. Es werden Instrumente ausgewählt, die der reinen Informationsvermittlung dienen und Instrumente, die den Dialog und damit die Partizipation der Mitarbeiter, fördern und ermöglichen.

Die Auswahl eines cross-medialen Mixes an Informationswegen ist dann die Aufgabe der internen Kommunikation, bzw. der Leitung und Führungsebene.

Beispiele von Instrumenten für die

Abwärts-Kommunikation
- Rede halten
- Rundschreiben
- Mitarbeiterzeitschrift
- Arbeitsanweisungen
- Handbücher
- Aushänge
- Rundmail
- Stand der Dinge-Rubrik im Intranet / Nachrichten-Ticker

Aufwärts-Kommunikation
- Kummerkasten
- Vorschlagswesen / Ideenmanagement
- Besprechung
- offene Tür-Prinzip
- Regelmäßige Fragerunde mit der Führungskraft
- Chat zwischen Leitungsebene und Mitarbeitern
- Mitarbeiterumfrage
- Feedback im Intranet mit Ranking der meisten Nennungen

Horizontale Kommunikation
- Email
- Gruppenmeetings
- Besprechungen
- Qualitätszirkel
- Projektgruppen
- Arbeitsgruppen
- informelle Gespräche
- Blog
- Intranet

Gesamtkommunikation aller Beteiligten
- Mitarbeiterversammlung
- Change-Forum / Diskussionsforum
- Blog

Welche Inhalte in welcher Form sind in den Phasen des Wandels sinnvoll:

Phasen	Inhalt / Ziel	Formen
1. Der Start	Grund für die Veränderung deutlich machen, und die wichtigen Fragen der Mitarbeiter beantworten: – Warum brauchen wir überhaupt eine Veränderung? – Was würde ohne Wandel passieren? – Was ist das Ziel der Veränderung? – Muss es diese Veränderung sein? – Gibt es Alternativen? Rechtzeitig und frühzeitig die Informationen kundtun. Wichtig, dass die Mitarbeiter Veränderungsoptionen nicht extern erfahren.	1. Frühzeitig informieren. 2. Viel Top- down Information: klare Worte, Visionen, Zukunftsperspektiven. 3. Bedeutung der Hierarchie: Leitung ist gefragt. 4. Wiederholung der Information auf verschiedenen Kanälen. Mitarbeiter, die zunächst noch nicht alles mitbekommen (emotionale Instabilität) können alles noch einmal hören, nachlesen, mit den direkten Vorgesetzten besprechen.
2. Die Vorphase – Stabilitäts- empfinden	Trauerarbeit, würdigen, was man bisher geschafft hat. Bisher Erreichtes honorieren, Notwendigkeit der Veränderung trotzdem deutlich machen.	1. Rituale schaffen. 2. Eine Abschiedsfeier organisieren.
3. Aktionsphase	Räume schaffen für die Diskussion. Viele Fragen brauchen jetzt eine Antwort: – Kann nicht alles so bleiben wie es ist? – Was bringt mir diese Veränderung? – Was bringt uns diese Veränderung? – Was bedeutet die Veränderung für meinen Status, für meine Karriere? – Wird mir noch etwas verschwiegen? – Kann ich die Veränderung schaffen? – Bin ich möglicherweise überfordert? – Was passiert wann? – Wer ist wie gefragt? Alle Informationen zum Ziel, zum Hintergrund, zum Verfahren und zur Beteiligung. Prinzipien des Kommunikationsstils im Wandel.	1. Kick off, Startworkshop 2. Infokanäle bekannt geben. 3. Teambesprechungen 4. Beteiligungsformen bekannt machen. 5. Schulungen 6. Workshops mit Beteiligung 7. Mittlere Führungsebene ist gefragt, den Diskussionsprozess mit ihren Mitarbeitern zu führen. Dazu müssen sie selbst gut informiert und eingebunden sein. 8. Veranstaltungen für die Führungsebene; dazu Informationspakete für mittlere Führungsebene bereitstellen. Stil: Zuhören, diskutieren, viel persönliche Kommunikation
4. Partizipations- phase	Intensive gemeinsame Arbeit an Inhalten, bisher Erreichtes wird reflektiert, Korrekturen sind möglich.	1. Arbeitsgruppen veröffentlichen ihre Ergebnisse mit der Bitte um Kommentar im Intranet, am Schwarzen Brett. 2. Beteiligungsformen für gemeinsame Arbeit wie ein Wikis oder Blogs. 3. Besprechungen 4. Workshop zur Zwischenbilanz

Phasen	Inhalt / Ziel	Formen
5. Abschluss – Stabilität	Das Erreichte präsentieren. Dank für die Zusammenarbeit und das Engagement formulieren. Die nächsten Schritte deutlich machen, mit denen der Wandel noch weiter eingeübt wird. Ankündigen der Reflexion nach einer ersten Erprobungszeit, da die Möglichkeit zum Nachsteuern ankündigen.	1. Ergebnisse auf den verschiedenen Kanälen intern präsentieren: Portrait eines erfolgreichen Teams, Fotos, Videos mit Kollegen, die berichten. 2. Veranstaltung zur Einführung mit Feedbackmöglichkeit 3. Abschlusspräsentation 4. Die Party 5. Rituale zum Abschluss

In der folgenden Matrix finden Sie einen Überblick darüber, über welche Kommunikationskanäle Sie welche Wirkung erzielen können.

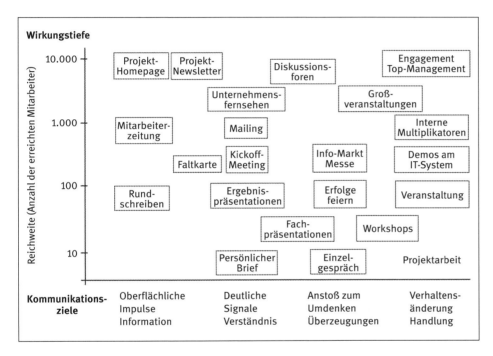

Abbildung 28: Matrix der Wirkungstiefe (nach Reichwald und Hensel).

Ein Kommunikationskonzept für den Wandel sollte vor allem Formen des direkten Kontaktes zur Leitung beinhalten. Nach dem Prinzip „Many-to-one" gibt es viele Möglichkeiten, Mitarbeitern den direkten Kontakt zu den Vorgesetzten zu ermöglichen.

Einige Beispiele:

I.   Offene Meetings
Ein offenes Meeting kann das regelmäßige Angebot einer Führungskraft sein, auf Fragen der Belegschaft direkt und im Dialog zu antworten. Hier bietet sich auch ein Mix an aus interaktiven Online-Methoden und der persönlichen Präsenz vor der Belegschaft:
Vorab werden Fragen im Intranet gesammelt, die die Mitarbeiter auch anonym einstellen können. Das Meeting hat ein sich wiederholendes Ritual:

---

1. Info: Überblick über den Stand der Dinge geben.
2. Antworten auf die gesammelten Fragen geben.
3. Noch nicht zu beantwortende Fragen werden ebenfalls erwähnt. Es wird begründet, warum sie noch nicht zu beantworten sind und auf die nächste Woche vertagt. Dort werden sie dann wieder aufgegriffen.

Das Treffen lässt sich per Videostream an Mitarbeiter in den Bereichsbibliotheken oder Zweigstellen übertragen. Zudem kann man sich den Mitschnitt später noch im Intranet anschauen.

2.   Besuch der Abteilungen oder Teams
In kleinerer Runde besucht die Führungskraft einzelne Abteilungen oder Teams. Hier haben alle die Möglichkeit, im direkten Gespräch ihre Fragen, ihre Kritik oder ihre Anregungen los zu werden.
Ergebnisse können im Intranet veröffentlicht werden.

3.   Das Prinzip der offenen Tür
An einem bestimmten Tag in der Woche oder im Monat ist die Tür für alle offen, die das Gespräch suchen.

4.   Frage-Antwort-Blog der Führungskraft
Die Führungskraft führt eine Art Change-Tagebuch als Blog im Intranet. Mitarbeiter können sich über Fragen und Kommentare beteiligen.

5.   Flipcharts in den Sozialräumen: „Das will ich wissen. Das will ich sagen."
Zum direkten Kommentar stehen in Kaffeeküchen und Sozialräumen Flipcharts bereit, auf die jeder seine Kommentare oder Fragen notieren kann.

6.   Info-Event / Marktplatz
Damit ist eine Ausstellung gemeint, bei der alle bisherigen Ergebnisse des Prozesses dargestellt werden. Die Mitarbeiter laufen durch die Ausstellung und können sich an einzelnen Infoständen zur weiteren Diskussion oder zum weiteren Infobedarf treffen. Es gibt die Möglichkeit, Kommentare, Ideen, Bedenken, Lob und Kritik zu den einzelnen Ergebnissen zu visualisieren.

Achtung vor Fallen:
Bei allen offenen Foren und Ausstellungen ist zu beachten, dass sich schlechte Stimmung auch potenzieren kann durch ein offenes Forum zum falschen Zeitpunkt. Schimpftiraden und Unsachliches können natürlich auftreten.
Als Grundprinzip sollten Sie beachten, dass mit Partizipation ehrlich umgegangen werden sollte. Beispielsweise sollten keine unnötigen Workshops stattfinden, wenn alles schon entschieden ist.
Im Zweifel und in kritischen Momenten hilft es, kleine Einheiten mit der Möglichkeit zur Diskussion zu wählen und weniger verkündigend zu informieren.
Hier sind neue Medien, bevorzugt schnelle interaktive Medien wie Intranet, Blog, Email, Foren oder Chats zu nutzen. Es geht dabei auch darum, den Gerüchten und Halbwahrheiten vorzubeugen.

Was tun, wenn es nichts zu sagen gibt:
In einem Veränderungsprozess wird es immer wieder Momente geben, in denen noch keine Ergebnisse vorliegen, da bestimmte Schritte noch nicht abgeschlossen sind.

Nutzen sie in kritischen Momenten besonders partizipative Informationsformen mit viel Reziprozität.

Das kann zu langem Schweigen führen, wenn man sich nur auf die Veröffentlichung von Ergebnissen konzentriert. Schweigen oder die Nicht-Information kann dazu führen, dass Gerüchte oder Fehlinformationen entstehen.

Das lässt sich dadurch abfedern, indem man auch den derzeitigen Mangel an Informationen mit dem Prozessschritt erklärt.

Infostand
Hintergrund: Wir können derzeit nichts sagen, weil...

_____

_____

_____

Prozessschritt: Wir sind zurzeit in der Phase...

_____

_____

_____

Aktualität: Was geschieht genau jetzt?

_____

_____

_____

Zukunft: Welche Art von Information wird demnächst mitgeteilt?

_____

_____

_____

8.5 Umgang mit Widerständen und Ängsten

Veränderungen in Organisationen lösen Ängste und Befürchtungen aus, denn sie greifen ein in den Handlungsspielraum jeder einzelnen Person. Jede Veränderung, auch wenn sie als positiv empfunden wird, beinhaltet immer, dass Menschen sich von etwas Vorherigen verabschieden müssen. Das löst bei den meisten Menschen Widerstand aus, bis man die Notwendigkeit erkennt, sich umzugewöhnen und andere Verhaltensweisen einzuüben.

8.5.1 Ursachen von Widerstand

Die Emotion Angst ist eine starke Triebkraft für menschliches Handeln. Dabei geht es oft um Angst vor dem Neuen, vor dem Unwägbaren, vor dem Ungewohnten. Angst bewahrt uns in kritischen Situationen auch vor Unheil. Angst ist ein im Menschen tief verwurzeltes Gefühl. Fühlen wir uns bedroht in unserer Integrität, reagiert das System Mensch mit einem Überlebensprogramm. Im Veränderungsprozess kann sich das

„Es zählen nicht nur Zahlen und Fakten, Emotionen sind die Antriebssysteme von Menschen."
(Meckel, Unternehmenskommunikation, S. 415)

durch Widerstand in Form von Verweigerung, Schimpfen oder Boykottieren zeigen. Verschärft wird die Angst durch beeinflussbare Faktoren wie mangelnde Information und mangelnde Beteiligung. Wenn wir nicht wissen, was auf uns zukommt, treten wir auf die Bremse, ein natürlicher Instinkt. Und wenn wir nicht beteiligt sind, dann fehlt uns der Faktor der Selbstbestimmtheit, der ebenfalls die Angst mindert. Das ist dann der Fall, wenn andere, Vorgesetzte, Kollegen oder höhere Dienststellen sich Gedanken über Veränderungen gemacht haben, ohne die Betroffenen zu befragen.

Manche Menschen haben Angst:
– vor Kompetenzverlust
– vor Statusverlust
– vor zu viel Kontrolle
– vor zu viel Transparenz
– vor Arbeitsplatzverlust
– davor, Neues lernen zu müssen

Fehlende Information und fehlende Beteiligung haben zur Folge, dass der Widerstand gegen Veränderungen potenziert wird.

Menschen erleben Widerstand wegen des Loslassens bestehender Dinge, wie das alte Büro, das eingeübte Verfahren, die bisherige Chefin, oder die netten Kollegen.

Für die Gestaltpsychologie ist Widerstand eine Reaktion auf eine externe bedrohliche Stimulation. Das System reagiert mit Widerstand, um die Selbstbestimmung zu erhalten.

Die Reaktanztheorie beschreibt Widerstand als Reaktion auf eine wahrgenommene Freiheitseinengung mit dem Ziel die eigene Handlungsfreiheit wieder herzustellen. Die Intensität der Reaktion des Einzelnen hängt dabei vom Grad der Bedrohung ab, der subjektiv unterschiedlich empfunden wird. Er hängt ebenfalls ab vom vorher erlebten Freiheitsgrad der Situation.

Menschen wägen außerdem die Vor- und Nachteile einer Veränderung für sich ab. Das ist für viele eine Kosten-Nutzen-Bilanz. Wie hoch ist am Ende der Veränderung mein Gewinn, wie hoch mein Verlust. Lohnt sich die Investition an Engagement, wenn am Ende der Verlust möglicher bisheriger Privilegien, meines Status, meiner bisherigen Arbeitsweise, für mich zu hoch ist?

Zudem gibt es ganz rationale Ursachen von Widerstand, wie zum Beispiel die, dass die angestrebte Lösung nicht optimal erscheint:
– Sie ist technisch nicht die beste Lösung.
– Sie ist wirtschaftlich nicht die beste Lösung.
– Sie ist rechtlich nicht die beste Lösung.

Widerstand kann sehr emotional auftreten oder sehr rational. Und unwichtig ob die rationalen Argumente nur vorgeschoben sind, es lohnt sich auf jeden Fall, sich mit ihnen auseinander zu setzen.

Je nach Veränderung kann die erste Reaktion von Menschen sowohl ein Schock als auch Euphorie sein. Tendenziell erfolgt dann eher eine Verneinung der Auswirkungen der Veränderung. Bei den Führungskräften kann Widerstand auch als Ablehnung der Tatsache auftreten, sich mit dem Widerstand der Mitarbeiter auseinandersetzen müssen. Denn diese Auseinandersetzung wird höchstwahrscheinlich anstrengend und nicht konfliktfrei sein.

Wenn also Angst eine Reaktion auf die echte oder vermutete Gefahr für die eigene Integrität ist, dann muss es im Change-Prozess darauf Antworten geben.

8.5.2 Formen von Widerstand

Abbildung 29: Widerstand (hergestellt mit wordle: http://www.wordle.net/).

Schon bei der Wahrnehmung von Verhalten, das wir als Widerstand deuten, zeigt sich die Haltung, die man gegenüber dem „Widerständigen" und seinen Motiven hat.

Zum Umgang mit Widerstand ist es wichtig, ihn in seinen verschiedenen Ausprägungen zu erkennen. Dazu ist es hilfreich, zu verstehen, wie sich die Abwehr gegenüber Veränderungen bei jedem persönlich darstellt. Bevor Sie jetzt sagen „Neuerungen gegenüber bin ich immer aufgeschlossen.", überprüfen Sie für sich selbst:

Übung
Welche Veränderung im beruflichen Umfeld, die meine Arbeit, meinen Arbeitsstil, meine Umgebung betraf, habe ich im letzten Jahr erlebt?

Wie war meine erste Reaktion auf die Veränderung? (Freude, Skepsis, Erleichterung, Misstrauen, Ärger...)

Hat sich bei mir Widerstand geregt? Wie hat der sich geäußert?

_____

_____

_____

_____

_____

Haben sich meine Befürchtungen oder Erwartungen bestätigt? Bin ich positiv überrascht worden?

_____

_____

_____

_____

Doppler, Klaus; Lauterburg, Christoph: Change Management. Den Unternehmenswandel gestalten, Frankfurt 2008

In Anlehnung an Doppler und Lauterburg finden Sie hier eine Matrix, die die Ausprägungen von Widerstand beschreibt.

	reden	nicht reden
angreifen	– offen widersprechen – sich beschweren – dagegen argumentieren – Vorwürfe machen – polemisieren – drohen – offen kritisieren	– sich aufregen – Unruhe verbreiten – sich streiten – Cliquen bilden – geringschätzige Körpersprache und Mimik
zurückziehen	– häufig Fragen zu unwichtigen Themen stellen – bereits getroffene Entscheidungen wiederholt in Frage stellen – herumalbern anstatt sich auseinander zu setzen – permanente Ironie – fordern, dass andere sich zuerst bewegen – Sonderfällen und Ausnahmen ausgiebig betrachten und diskutieren – Unwichtiges debattieren	– lustlos bei der Arbeit sein – häufige Abwesenheit – sich unwissender stellen als man ist – zunehmende Rückdelegation bereits angenommener Aufgaben – Probleme aussitzen – hektischer Aktionismus in unwesentlichen Bereichen – Besprechungen fernbleiben – nicht entscheidungsbefugte Vertreter entsenden – perfekte Lösungen einfordern

8.5.3 Die Haltung der Führungskräfte gegenüber Widerstand

Für die Führungskräfte und alle am Veränderungsprozess Beteiligten ist es wichtig, eine Haltung zum Widerstand entwickeln. Diese Haltung heißt einfach: Akzeptanz. Denn wenn wir den Widerstand als eine vitale Funktion eines Systems verstehen, können wir auch erkennen, dass der Prozess des „Durcharbeitens" durch den Widerstand im Veränderungsprozess von zentraler Bedeutung ist.

1. Kognitive Verarbeitung

Es hilft sehr, die unterschiedlichen Emotionen, sowie die Ausprägungen von Widerstand den einzelnen Phasen des Veränderungsprozesses zuordnen zu können. Auf eine erwartete Entwicklung kann man mit Ruhe und Besonnenheit reagieren und sich vorbereiten. So wird aus einer Krise im Prozess nicht gleich ein Drama.

Es ist ebenfalls wichtig, sich klar zu machen, dass Mitarbeiter nicht grundsätzlich gegen Veränderungen sind. Vielmehr ist es wichtig zu verstehen, dass Emotionen im Wandel eine große Rolle spielen.

2. Emotionale Verarbeitung

Hilfreich ist es, eigene Anteile von Widerstand zu erkennen und Verständnis für die emotionale Gestimmtheit der Betroffenen aufzubringen. Auch Schuldgefühle gegenüber den Betroffenen oder Wut sind wenig hilfreich. Hilfreiche Haltungen sind:

–   Bereitschaft, Verantwortung zu übernehmen
–   Sich auseinander zu setzen
–   Zu erklären
–   Emotionen erkennen und aufnehmen wollen
–   Begeistern und interessieren

Was den Widerstand sicher verstärkt sind folgende Verhaltensweisen:

–   Vertrösten
–   Schweigen
–   Viel reden, wenig sagen (Nebelbomben)
–   Schön reden (eindeutige Fehler beschönigen…)
–   Kommunikationsaktionismus nach dem Motto „viel hilft auch viel".
–   Eine große Aktion reicht doch wohl (eine große Tagung, Infoveranstaltung mit viel Aufwand ersetzt kontinuierliche Kommunikation)

Warum Widerstand im Wandel wichtig ist:

Wenn Sie sich mit den folgenden positiven Aspekten von Widerstand befassen, dann wird sich Ihre Haltung dazu auch verändern. Und damit haben Sie einen wichtigen Schritt zum Umgang mit Widerstand getan.

Warum Widerstand wichtig ist:

Widerstand:
–   ist ein Zeichen für Veränderung, gibt es keinen Widerstand, verändert sich auch nichts.
–   gibt Hinweise auf mögliche bisher unerkannte Probleme.
–   bietet Anknüpfungspunkte für Kommunikation und ermöglicht das Eingehen auf die Betroffenen, denn Widerstand enthält immer eine Botschaft.
–   macht Positionen deutlich, die die Beteiligten eingenommen haben.
–   kann ein Anzeichen dafür sein, dass das Veränderungstempo zu hoch ist.
–   bietet die Möglichkeiten das eigene Verhalten zu reflektieren.
–   ist oft mit Energie verbunden, die das Engagement zeigt, und mit der man im positiven Sinn arbeiten kann.

8.6 Methodisches Handwerkszeug: Wie aktiviert man Mitarbeiter für Veränderungsprozesse?

Da Beteiligung die Akzeptanz für Veränderungsprozesse befördert, gilt es nun Instrumente in der internen Kommunikation einzusetzen, die Partizipation zulassen und fördern.

Häufig werden Veränderungen in Bibliotheken von einem kleinen Projektteam entwickelt, das typischerweise aus den Führungskräften zusammengesetzt wird. Das kann dann seinen üblichen Weg gehen: von der Planung im kleinen Kreis bis zu den Verlautbarungen an die betroffenen Gruppen. Erst nach der Planung werden die Gruppen eingebunden, werden geschult oder durch verschiedene individuelle Maßnahmen in den Veränderungsprozess eingebunden.

Das größte Problem in Veränderungsprozessen, die auch die Grundhaltung und Einstellung von Mitarbeitern berühren, ist aber die innere Beteiligung und Überzeugung. Interessanterweise werden aber selten alle Mitarbeiter einbezogen. Dabei ist es für den Erfolg von Veränderungsprozessen wichtig, aus den betroffenen Mitarbeitern mehr als das, nämlich Beteiligte zu machen, die mitgestalten und sich für die Veränderung einsetzen wollen.

Einige Möglichkeiten, Mitarbeiter in Veränderungsprozesse einzubinden, möchte ich Ihnen hier vorstellen.

Es gibt Methoden mit sehr viel Freiraum wie Open Space, die Zukunftswerkstatt oder das World Café. Und es gibt Methoden, die einen engeren Spielraum haben, wie die SWOT-Analyse oder zielgenau geplante Workshops.

Alle diese Methoden sind grundsätzlich partizipativ, die Teilnehmer werden zu verantwortlichen Gestaltern. Damit ist die Hierarchie nicht aufgehoben, und es muss deutlich gemacht werden, in welchem Rahmen nach einer Konferenz Entscheidungen getroffen werden.

Ziel der Partizipation ist es, aus Betroffenen Beteiligte zu machen.

8.6.1 Die SWOT-Analyse

Was ist die SWOT-Analyse?	Eine Stärken-Schwächen-Chancen-Risiken-Analyse. S steht für strength (Stärken), W steht für weakness (Schwächen), O steht für opportunities (Chancen) und T steht für threats (Risiken).
Wann ist sie anwendbar?	Strategieentwicklungsworkshop
Wie ist der Ablauf?	Die Ergebnisse der externen Unternehmens-Umfeld-Analyse in Form eines Chancen-Risiken-Katalogs werden zusammengestellt und dem Stärken-Schwächen-Profil der internen Unternehmensanalyse gegenübergestellt. Dann werden alle Aspekte zueinander in Beziehung gesetzt:

1. Ausbauen: S–O Strategie
   Welche Stärken passen zu welchen Chancen? Wie können Stärken die Chancenrealisierung erhöhen? Welche Geschäftsfelder oder Produktbereiche kann die Bibliothek erweitern?

2. Aufholen: W–O Strategie
   Wo können aus Schwächen Chancen entstehen? Wie können sich Schwächen zu Stärken entwickeln? Welche Schwächen sollten verbessert werden? In welchen Geschäftsfeldern oder Märkten muss die Bibliothek aufholen?

3. Absichern: S–T Strategie
   Mit welchen Stärken kann die Bibliothek welchen Risiken begegnen?
   Wie können Stärken den Eintritt bestimmter Risiken abwenden?
   In welchen technischen oder organisatorischen Bereichen muss sich
   die Bibliothek absichern?

4. Vermeiden: W–T Strategie
   Wo treffen Schwächen auf Risiken? Welche Gefahren erwachsen
   dadurch der Bibliothek? Wie kann die Bibliothek dennoch vor
   Schaden geschützt werden? Welche Aktivitäten sollte die Bibliothek
   vermeiden oder nicht mehr ausüben?

Wie ist sie vorzubereiten?	Am besten vorher eine Chancen-Risiken-Analyse des Umfelds erstellen.
Gruppengröße	12–30 Personen
Dauer	1–2 Tage
Externe Moderation	notwendig

8.6.2 Die Zukunftswerkstatt

Was ist die Zukunftswerkstatt?	Robert Jungk entwickelte eine Methode, bei der alle Beteiligten Experten sind. Es ging ursprünglich darum, Menschen in unterschiedlichen Lebens- und Arbeitsbereichen am Gestaltungsprozess ihrer Umwelt teilhaben zu lassen. Zukunftswerkstätten sind keine Entscheidungsgremien, sie sind Orte, an denen Mitgestaltung und Einmischung ermöglicht werden soll. Dabei geht die Idee der Zukunftswerkstatt von zwei Prämissen aus:

1. Menschen wissen um ihre eigenen Lebens- und Arbeitsumstände.
2. Menschen haben Fantasie, Wunschvorstellungen und Ideen über
   ideale Zustände.

Wichtig für den Gedanken der Zukunftswerkstatt ist nicht nur die
Mitgestaltung und die mögliche Veränderung, die sie bewirken,
sondern auch das gemeinsame Handeln selbst, das als gewinnbringend
empfunden wird.

Wann ist sie anwendbar?	Eine Zukunftswerkstatt kann mit ihrer dreiteiligen Struktur der Beginn eines Veränderungs- und Entwicklungsprozesses einer Organisation sein.
Wie ist der Ablauf?	Charakteristisch für die Zukunftswerkstatt ist die Aufteilung in drei klar voneinander abgegrenzte Phasen:

Vorphase: Gute Gruppenstimmung erzeugen

1. Die Kritikphase
   Positive wie negative Kritik an gegebener oder befürchteter Situation
   sammeln, strukturieren, besprechen. Eine Auswahl zur Weiterbearbei-
   tung treffen.

2. Die Fantasiephase
   Eigene Wunschvorstellungen entdecken und sammeln, strukturieren,
   auswählen, Utopien entwerfen (Brainstorming).
   Beispielfrage: Wo stehen wir in 5 Jahren?

**Jungk, R./Müllert, N.:
Zukunftswerkstätten. Mit Phantasie
gegen Routine und Resignation,
München 1989.**

3. Die Realisierungsphase
Die beiden vorherigen Phasen verknüpfen. Wünsche und Entwürfe auf Realisierbarkeit prüfen, Schwierigkeiten und Möglichkeiten der Umsetzung untersuchen.
Konkret: Wie geht es weiter?

Nachphase: Weiterarbeit wird geklärt, Termine festgelegt.

Wie ist sie vorzubereiten?	Offene Fragestellung
Gruppengröße	15–30 Personen
Dauer	2 Tage
Externe Moderation	notwendig

8.6.3 Das World Café

Was ist das World Café?	Ein Veranstaltung, die an Tischen in lockerer Caféhausatmosphäre stattfindet und sich mit einem vorgegebenen Thema befasst.
Wann ist sie anwendbar?	Es geht darum, in Veränderungsprozessen möglichst vielen Menschen zu ermöglichen, ihre Meinung zu sagen und dabei in eine konstruktive Auseinandersetzung miteinander zu kommen.
Wie ist der Ablauf?	Die Teilnehmer sitzen an Tischen mit beschreibbaren Tischdecken. Es sitzt jeweils ein Moderator an jedem Tisch. Die Teilnehmer notieren ihre Gedanken zum Thema oder der Fragestellung direkt auf die Tischdecke. Die anderen Teilnehmer kommentieren den Eintrag durch grafische Verbindungslinien, so dass ein Gesamtbild entsteht. Dann wechseln die Gruppen und der Moderator macht die neue Gruppe mit den Ergebnissen der vorherigen Gruppe vertraut. Nach zwei- oder dreimaligem Tischwechsel sind alle Teilnehmer mit den wichtigsten Ideen und Gedanken zum Thema vertraut. Ablauf: 1. Ins Thema und Ziel einführen 2. Fragestellung an den Tischen parallel bearbeiten 3. Tischwechsel 4. Tischwechsel 5. Auswertung im Plenum: die Schwerpunkte werden herausgearbeitet, weiteres Vorgehen wird geplant
Wie ist sie vorzubereiten?	Klare Fragestellung, Zusammensetzung der Gruppen evt. vorher planen (extra gemischt oder extra homogen).
Gruppengröße	12 bis 2000 Teilnehmerinnen und Teilnehmer
Dauer	½ –1 Tag
Externe Moderation	notwendig

8.6.4 Open Space

Was ist Open-Space?	Es gibt ein Oberthema, jedoch keinen vorher festgelegten Ablauf. Die Idee ist, in zwangloser Atmosphäre effektives Arbeiten zu ermöglichen. Open Space wird immer zu einem konkreten Leitthema durchgeführt. Innerhalb dieses Rahmens existiert ein „open space", in dem die Teilnehmenden ihre eigenen Themen und Anliegen rund um das Leitthema einbringen. Es werden von den Teilnehmern selbst vorgeschlagene und selbst moderierte Workshops durchgeführt. Open Space kann konkrete Handlung (Vorhaben, Initiativen, Maßnahmen) initiieren oder als reiner Erfahrungsaustausch fungieren.
Wann ist sie anwendbar?	Konferenzen oder Tagungen, bei denen viele Ideen entstehen sollen. Beginn eines Neuentwicklungsprozesses einer Organisation. Konkrete Lösungen werden nicht erarbeitet.
Wie ist der Ablauf?	Eine Open Space Tagung verläuft in drei Phasen: Phase 1 – Entstehen der Agenda Anmoderation mit der Vorstellung der Open Space Prinzipien. Die Teilnehmer bringen ihre Themen für die Workshops ein. Das sind Themen, die ihnen wichtig sind und die sie mit anderen bearbeiten wollen, und für die sie auch Verantwortung übernehmen möchten. So entsteht eine Agenda mit einem Zeitraster. Phase 2 – Marktplatz Die Teilnehmer ordnen sich den Workshops zu, an denen sie teilhaben wollen. Für jeden Teilnehmer entsteht so seine eigene Agenda. Phase 3 – Workshops Es finden viele parallele und aufeinander folgende Workshops statt, die in der Regel 75 bis 90 Minuten dauern und zu denen sich kleine Gruppen unterschiedlicher Größe – mal 7, mal 12, mal 20 Teilnehmer – zusammenfinden. Derjenige, der das Thema eingebracht hat, übernimmt meistens die Moderation der Gruppe und hält Ergebnisse fest. Die wichtigsten Ergebnisse der Workshops werden von Themengebern dokumentiert, laufend veröffentlicht und am Ende für alle vervielfältigt. Der Wechsel zwischen Workshops ist nicht nur möglich sondern erwünscht. Phase 4 – Handlungsplanung Die Dokumentation der Workshops wird von allen gemeinsam gesichtet, reflektiert und die wichtigsten Themen, Ideen und Ziele herauskristallisiert. Wiederum in Freiwilligengruppen werden anschließend nächste Schritte besprochen, Vorhaben oder Projekte initiiert und organisiert. (Diese Phase entfällt, wenn ein reiner Erfahrungsaustausch beabsichtigt ist.) Folgetreffen Etwa 8–12 Wochen nach dem Open Space Meeting findet ein Folgetreffen statt, falls es eine Handlungsplanung gab. Darin berichten die Gruppen über den Stand ihrer Arbeiten, tauschen Ergebnisse und Erkenntnisse aus und verabreden das weitere Vorgehen.
Wie ist sie vorzubereiten?	Offene Fragestellung, ein großer Raum, zahlreiche Gruppenräume und viel Material.
Gruppengröße	15–1000 Teilnehmer

Dauer	Einige Stunden bis einige Tage
Externe Moderation	Notwendig für das Plenum. In den Workshops sind die Teilnehmer selbst die Moderatoren.

8.6.5 Action learning

Was ist Action learning?	Action learning ist eine Methode des Erfahrungslernens Einzelner oder Gruppen in kleinen oder größeren Gruppen in Unternehmen oder anderen Organisationen. Die Methode geht auf Reginald Revans zurück. Er war dem reinen Expertenwissen gegenüber kritisch eingestellt. Seine Idee war es, dass Menschen mit einem gemeinsamen Interesse sich zusammensetzen und an einem Thema arbeiten, für das sie nicht Experten sind. Dabei gilt das Prinzip, dass einer den anderen über sein Wissen informiert. So können Mitarbeiter anderen von ihren Erfahrungen berichten. Ganz konsequent und ähnlich dem Ideenmining (siehe Hinweis in Kapitel 8.2.2) können Auftraggeber auch eine Fragestellung an Themenlaien abgeben, die unvoreingenommen an der Lösung arbeiten.
Wann ist sie anwendbar?	– Die Lösung eines Problems wird gesucht. – Persönliche Fähigkeiten und Kompetenzen werden entwickelt. – Die Lernkultur wird verbessert.
Wie ist der Ablauf?	1. Der Auftraggeber gibt seine Fragestellung an ein gemischtes Team (In der Bibliothek aus unterschiedlichen Arbeitsbereichen, die mit dem Themenfeld nichts zu tun haben müssen). 2. Die Lerngruppe arbeitet an der Lösung und gibt regelmäßige Zwischenberichte ab. 3. Jeder Teilnehmer sucht sich innerhalb der Organisation einen Förderer, der kritisch mit ihm die Ergebnisse reflektiert. Aus dieser Außensicht zur Lerngruppe kann noch einmal ein Verständnis der Schwachstellen der Organisation entstehen. 4. Eine Führungskraft der Organisation ist Träger und Ansprechpartner für das Team. Er unterstützt das Team organisatorisch (zeitlich, personell, materiell).
Wie ist sie vorzubereiten?	Konkreter Auftrag muss erteilt werden. Zeitliche, räumliche und personelle Ressourcen müssen bereitgestellt werden.
Gruppengröße	5–10 Teilnehmer
Dauer	Treffen in regelmäßigen Abständen für 1–2 Stunden. Gesamtdauer abhängig von Komplexität der Fragestellung, unbedingt einen Endpunkt vorher vereinbaren.
Externe Moderation	Nicht unbedingt notwendig.

8.6.6 Moderierte Workshops

Was ist ein moderierter Workshop?	Zu einer Fragestellung des Auftraggebers entwickelt ein Moderator einen moderierten Arbeitsverlauf. Die Methoden sind ausgerichtet auf die Fragestellung und die Gruppe.
Wann ist sie anwendbar?	Bei konkreten Fragestellungen einer Organisation zu folgenden möglichen Themen: Konfliktklärung, Strategieentwicklung, Prozessgestaltung, Problemklärung, Ideenfindung, Problemlösung, Umsetzungsplanung, Zusammenarbeit…
Wie ist der Ablauf?	Die Schritte sind je nach Bedarf Individuell zu gestalten. Eine Grundstruktur kann aber folgende sein 1. Warm up 2. Themen sammeln 3. Themen auswählen 4. Themen bearbeiten 5. Maßnahmen planen 6. Abschluss / Feedback
Wie ist sie vorzubereiten?	Genaue Absprachen des Auftraggebers mit dem Moderator über das Thema und die Ziele des Workshops
Gruppengröße	12–40 Teilnehmer
Dauer	½ Tag–2 Tage
Externe Moderation	Angeraten. Übernahme auch durch Moderatoren aus anderen Abteilungen.

8.7 Vertiefung

Übung: Wie veränderungsgeübt ist meine Bibliothek?

Überlegen Sie:
1. Wie viele Veränderungsprozesse hat die Bibliothek schon durchlaufen?

_____

_____

_____

_____

2. Wie erfolgreich waren bisher die Prozesse?

_____

_____

_____

_____

_____

3. Wie kurz aufeinanderfolgend wurden Veränderungsprozesse angestoßen?

_____

_____

_____

_____

_____

4. Wie setzt sich das Personal zusammen (sehr veränderungs- oder sehr beharrungsbereit)?

_____

_____

_____

_____

_____

5. Wie überzeugend kommunizieren die Führungskräfte?

_____

_____

_____

_____

_____

Literatur und Internet-Links

Interne Kommunikation

Literatur

Baumgartner, Marc, 2006: Gestaltung einer gemeinsamen Organisationswirklichkeit. Systemische Strukturaufstellungen und Mitarbeiterbefragungen zur Diagnose von Organisationskultur, Carl Auer Verlag, Heidelberg

Becker, Tom, 2009: Kollegiales Feedback im Auskunftsdienst Qualitätsstandards als Instrument der kooperativen Qualitätssicherung.: Methodische Überlegungen zur Institutionalisierung eines internen QM-Prozesses im Arbeitsalltag der Münchner Stadtbibliothek Am Gasteig und deren Umsetzung. In: Bibliothek. Forschung und Praxis 33 [2009] 3, S. 346–358, de Gruyter, München

Bergmann, Julia und Plieninger, Jürgen, 2013: Arbeitsorganisation 2.0, Reihe: Praxiswissen Bibliothek, de Gruyter, Berlin

Bösch, Werner, 2011: Praxishandbuch Mitarbeiterbefragungen, Praxium, Zürich

Borg, Ingwer, 2014: Mitarbeiterbefragungen in der Praxis, Hogrefe, Göttingen

Buchholz, Ulrike, 2010: Interne Unternehmenskommunikation im Wandel der Zeit: Ihre Entwicklung und ihre Modelle als Instrument der Unternehmensführung Kommunikationsmanagement. Hrsg. v. Günter Bentele, Manfred Piwinger, Gregor Schönborn, Luchterhand, Neuwied

Dörfel, Lars (Hrsg.), 2008: Instrumente und Techniken der Internen Kommunikation. Trends, Nutzen und Wirklichkeit, School for communication and management, Berlin

Dörfel, Lars (Hrsg.), 2013: Instrumente und Techniken der Internen Kommunikation, Instrumente zielgerichtet einsetzen, Dialoge erfolgreich managen, Bd. 2, School for communication and management, Berlin

Domsch, Michel E. u. Ladwig, Désirée, 2011: Handbuch Mitarbeiterbefragung, Springer, Berlin

Führmann, Ulrike und Schmidbauer, Klaus, 2011: Wie kommt System in die interne Kommunikation. Ein Wegweiser für die Praxis, Talpa-Verlag, Berlin

Kalmus, Michael 1998: Praxis der Internen Kommunikation. Vom schwarzen Brett zum Intranet, Stamm, Essen

Meckel, Miriam (Hrsg.), 2008: Unternehmenskommunikation. Kommunikationsmanagement aus Sicht der Unternehmensführung, Gabler, Wiesbaden

Richter, Nicole, 2007: Interne Kommunikation im Krisenmanagement, Reihe: Personal, Organisation und Arbeitsbeziehungen, Bd. 43, Eul-Verlag, Lohmar

Scholz, Christian u. Müller, Stefanie, 2012: Mitarbeiterbefragungen: Aktuelle Trends und hilfreiche Tipps, Hammp, Mering

Tomczak, Tosten, 2012: Behavioral Branding. Wie Mitarbeiterverhalten die Marke stärkt, Gabal, Wiesbaden

Zander, Ernst und Femppel, Kurt, 2002: Praxis der Mitarbeiterinformation. Effektiv integrieren und motivieren, dtv, München

Internet-Links

Bernsee, Elke 2006: Bibliothek als Marke, Berliner Handreichungen zur Bibliotheks- und Informationswissenschaft, Heft 176
URL: http://www.ib.hu-berlin.de/~kumlau/handreichungen/h176/h176.pdf (Zugriff 11/2015)

Waschner, Martin 2009: Erfolgsfaktor Interne Kommunikation – Konzeptstudie für die Optimierung der Internen Kommunikation in Öffentlichen Bibliotheken. Bachelor Arbeit
URL: http://www.bui.haw-hamburg.de/166.html

Besprechungen

Literatur

Dauscher, Ulrich, 2005: Moderationsmethode und Zukunftswerkstatt, Luchterhand, Neuwied

de Bono, Edward, 2010: Six Thinking Hats, Penguin Books, London

Kießling-Sonntag, Jochem 2005: Besprechungsmanagement. Meetings, Sitzungen und Konferenzen effektiv gestalten, Cornelsen, Berlin

Seifert, Josef W., 2004: Besprechungen erfolgreich moderieren, Gabal, Offenbach

zur Bonsen, Matthias (Hrsg.) 2014: Dynamic Facilitation: Die erfolgreiche Moderationsmethode für schwierige und verfahrene Situationen, Beltz, Weinheim und Basel

Teamarbeit

Literatur

Francis, Dave, 2007: Mehr Erfolg im Team, Windmühle, Hamburg

Katzenbach, Jon R, 1993: Teams. Der Schlüssel zur Hochleistungsorganisation, Carl Überreuter, Wien

Führung und interne Kommunikation

Literatur

Neuberger, Oswald, 2001: Das Mitarbeitergespräch. Praktische Grundlagen für erfolgreiche Führungsarbeit, Rosenberger Fachverlag, Leonberg

Winkler, Brigitte u. Hofbauer, Helmut, 2010: Das Mitarbeitergespräch als Führungsinstrument, Hanser, München

Internet-Links

Kaiser, Oliver, 2006: Mitarbeiterkommunikation als Führungsaufgabe,
http://www.org-portal.org/fileadmin/media/legacy/Mitarbeiterkommunikation_als_F_hrungsaufgabe.pdf (Zugriff 01/2016)

Konfliktmanagement

Literatur

Berkel, Karl, 1995: Konflikttraining, Arbeitshefte Führungspsychologie, Bd., 15, Sauer, Heidelberg

Glasl, Friedrich, 2002: Selbsthilfe in Konflikten. Konzepte, Übungen, Praktische Methoden, Verlag Freies Geistesleben, Stuttgart

Hugo-Becker, Annegret und Becker, Henning, 1996: Psychologisches Konfliktmanagement, dtv, München

Regnet, Erika, 2007: Konflikt und Kooperation. Konflikthandhabung in Führungs- und Teamsituationen, Reihe: Praxis der Personalpsychologie, Bd.14, Hogrefe, Göttingen

Rosenberg, Marshall B., 2004: Konflikte lösen durch Gewaltfreie Kommunikation, Herder, Freiburg

Wissensmanagement und informelle Kommunikation

Internet-Links

Held, Markus u.a.: Wissensmanagement und informelle Kommunikation
URL: http://www-1v75.rz.uni-mannheim.de/Publikationen/MA%20Beitraege/01-02/beitrag2_wissensmanagement_held-maslo-lindenthal.pdf (Zugriff 11/2015)

Kunze, Claudia, 2004: Wissensmanagement, Paper
URL: http://forge.fh-potsdam.de/~hobohm/cl-kunze-wissensmanagement_Paper.pdf
(Zugriff 01/2016)

Von Thenen Menna Barreto, Vanessa, 2011: Wie relevant kann informelle Kommunikation für lernende Organisationen sein? Dissertation, Berlin
URL: http://www.duz.de//duz-karriere/2014/08/warum-gute-chefs-auf-tratsch-hoeren/275
(Zugriff 11/2015)

Schlieper-Damrich, Ralph, 2003: Gerüchtekommunikation. Wissenschaftlicher Beitrag zur Beleuchtung eines alltäglichen Phänomens
URL: http://root.perspektivenwechsel.de/inc/docs/downloads/literatur_geruechtekommunikation.pdf (Zugriff 11/2015)

Stender, Katja, 2013: Internes Wissensmanagement in kleineren Bibliotheken, Berliner Handreichungen zur Bibliotheks- und Informationswissenschaft Heft 340
URL: http://edoc.hu-berlin.de/series/berliner-handreichungen/2013-340/PDF/340.pdf
(Zugriff 11/2015)

Veränderungsprozesse

Literatur

Deutlinger, Gerhild, 2013: Kommunikation im Change. Erfolgreich kommunizieren in Veränderungsprozessen, Springer, Berlin

Doppler, Klaus und Lauterburg, Christoph, 2008: Change Management. Den Unternehmenswandel gestalten, Campus, Frankfurt

Kruse, Peter, 2005: Erfolgreiches Management von Instabilität. Veränderung durch Vernetzung, Gabal, Offenbach

Index

Über die Autorin

Christiane Brockerhoff

Christiane Brockerhoff, Geisteswissenschaftlerin (M. A.), Sprechwissenschaftlerin (DGSS) aus Duisburg, ist seit 20 Jahren als Kommunikationstrainerin, Beraterin sowie Team- und Einzelcoach in Bibliotheken, Unternehmen und der Verwaltung tätig. Sie begleitet als Moderatorin Veränderungsprozesse und Strategieentwicklung in Bibliotheken und arbeitet eng mit dem ZBIW (Zentrum für Bibliotheks- und informationswissenschaftliche Weiterbildung) in Köln zusammen.

Kontakt: info@brockerhoff-online.de